EL HABITANTE Y SU VIVIENDA

PLANIFICACIÓN HABITACIONAL
EN CHILE (1965-1979)

Lom
PALABRA DE LA LENGUA
YÁMANA QUE SIGNIFICA
Sol

Raposo Moyano, Alfonso
El habitante y su vivienda: Planificación habitacional en
Chile (1965-1979) [texto impreso] / Alfonso Raposo
Moyano; Beatriz Navarrete Sepúlveda. –1ª ed.– Santiago, 2023.
268 p.; 17 x 24 cm. (Colección Arquitectura).

ISBN: 978-956-00-1700-0

1. Política habitacional – Chile - Historia – S. XX
I. Título. II. Serie

DEWEY : 363.50983. –cdd 21
CUTTER : R219h
FUENTE: Agencia Catalográfica Chilena

© **LOM** EDICIONES
Primera edición, junio 2023
Impreso en 1000 ejemplares

ISBN: 978-956-00-1700-0
RPI: 2023-A-5395

Imagen de portada: Carlos Martner, *Vivienda dinámica*, 1971, p. 40.

EDICIÓN Y MAQUETACIÓN
LOM ediciones. Concha y Toro 23, Santiago
TELÉFONO: (56–2) 2860 6800
lom@lom.cl | www.lom.cl

DISEÑO DE COLECCIÓN: Estelí Slachevsky Aguilera

Tipografía: *Karmina*

IMPRESO EN LOS TALLERES DE GRÁFICA LOM
Miguel de Atero 2888, Quinta Normal
Santiago de Chile

EL HABITANTE Y SU VIVIENDA

PLANIFICACIÓN HABITACIONAL
EN CHILE (1965-1979)

Alfonso Raposo Moyano

Beatriz Navarrete (editora)

Arquitectura

LOM
EDICIONES

Índice

Agradecimientos

Debo expresar mi agradecimiento a una pléyade de personas que hicieron posible la publicación de este libro, en que se reúne una selección de documentos de trabajo escritos en el marco de mi labor como docente e investigador en el Instituto de Vivienda Urbanismo y Planeación IVUPLAN y, ulteriormente, en el Departamento de Planificación Urbano-Regional DEPUR y el Instituto de Urbanismo, en la Facultad de Arquitectura y Urbanismo de la Universidad de Chile.

Entre estas personas, debo destacar, en primer término, la labor de la arquitecta Dra. Beatriz Navarrete, quien agenció frente a la editorial LOM, en pleno tiempo pandémico, el desarrollo de la presente publicación. Así mismo debo agradecer al arquitecto Dr. José Solís, por hacerse cargo de la presentación de este libro, en que despliega el trasfondo ensayístico de mis escritos. Finalmente agradezco a la Dra. Mónica Bustos por el reflexivo posfacio con el que se complementa el cuerpo de este texto.

Nota de la editora

BEATRIZ NAVARRETE *

* Arquitecta y Dra. en Filosofía c/m en Estética y Teoría del Arte por la U. de Chile. Magíster U. Politécnica de Cataluña, España. Diplomada en Ediciones y Publicaciones por la Facultad de Letras de la U. Católica de Chile. Integrante Comité Editorial Lom Arquitectura. Fundadora de los Encuentros Nacionales de Teoría e Historia de la Arquitectura (2014-2019).

Este libro ha sido concebido e impulsado por el deseo de realizar un justo reconocimiento al trabajo realizado por el arquitecto urbanista Alfonso Raposo a lo largo de su vida. Hemos observado cómo siendo profesor e investigador ha inspirado a varias generaciones a seguir sus pasos, contribuyendo al estudio transdisciplinar del tema habitacional.

Los seis ensayos que forman parte de este libro fueron publicados originalmente entre los años 1965 y 1979 como documentos internos para la Facultad de Arquitectura y Urbanismo de la U. de Chile. Ellos dan cuenta de un espacio de tiempo dedicado a agudas reflexiones y propuestas para el tema central de la disciplina de la arquitectura, la vivienda.

Frente a las publicaciones proporcionadas por el autor, hemos decidido transcribir los textos y conservar los gráficos e imágenes que forman parte de los escritos, las que han sido incorporadas a este nuevo formato a través de su digitalización. Los cuadros estadísticos en su mayoría fueron reelaborados y reajustados de tamaño para adaptarlos al formato de la colección. Hemos mantenido el término arquitecto en su acepción masculina utilizada en los textos originales, entendiendo que en la época en que fueron escritos se utilizaba como denominación genérica para mujeres y hombres.

El habitante y su vivienda, la treceava publicación de la Colección Lom Arquitectura, viene a consolidar una de nuestras propuestas como Comité editorial, la de visibilizar textos y documentos canónicos de la enseñanza de la arquitectura en Chile, aquellos que por diversas razones han dejado de circular por las Escuelas de Arquitectura. Nuestra pretensión también es que el público interesado en la historia de nuestras ciudades pueda acceder y conocer estos documentos, tanto por su valor histórico como por formar parte de la memoria colectiva de nuestra cultura.

Agradezco al profesor Raposo la confianza depositada en mi trabajo como editora de este libro. También un especial agradecimiento a Martita, su compañera de vida, y a Alejandra su hija, quienes me acogieron en su hogar durante el proceso de edición. Gracias a Cecilia Martner, por colaborar para que el trabajo realizado por su padre, en conjunto con el autor de este libro, pudiese formar parte de esta edición.

Prefacio
Sobre Textualidad & Textos: notas para una pre-comprensión

ALFONSO RAPOSO MOYANO

Dicho muy escuetamente, las reflexiones que aquí se expresan se basan en la presunción de que es posible advertir, a través de los textos, la trabazón entre el pensamiento de una época y sus expresiones discursivas. Dando un paso más con «botas de siete leguas», es posible afirmar que tal trabazón podría conceptualizarse, para algunos textos, como pertinencia o consonancia con significaciones derivadas de acontecimientos que orientaron o marcaron el cambio social en distintos momentos del pasado. Leer estas expresiones en el presente y comprenderlas requiere hacerlo, entonces, disponiendo de algunas claves de lectura que permitieran divisar al menos algunos rasgos históricos (o de historicidad) que pudiesen operar como planos de referencia o telones de fondo, para situar los textos y ofrecer elementos de apertura a su lectura y literancia del lector. En términos básicos, podríamos pensar en tres planos de referencia generales: el que más espontáneamente surge como inicio en la mente del lector es el de la base de la materia temática de que tratan los textos, lo que se expresa literalmente en la pregunta: ¿de qué se trata? Otro es el concerniente al contexto de posiciones institucionales constitutivas del entorno de pensamiento en que se situó el autor, su sincronía: ¿Cuándo y dónde? El tercero tiene más bien un carácter subyacente y latente, el de sus significados con respecto al presente y su contexto de acontecimientos en desarrollo, es decir con respecto al acto lector leyente y el personalísimo escenario de reverberaciones diacrónicas con que lo hace. Teniendo como referencia el conjunto de los textos contenidos en el presente libro, intentaremos a continuación un recorrido «a vuelo de pájaro» sobre los planos mencionados. Para los lectores que prefieran prescindir de este recorrido, conviene dejar dicho, a título de síntesis, que los textos en comento parecen constituir: *un cuerpo de material del pasado, con vocación historiográfica que se considera útil para situar aspectos analíticos de las acciones con que nuestras gobernanzas operan para atender las preocupaciones colectivas de hoy. En el caso de estos documentos, los generados por las formas de producción y desarrollo del espacio territorial urbano de nuestras ciudades principales, y por los crecientes problemas del habitar que han históricamente gravitado sobre la vida de sus habitantes.*

a) ¿Por qué y para qué reunir hoy estos textos en un libro?

Posiblemente estas preguntas surjan porque, en el presente caso, los textos aquí reunidos no cuentan con coordenadas literarias habituales que permitirían dar por evidente el sentido de la interacción social comunicativa entre autor y lector, tanto en sus posibilidades sincrónicas como diacrónicas. Esta consideración hay también que extenderla, complementariamente, a la intención que guió la proposición de estos textos para constituirlos como comunicación a las comunidades interpretativas de lectores a que preferentemente se dirige. Surge así la conveniencia de apoyar una breve pre-comprensión de lo que se presenta en el presente libro.

Se trata, por una parte, de un cuerpo de documentos escritos hace ya casi medio siglo, por un mismo autor, desde un quehacer situado en el ámbito intrainstitucional de un Centro de Estudios universitario. Expresan por consiguiente la vectorialidad del desempeño de una particular comunidad académica constituida, para más señas, en una Facultad de Arquitectura y Urbanismo. Por otra parte, hay que añadir a estas señas, otras que permitan situar la generación de estos textos en su contexto histórico que hoy ya cuenta con una sólida historización que alimenta un historizar actual en pleno desarrollo. Se trata de un contexto epocal, situado en un lapso histórico nacional de acontecimientos que condujeron al desarrollo de profundas y dolorosas rupturas societales, cuyos recuerdos y consecuencias se prolongan hasta hoy en nuestro país, como presencias y persistencia gravitando sobre los acontecimientos que nos toca vivir.

Estas consideraciones abren ya un primer ámbito de criterios de relevancia para orientar un pre-análisis de la conjunción de los textos aquí reunidos. En términos de socio-génesis, habría que indicar que estos surgieron, desde el seno de la reflexión académica universitaria, con el carácter de breves «ensayos», conformados tan sólo un paso más allá de los «borradores de discusión» y «documentos de trabajo». Constituyen así los primeros registros de formalizaciones enunciativas de las indagaciones de información y de razonamiento argumentativo-explicativo, orientados principalmente a propósitos de consideración crítica en el marco de la docencia de ese entonces. Dan cuenta, por tanto, de una manera de mirar, pensar y expresar lo que una comunidad interpretativa académica, genera como resultado del seleccionar lo que se leía y observaba como hechos significativos de su tiempo.

Con lo expresado sucintamente hasta aquí, podemos ya indicar que los textos aquí reunidos, escritos en la década de los sesenta y el primer año de los años setenta, pre Golpe, se generaron principalmente en el Instituto de Vivienda y Urbanismo y Planeación IVUPLAN, y posteriormente en el Departamento de Estudios y Planificación Urbano-Regional, de la Facultad de Arquitectura y Urbanismo de la Universidad de Chile. Con estas señas más específicas puede entonces considerarse las enunciaciones de estos textos como posicionamientos con domicilio epistémico, constituido en el ámbito fronterizo transdisciplinar de la Arquitectura y el Urbanismo, y que, como se verá al leerlos, que desde este domicilio se visita también, con intención transdisciplinar, otras zonas epistemológicas nativas en que campeaban las ciencias políticas y de administración pública, preocupadas de las conformaciones gubernamentales del accionar del estado nación. Considero que por estas peculiaridades de contexto puede otorgárseles, a pesar de las limitaciones que pueda observarse como obraje escritural, algunas prerrogativas de crédito, en cuanto indicios de cómo el «estado de cosas» en el marco de políticas públicas, que organizaban en aquellos tiempos el quehacer del Estado, gravitaba sobre la deriva de la docencia y los aprendizajes académicos de una determinada formación profesional.

Por entonces, los basamentos epistémicos de la disciplina arquitectónica en la academia no se encontraban suficientemente desarrollados para comprender la complejidad de lo que estaba sucediendo en el país y sus posibles consecuencias sobre la vida nacional y, correlativamente, sobre nuestros campos de conocimiento, acción y creación. Las comunidades académicas de la Facultad de Arquitectura de la U. de Chile no contaban entonces con entramados epistémicos conceptuales y metodológicos interdisciplinarios para hacerlo. Hubo entonces que aventurarse a construirlos exploratoriamente con apoyo de otros exploradores académicos de las ciencias sociales, compartiendo una ruta de reflexión académica atenta y sensible a valores de significación. Considero que este «contexto» se expresa en los «textos» aquí reunidos y en ello reside su posible relevancia en el presente actual. Focalicemos a continuación más detenidamente la atención en este «hoy» de la idea de reunir y conformar este cuerpo de textos constituidos como libro.

Luego de lo explicado respecto a la naturaleza de su gestación, debe quedar claro que, como alguna vez señaló Deleuze, el sujeto de la autoría desaparece tras el sentido y aventura exploradora de su originación. Despejado este aspecto, preguntemos: ¿cuál sería el entramado de razones donde trazar el sentido de su actualidad? ¿Cuál es la lógica que le otorga a esta idea sentido editorial en el presente? Considero aquí que conviene hacer extensiva a ambas preguntas la explicación de las razones del impulso reciente que llevó a presentarlos a la consideración de posibles acciones comunicativas de orden editorial.

b) Desentrañando la pertinencia epocal de los textos

Dicho muy escuetamente. Ha de quedar dicho, desde ya, que no hay en los textos nada que permita situarlos en alguna ruta conducente al plano complejo de la originalidad del pensamiento innovativo o su articulación con alguna conceptualización yacente en su epistemología profunda. Las enunciaciones de los textos surgieron tan sólo en el plano de la doxa de la cotidianidad universitaria, recurriendo sólo a las posibilidades que puede brindar el buen sentido y exponiéndose a los tropiezos con las raíces del simplismo.

En la tarea ciudadana de comprender «*lo real de la realidad*» que vivimos y divisar las vectorialidades de los acontecimientos que se desarrollan en nuestros entornos de actualidad, un instrumental preliminar al cual recurrir es la comparación de los hechos del presente con los del pasado a través de sus respectivos indicios pertinentes. Seleccionamos textos que son interpretaciones del presente e interpretaciones de pasado, los relacionamos y obtenemos nuestras propias conclusiones interpretativas. Así podemos ingresar en la deriva de interpretaciones más complejas sobre el relativismo recíproco de nuestro pensamiento sobre lo que sucedió hoy con respecto a lo que sucedió en el pasado, lo que por cierto nos lleva a pensar historiográficamente en textos y sus posibilidades de relevancia proto-histórica. Se trata entonces de que resulta visible, en los textos aquí reunidos la posibilidad de servir de insumo para esa historiografía, y para lectores que suelen reflexionar sobre esas fronteras liminares en que inicia el trabajo historizador.

Mirando hoy hacia lo que sucede en nuestro presente, concuerdo con las interpretaciones que perciben, en la actualidad, el desarrollo de una creciente evanescencia de las razones gubernamentales con que se constituía, en el pasado, el accionar de las políticas públicas, para la consecución del desarrollo del bien común en nuestro país y otros países. El desarrollo de la docencia académica para la formación profesional siempre había vivido atento a esas visualidades que adquiere la atención ciudadana en nuestra cultura. En la poética de la cotidianeidad con que Violeta Parra solía expresarse puede advertirse nítidamente la vectorialidad de la idea:

Me gustan los estudiantes porque son la sabrosura
del pan que saldrá del horno con toda su sabrosura
para la boca del pobre que come con amargura.[1]

Como sabemos, junto al desvanecimiento de los supuestos culturales y axiológicos que otorgaban el sentido y sabrosura de esta idea, se desarrollan también hoy, paralelamente, como un virtual correlato, otras percepciones, que advierten la ilación de un expansivo proceso de naturalización del accionar de los mercados y del lucro como proceder que ordena el conjunto del pensar y accionar de la sociedad y su cotidianidad.

Los estudiantes universitarios y sus familias estarían hoy entonces encaminándose no tanto por rutas de saber consciente, comprensivo y crítico de las prácticas organizadas para la consecución del bien común en la vida societal, sino, según innumerables fuentes actuales, estarían realizando inversiones para lograr capital cognitivo y competencias pertinentes, destinadas a constituir desempeños competitivos requeridos, en el marco de la empleabilidad y competitividad del emprendimiento

1 Extracto de poema de Violeta Parra «Me gustan los estudiantes». Cauce. 1965.

empresarial privado, operando en el marco de una economía regida por lógicas de mercado, bajo condiciones de libre concurrencia.

A este escenario general habría que superponer otro, en que se está configurando el surgimiento de profundas grietas, resultantes de procesos desintegradores que han estado operando en la mayor parte de las esferas institucionales vitales de la vida social. Suponíamos que nuestra cultura institucional se encontraba protegida por las axiologías declaradas como constitutivas de nuestra convivencia nacional. Sabemos hoy claramente que mucho de tales suposiciones, incluyendo las expresadas como derechos humanos, eran ilusorias. Cabe aquí señalar que lo anterior acontece junto a la creciente visualización ciudadana de la profundización factual de los abismos de brechas sociales y sus impactos sobre la entereza misma del sentido existencial de la vida social en que se desenvuelve la propia condición humana.

Frente a estos telones de fondo cabe advertir, no obstante, en el plano del debate sobre lo gubernamental del presente y su futuro próximo, el emerger de impulsos que aún se empeñan en la posibilidad de revitalizar algunas de las políticas públicas preexistentes heredadas, aún no desguazadas, que permanecen estacionadas en los patios traseros, y readaptarlas como disponibilidades para su uso social actual. Por cierto, éstas están en gran medida inertes, porque surgieron dentro de un contexto normativo paralizador, que otorgó tan sólo débiles recursos efectivos para cuidar, mediantes sedosas y efímeras texturas penales, la integridad de los bienes jurídicos que se declaraba proteger.

Lo pertinente a considerar aquí de estos actuales impulsos es que, no obstante la idea vigente prevaleciente de gobierno, organizada con fe fundamentalista, en la «mano invisible» del mercado como fuerza motriz para la consecución factual del «desarrollo» del país, es que, desde la propia esfera política de gobernanza actual, comienzan a emerger miradas hacia los sectores de políticas gubernamentales del pasado, aquellas que emergieron probando lineamientos programáticos para dar cauce a los deseos y aspiraciones y movilizaciones colectivas, constituidos como «horizontes de esperanza» hacia los cuales se dirigían y movilizaban las formas de acción de las grandes masas ciudadanas populares de aquellos entonces. De estos ya lejanos horizontes, uno de los que más han adquirido notoriedad actual es el que se conformó en la década de los sesenta con respecto a las formas de producción del espacio territorial urbano y sus expresiones de habitabilidad, asociadas al ordenamiento de la vida cotidiana de las comunidades locales de nuestras ciudades. En ello han incidido ciertamente las consecuencias que han originado sostenidamente, bajo la forma de «externalidades negativas» y «daños colaterales», la intensidad y magnitud desenfrenadas del ímpetu neoliberal, asociado al desarrollo de la gran empresa inmobiliaria que domina hoy el conjunto del proceso de producción del espacio territorial urbano metropolitano en nuestras ciudades, generando lo que virtualmente Raquel Rolnik (2017) ha denominado «la guerra de los

2 Rolnik, R. *La guerra de los lugares. La colonización de la tierra y la vivienda en la era de las finanzas*. Santiago: LOM, 2017.

lugares», para referirse a «la colonización de la tierra y la vivienda en la era de las finanzas»[2]. En especial porque se trata de un proceso que ha operado oportunistamente apropiándose de toda la plusvalía que históricamente se ha ido constituyendo como valores de preexistentes estructurales de las centralidades de la ciudad, forjada en el pasado, por la acción pública y la vida ciudadana. Cuando el uso de la palabra «guerra» resulta difícil de interpretar como un eufemismo y se trata de una situación real subyacente en el territorio de la competitividad que, sabemos, no puede resolverse en el cuadro normativo de operaciones de mercado y deja de ser útil como como fuerza motriz del sistema económico. Tal es el caso de las depredadoras «guerras comerciales intestinas», que se expresan en la creciente «judicialización» de los intercambios en la vida económica, regidas en lo real por las tácticas de despojo de la guerra fría, que operan frecuentemente encubiertas tras acuerdos que se trasladan nominativamente para su blanqueo, la mayoría de las veces, en los campos de batalla de los denominados tribunales de justicia.

Importantes asuntos no zanjados en materias vitales para conformar los horizontes de esperanza *(aspiraciones plausibles colectivas de bien común)* sobre el desarrollo de la calidad de la vida cotidiana en las ciudades, en torno a las cuales se generaron en el pasado aprendizajes sociales y movilizaciones colectivas reivindicativas, parecen haber sobrevivido subyacentemente en su significado y sentido cultural, en estado de latencia, a pesar del prolongado y brutal castigo de terror ejercido ulteriormente desde el Estado sobre las ciudadanías de entonces. A partir de su latencia, parecen haber reaparecido como persistencias aspiracionales del pasado, haciéndose presentes en las esferas de acción del pensamiento gubernamental de hoy, bajo el creciente influjo de la conflictividad que tiñe hoy la calidad de vida de las ciudades, tanto desde la perspectiva de los asuntos de que ocuparon las antiguas Políticas de Vivienda Social como las de las Políticas de Desarrollo Urbano. Es en este contexto que se ha considerado útil traer a cuento, para consideraciones de comunicación editorial, en calidad de elementos de historicidad, reflexiones del siglo pasado sobre estas materias. Estas pueden permitir divisar, en el antaño, el estado de las tareas de políticas públicas gubernamentales que estuvieron entonces en desarrollo y discernir cuánto de este interés es táctica política de guerra fría o sensibilidad humanista emergente en el comportamiento con que estarían operando hoy los agentes políticos.

Referencias bibliográficas

Borreguero Zuloaga, Margarita (2018). *De la gramática del texto a la textología semiótica: aproximaciones al proceso de interpretación textual*. Tesis doctoral. Universidad Complutense de Madrid. Facultad de Filología, Departamento de filología española. Madrid <http://eprints.ucm.es/47716/1/T28235.pdf>.

CRAIA. ELADIO C. P. (2013). *Lo que nos fuerza a ser: Deleuze y la subjetividad.* En EIKASIA Revista de filosofía. Org. P. 149-158. <http://www.revistadefilosofia.org/50-13.pdf>.

LOZANO P. JESÚS. (2014). *El amor es el límite. Reflexiones sobre el cristianismo hermenéutico de G. Vátimo.* Introducción de Teresa Oñate. (En el nombre de Dios). Editorial Dykinson, S.I Madrid.

ROJAS OSORIO, CARLOS (2016). *Dos Autocríticas de Foucault a las palabras y las cosas.* En Dorsal Revista de Estudios Foucaultianos. N°1, diciembre 2016, 23-36. DOI: 10.5281 <http://www.revistas.cenaltes.cl/index.php/dorsal] https://zenodo.org/record/195130#.Wz5YhPl97cc>.

TIRAMONT, GUILLERMINA (2005). *La escuela en la encrucijada del cambio epocal.* En: Educ. Soc., Campinas, vol. 26, n. 92, p. 889-910, Especial - Out. 2005 907 <http://www.cedes.unicamp.br http://www.scielo.br/pdf/es/v26n92/v26n92a09.pdf>.

Presentación
Una casa en construcción

JOSÉ SOLÍS OPAZO*

* Arquitecto, Magíster en Teoría e Historia del Arte y Doctor en Filosofía c/m en Estética y Teoría del Arte por la U. de Chile. Ha sido académico en la U. de Chile, U. Mayor, UNIACC, ARCIS sedes de Stgo. y Valpo., U. Central y actualmente en la Universidad Andrés Bello y USACH. Fundador de los Encuentros Nacionales de Teoría e Historia de la Arquitectura ENTHA (2014-2019). Su campo de trabajo se ha orientado hacia el cruce transdisciplinar entre los ámbitos de la teoría de la arquitectura, el diseño, las artes visuales, la filosofía y el pensamiento contemporáneo. Ha sido autor de los libros *La derrota de lo cotidiano. Elementos para una ontología política del diseño contemporáneo.* CEAUP, Universidad Central de Chile, 2013; *Señales de vida. De la decoración a la domesticidad en Chile. Reflexiones para una historiografía.* Fondo Nacional de Fomento del Libro y la Lectura, 2014; y *Mal de proyecto. Precauciones para archivar el futuro. Ensayos de teoría de la arquitectura.* LOM Colección Arquitectura, 2016.

El giro copernicano de la visión histórica es este: se consideró que el punto fijo era lo sido y se vio al presente empeñado en dirigir el conocimiento, por tanteos, a esta fijeza. Ahora debe invertirse esta relación, y volverse lo sido inversión (Umschlag) dialéctica, ocurrencia invasora (Einfall) de la conciencia despertada. La política obtiene el primado por sobre la historia. Los hechos se convierten en algo que acaba de salirnos al paso; establecerlos es el asunto del recuerdo.

WALTER BENJAMIN
Libro de los pasajes [K 1, 2]

Constelación e imagen dialéctica

Con una data de entre casi 60 y 40 años desde su factura, los textos que el profesor Alfonso Raposo ha seleccionado para esta compilación, no dejan de interpelarnos sobre el sentido y pertinencia de publicarlos «hoy» bajo la figura de un libro. Si no queremos caer en la simple tentación de justificar su necesidad celebrando laudatoriamente a su autor, resulta completamente necesario mantenernos en vilo frente a esa interpelación, que no es otra que la conflictividad que el propio presente nos demanda. Cuál es la textura de esta conflictividad y, sobre todo, en qué consiste este presente que nos embiste con tanta premura, podrían ser las coordenadas para desentrañar la pregunta que la publicación de este libro nos propone.

Por ello, una simple apología *ad verecundiam* de estos escritos solo podrá ser sorteada si el contenido y su creador son ponderados según el carácter decisivo que la actualidad nos dicta. Será entonces el peso de esta pertinencia epocal quien verdaderamente infiltra la textura íntima de su escritura, su ordenamiento y, sobre todo, el temple que los recorre de un extremo a otro.

Sólo un presente incierto y desarreglado como el que atravesamos parece el criterio más justo para destilar la comprensión que ellos se merecen, como si ésta hubiese permanecido todos estos años a la espera del momento preciso para su recepción. Para la academia, esta estrategia de lectura podría parecer algo completamente fuera de lugar, más aún si reparamos en el celo metódico con que protege su afán totalizante. Porque su principal negocio es el *saber*, lo único que cabría para ella es administrar el sentido de estos discursos mediante una rigurosa contextualización de los problemas planteados, aclarando tanto su jerga conceptual como las motivaciones que los aquejan para finalmente emplazarlos, con la mayor precisión, en el devenir ininterrumpido de la teorización sobre la vivienda. Es a esta historia monumental de la disciplina universitaria a la cual deberá quedar comprometida toda correcta interpretación académica.

Si bien el contexto productivo que dio origen a estos textos fue el Instituto de Vivienda y Urbanismo y Planeación IVUPLAN y posteriormente el Departamento de Estudios y Planificación Urbano Regionales –ambos de la Facultad de Arquitectura de la Universidad de Chile–, el asunto que ellos destilan va más allá de los intrincados meandros del conocimiento académico. Como bien lo destaca el profesor Raposo en el *Prefacio* de este libro, por tratarse de prolongaciones de documentos previos de discusión y de trabajo, estos escritos no tuvieron más remedio que adquirir la estrategia exploratoria del *ensayo*, destinados a enfrentar la insuficiencia de marcos interdisciplinares que aquejaba a las comunidades académicas de aquel entonces. Este esfuerzo se vuelve aún más relevante considerando el restringido espacio que actualmente le queda a la ensayística ante el intensivo formateo de la escritura académica que, para alcanzar la credencial de cientificidad, ha debido someterse a la homogeneizadora cultura del *paper*. Esta obsesión retórica revela que la figura contemporánea del *saber* nunca ha dejado de ser enciclopédica, donde su tradicional afán clasificatorio hoy se revela a través de la tediosa banalidad de los informes de «estados del arte». Lo que a primera vista parece ser erudición, no es más que la obligación que el autor debe cumplir para demostrar la originalidad de su producto frente el *stock* discursivo que lo antecede. A pesar de sus evidentes diferencias, el enciclopedismo posmoderno mantiene incólume su pulsión de gestionar el *saber*, aunque sin la pretensión emancipatoria que demandaba su versión ilustrada, pues las actuales transnacionales de índices buscan únicamente promocionar sus *rankings* para alcanzar la ansiada hegemonía corporativa.

Por lo mismo, tanto la impronta ensayística de estos escritos como la manera en que aquí son reunidos, exceden completamente este modo de gestión epistemológica, puesto que no aspiran a proporcionar ningún *conocimiento* en el sentido que le atribuye el capitalismo cognitivo, sino a perseguir algo más inesperado, frágil y escurridizo, aunque no por ello menos potente y decisivo: la *comprensión* del presente.

Si la forma enciclopédica del *saber* –ya sea ilustrada o posmoderna– es la de un territorio autocontenido e invariable en su expansión permanente, la figura compilatoria que estos textos dibujan es, por el contrario, la de una *constelación*. La propia naturaleza ensayística que ellos poseen así lo exige. En efecto, tanto la soltura exploratoria como el ánimo prospectivo que los inspira permiten realizar una selección y un ensamble que sólo la mirada presente de su autor es capaz de conceder. En otras palabras, lo relevante de estos textos es menos su contenido informativo que la manera en que su autor los concibe y organiza hoy en día para interrogar a nuestra actualidad.

Como sabemos, una *constelación* no es una figura objetiva que reúne a un conjunto de astros que pueda ser trazada desde cualquier punto de vista. Por el contrario, su configuración depende siempre de la posición específica de su observador. En este sentido, no hay constelación sin un sujeto constelador, sin la perspectiva situada de su mirada. Dependiendo de las distancias que posean respecto de aquel, podrán figurar los cuerpos celestes que incluso han desaparecido, permaneciendo aún presentes en sus pupilas. Por ello, se trata de una *imagen* que no sólo permite la orientación del viajero, sino también la de esbozar la impronta que el pasado deja en el presente de su observar, escondiendo la clave que compromete su destino. Más que una contribución temática al acervo del «problema de la vivienda», lo que Raposo nos invita mediante esta *constelación* es a *comprender* el modo en que el *saber* universitario de la época intentaba definirlo urgentemente como un problema. En otras palabras, no se trata de un insumo que ahora pueda integrarse como un elemento más a un campo problemático previamente constituido, sino más bien el testimonio de los obstáculos que hubo que enfrentar para constituir dicho campo. Es precisamente esa indefinición problemática la que en parte explica el carácter de su escritura: ante las dificultades que implicaba la indigencia interdisciplinaria de entonces, no había otra alternativa que maniobrar a campo traviesa mediante la destreza experimental del *ensayo*. Si bien el riesgo de extraviarse era muy alto, también estaba la oportunidad de acuñar las intuiciones más potentes, la más reveladoras, aquellas que fueran capaces de preparar el terreno para nuevas expediciones. Aunque corresponden a períodos diferentes, atravesando el Golpe y ubicándose antes y después de este ominoso umbral, el sentido de cada uno de estos textos adquiere mayor nitidez mediante su conjugación constelada, incluso más de lo que cada uno de ellos estaría dispuesto a donar por separado. Tratemos, pues, de averiguar con más detalle cuáles son las líneas maestras que sostienen la *imagen* de esta *constelación* textual, así como la manera en que afirman su actual pertinencia.

Por lo pronto, es posible reconocer dos grandes ejes cuya particularidad es la de fugarse en direcciones contrarias, como si se tratase de fuerzas antagónicas interesadas en dominar y someter a su contrincante. Visto así, la pertinencia de esta *imagen* puede ser, o bien *histórica*, o bien *política*. Según la dirección que se escoja seguir, el presente para el cual ella resulta pertinente será completamente distinto al otro, por no decir opuesto. Si seguimos la dirección *histórica*, el *constelador* entenderá su tarea de publicación bajo la idea de que estos textos representan los vestigios inaugurales de un campo problemático hoy completamente constituido y aclarado. A esto nos referíamos con el valor enciclopédico aludido más arriba: junto con administrar la innovación discursiva, el saber enciclopédico también debe movilizar su vocación historiográfica alumbrando el pasado en busca de los rastros que justifiquen su legitimidad actual. Si, por el contrario, la pertinencia se organiza en torno a lo *político*, se debe a que el constelador concibe su presente como el lugar de un desarreglo fundamental, como el retorno de una discontinuidad que nos comunica con una tarea que antaño fue vislumbrada como urgente y excesiva, ante lo cual la *constelación* de textos emerge como la comparecencia de un pasado truncado, extraño al empeño del presente por asegurar la continuidad de su hegemonía. Para decirlo rápidamente: la pertinencia actual de esta publicación, o bien reivindica el valor documental que la academia les otorga a estos textos para reafirmar la continuidad de su historia, o bien responde a la urgencia *política* de la actualidad que reconoce en ellos la dificultad que el pensamiento advierte cuando intenta encaminarse a través de una contingencia intolerable e incomprensible. Mientras a la primera opción se arrima a la autosuficiente y tediosa comodidad epistemológica de los *papers*, a la segunda se adhiere el riesgo vertiginoso del *ensayo*.

Tal como lo declara explícitamente el autor en el *Prefacio*, tras recalcar «la tarea ciudadana de comprender *'lo real de la realidad'* que vivimos en nuestros entornos de actualidad», nuestra hipótesis es que su posición obedece a esta última dirección, donde el *interés histórico* debe quedar subordinado a la *tarea política* de comprender un presente que se ha tornado inabordable, de la misma manera en que lo fue en su momento para estos escritos. Es como si la perplejidad que antaño estimuló esta apuesta ensayística hoy retornara súbitamente con la misma premura, luego de permanecer acallada todos estos años bajo la tranquilizadora escena académica de la democracia de los consensos. Esa es la sensación que ahora nos embarga la lectura de estos textos: nada sustancial ha ocurrido entre ese pasado y nuestra actual indigencia o, mejor dicho, todo ha ocurrido sin que nada de lo que ellos un día problematizaron haya alcanzado, hasta el momento, alguna efectividad real, no por algún error de perspectiva, sino por una flagrante ausencia de voluntad política de quienes debieron tomar las decisiones de cambio. De este modo, el pasado retorna como aquello que quiso, pero no pudo ser, excediendo así la mesura enciclopédica de los saberes consensuados, interrumpiendo el espejismo de continuidad y progreso con que la academia y el Estado han sostenido una legitimidad hoy en día altamente cuestionada.

A esto se refiere precisamente Benjamin con el giro copernicano que una *inversión dialéctica* sería capaz de realizar respecto de la visión histórica: lejos de ser un objeto fijo que el conocimiento debe sopesar de acuerdo a los saberes hegemónicos del presente, el pasado regresa como una *ocurrencia invasora (Einfall)* que desgarra su autoconfianza. Es mediante este giro que «la política obtiene el primado sobre la historia», entendiendo que los hechos salen al paso de manera impertinente, siendo el recuerdo el encargado de sopesarlos. Por ello, no es el *saber* o el *conocimiento* quienes están llamados a remover la dura costra del presente, pues sólo se comprometen a mantener incólume su consistencia. Es más bien el recordar a través de una *imagen* quien debe cumplir esa labor, precisamente la que nuestro autor ha concebido desde el escorzo que su mirada actual proyecta como una *constelación*, una *imagen dialéctica* que interrumpe la cansina marcha de las cosas y donde el esbozo de lo *político* tuerce el trayecto tranquilizador de la *historia*. A través de esta operación epistemológico-política, nuestro autor-constelador hace uso de la facultad de recordar no para evaluar el *progreso* de las políticas públicas de vivienda o para erigirse como uno de los pioneros de la historia académica que intentó tematizarlas. Ni el *progreso* ni el *historicismo* –las dos tendencias a las cuales Benjamin opone su *imagen dialéctica*– son en este caso pertinentes. Por el contrario, ambas comparten la misma ilusión de continuidad con la que los vencedores de la historia suelen justificar su triunfo y que no es otro que la obliteración de lo auténticamente pretérito, aquello que, pudiendo haber sido, quedó finalmente suspendido. Puesto que lo que continúa vigente prueba siempre la justicia de su victoria mediante el simple hecho de su continuidad, lo que pudo ser y no fue, no tiene más chance que hundirse en el olvido.

Ocurrencia invasora

Para sortear una justificación apresurada y puramente apologética, es necesario ponderar tanto el *contenido* como a su *autor* siguiendo el carácter decisivo que embarga al presente. Hasta el momento, hemos aludido al *método* para tratar su problematicidad: el giro copernicano de la *imagen dialéctica* que acepta el pasado como aquello que el presente oblitera sistemáticamente para sostenerse. Nos resta, por tanto, dedicar algunas líneas sobre el *autor* que permita acercarnos con más detalle al sentido de la *constelación* escritural que aquí nos propone, nuevamente desde la óptica de este *método*. Respecto del *contenido*, nos referiremos más adelante, en el último punto.

El que la *política* obtenga el primado por sobre la *historia* puede constituir también el principio mediante el cual dimensionar el sentido de lo biográfico. Por ello, en lugar de aludir únicamente a la inscripción académica y profesional de un nutrido currículo, nos interesa más bien ahondar en la oportunidad política desde la cual ponderar la historia personal y que es, a nuestro juicio, el principal criterio que sostiene la reunión de estos textos, una pertinencia donde lo experiencial anuda lo afectivo con lo histórico.

Según confiesa el propio profesor Raposo, uno de sus recuerdos más atesorados y que, sin duda, marcarán profundamente su perspectiva tanto profesional como intelectual, se remite a su temprana infancia. Tras su nacimiento y siendo el primogénito, sus padres deciden trasladarse desde la ciudad de Los Ángeles a la de Chillán, una ciudad que había sufrido una de las catástrofes sísmicas más importantes

1 Raposo, Alfonso; *Apuntes biográficos*. Texto inédito.

2 Ibíd.

de nuestra historia: el terremoto del año 1939. Producto del éxodo de parte importante de sus habitantes luego de la tragedia, muchos de ellos resolvieron subdividir y vender sus amplios predios. Con el apoyo financiero de la Corporación de Reconstrucción y Auxilio, creada por el presidente Pedro Aguirre Cerda para sobrellevar la devastación, sus padres logran adquirir un sitio en la entonces Calle Lumaco, hoy Claudio Arrau. Como recuerda Raposo: «Allí construyeron, con la complicidad del maestro Polanco, en la parte de atrás del predio, una vivienda con sucesivas habitaciones que daban a un pasillo-galería acristalada».[1] Poco tiempo después, iniciaron la construcción de lo que sería una segunda etapa en la parte delantera y sin antejardín, esta vez bajo la supervisión de un arquitecto. Así, «desde niño viví en una casa en construcción. Hice lo que hoy se llamaría Práctica de Observación. Mientras se hacían las excavaciones de cimientos, yo solía jugar a las trincheras de guerra con enemigos imaginarios. Al terminar la obra gruesa yo había completado los estudios primarios y casi un año antes de dar mis pruebas de bachillerato, la casa se dio por terminada y nuevos recintos entraron en uso».[2] La perseverancia y el sacrificio económico que todo ello significó para su familia fue, según él, lo que lo impulsó a estudiar arquitectura tras convencerse de la importancia de generar formas económicas para obtener la ansiada «casa propia».

Pero más allá de haber inspirado su elección profesional, esta experiencia auroral constituye quizás el núcleo profundo de lo que será también su apuesta intelectual: la relación indisociable establecida entre el devenir cotidiano del espacio doméstico y la formación de la subjetividad. Desde el ámbito de la proyectación arquitectónica, el *sujeto* es una categoría más bien ausente y por lo general reprimida o reducida a la figura meramente instrumental del *usuario*. El *sujeto*, a diferencia de este último, obedece a una complejidad cuya exploración emblemática ha sido abordada por el psicoanálisis. Desde esta perspectiva, podríamos decir que el *usuario*, mientras se articula alrededor de la *demanda*, es decir, de la aspiración a satisfacer necesidades social, económica o culturalmente determinadas, el *sujeto*, en cambio, lo hace en torno al carácter siempre indeterminado del *deseo*. Es muy distinto pensar el diseño –y particularmente la vivienda- desde la óptica de la *demanda* que hacerlo a partir de la indefinición estructural del *deseo*. Habitar muy tempranamente desde los primeros años de infancia en medio de «una casa en construcción», es un índice fundamental del compromiso que el *deseo* contrae con los espacios, objetos y enseres que organizan lo domiciliar, mucho más allá de la simple dimensión del *uso* y la satisfacción funcional. Podríamos hablar de un verdadero vínculo *transindividual* que, fundiendo al *sujeto* con la dimensión objetual y material que lo rodea, va marcando indeleblemente el devenir afectivo que lo ata a su entorno inmediato, consolidando así sus vínculos familiares, vecinales o barriales.

Pero hay una segunda dimensión de esta experiencia auroral que, en este caso, servirá de sostén a la apuesta teórico-conceptual de Raposo. Aquella singular «Práctica de Observación» no se empapó únicamente de la experiencia *transindividual* que liga el devenir «hogar» de la casa de infancia con la forja de la subjetividad, sino también del reconocimiento de la perseverancia de sus padres para realizar dicho proyecto. Ello fue determinante en la perspectiva económica, social y política con la cual orientó su formación en arquitectura. El resultado de esa deriva la podemos encontrar en distintos pasajes de su biografía. Tras obtener su bachiller en matemática –exigencia de las escuelas de arquitectura en esos años– logró quedar en la Pontificia Universidad Católica. Sin embargo, y como parte del proceso de admisión, la entrevista con el Gran Canciller de dicha casa de estudios lo hizo cambiar de parecer. «Aquí se viene a estudiar, no a hacer política. Si tiene eso claro no tendrá problemas».[3] El recuerdo de esa escueta y clara advertencia del dignatario, se vio asimismo reforzada por la impresión que obtuvo de aquel ambiente universitario: «pude percatarme, por las conversaciones, que la mayor parte de los estudiantes se conocían desde antes, en virtud de vínculos interfamiliares y lazos de compañerismo en colegios selectos. Eso me convenció. Me di cuenta de que yo sería allí 'un pájaro raro socialmente arrimado' por mucho tiempo. La idea no me gustó, dado lo cual me fui a ver mi situación en la Chile».[4]

Luego de decidirse por la Facultad de Arquitectura y Urbanismo de la Universidad de Chile, su interés social por la vivienda se manifestó explícitamente a través del desarrollo de su Seminario de Título, el cual estuvo dirigido por el profesor Fernando Kusnetzoff. Este último tenía a su cargo la Sección de Vivienda del IVUPLAN, antecedente de lo que será el Departamento de Urbanismo. Bajo el título *La familia habitante y su vivienda*, el estudio tenía por objeto analizar una de las erradicaciones más masivas ocurridas en Santiago hasta la fecha, y que correspondía a todos los asentamientos irregulares que se habían formado a lo largo de la ribera sur del Río Mapocho, actual *Parque de los Reyes*. Trasladados sus habitantes a la población San Gregorio, la investigación buscaba observar en terreno el proceso de acomodación recíproco de las familias en sus viviendas prefabricadas y sus respectivas estructuras prediales. El resultado del seminario fue tan apreciado por Kusnetzoff, que éste decidió publicarlo en la Revista de Planificación del IVUPLAN. Según Raposo, «desde entonces se oficializó mi condición de viviendista y fui invitado a ejercer una ayudantía de investigación. Así fue como quedé atrapado para siempre, hasta hoy en día, en la carrera académica».[5]

La noción de «viviendismo» no deja de ser muy elocuente no sólo desde el punto de vista teórico-disciplinar sino también por la deriva biográfica del autor, en la medida en que logra condensar aquellas dos dimensiones de la experiencia auroral a que nos hemos referido. De un lado, y desde la perspectiva micrológica, encontramos todo el

3 Raposo, Alfonso; *Recuerdos de la Escuela de Arquitectura de la Universidad de Chile.* Texto inédito.

4 Ibíd.

5 Raposo, Alfonso; *Apuntes biográficos.* Texto inédito.

marco de la relación entre el devenir cotidiano del espacio doméstico y la constitución del sujeto. Precisamente, uno de los aspectos más valorados en *La familia habitante y su vivienda* es la aventura de la «casa en construcción» que acoge la intimidad familiar y su imbricación *transindividual* con el espacio domiciliar. Por otro lado, y esta vez desde la perspectiva macrológica de lo económico, social y político, tenemos la inscripción societal de esa aventura, con toda la complejidad teórica que significa esa tarea. Entre ambas riberas, entre lo micro de la subjetividad doméstica y lo macro de lo político-económico, se asienta justamente la dimensión conceptual e investigativa del «viviendismo». No es casual que la constelación de textos seleccionados por Raposo esté flanqueada precisamente por esos dos mismos lindes: por una parte y abriendo el conjunto de ensayos, está *La familia habitante y su vivienda*, mientras que *Elementos para un mapa temático del problema habitacional* es el texto encargado de cerrar dicha selección.

La prolongación natural de esta impronta viviendista, tuvo un significativo correlato en los estudios de diplomado que logró desarrollar tanto en Colombia como en Gran Bretaña. El primero, de siete meses, en el *Centro Interamericano de Vivienda y Planeamiento* perteneciente a la *Organización de Estados Americanos* OEA con sede en Bogotá, y el segundo, un «*Diploma Course in Urban Design and Planning Studies*» de nueve meses en la Universidad de Edimburgo, Escocia. Si el primado de la *política* por sobre la *historia*, como hemos insistido, constituye un principio mediante el cual dimensionar lo biográfico, esta prolongación natural se vio justamente interrumpida por lo político. Dado el compromiso intelectual y académico en favor de políticas de vivienda progresistas y en sintonía con los cambios que se empezaban a gestar durante la Unidad Popular, el golpe cívico-militar de 1973 significó la exoneración del profesor Raposo de la Universidad de Chile, institución a la cual nunca regresará. Esto significó, sin embargo, la posibilidad de adentrarse en el universo de la gestión municipal, para trabajar en el ámbito de la planificación territorial comunal (SECPLAC), asumiendo la jefatura de la Unidad de Desarrollo Urbano de la Comuna de La Florida. Como recuerda, «fue uno de los períodos más fecundos en cuanto experiencias de aprendizaje personal, en materia de interacción socio-cultural y socio-profesional. Interactué con dirigentes vecinales, trabajadoras sociales, constructores civiles, abogados, administradores públicos, secretarias especializadas»[6]. Fueron los tiempos difíciles de la crisis económica, del programa de Empleo Mínimo (PEM, 1975) y del Programa Obrero de Jefes de Hogar (POJH, 1982), así como el Programa Especial de Profesionales (PEP), instrumentos que permitieron la ejecución de múltiples proyectos de arquitectura de casetas sanitarias, redes de alcantarillado, agua potable y electricidad, así como pavimentación de calzadas destinados a Campamentos de Radicación y otras incitativas de carácter cooperativo. Concluido este período, arribó como docente e investigador a la Facultad de Arquitectura Urbanismo y Paisaje de la

6 Raposo, Alfonso; *Recuerdos de la Escuela de Arquitectura de la Universidad de Chile.* Texto inédito.

Universidad Central de Chile, llegando a ser el director del *Centro de Estudios Arquitectónicos, Urbanísticos y del Paisaje* CEAUP, hasta la fecha.

Sus evidentes logros académicos y profesionales se han visto compensados por importantes reconocimientos. En el año 2010 recibe, junto a Miguel Lawner, una de las más relevantes distinciones otorgadas por la Facultad de Arquitectura y Urbanismo de la Universidad de Chile FAU: la «Medalla Claude François Brunet de Baines». Con este galardón, al cumplirse 161 años de Enseñanza de la Arquitectura, la FAU quiso honrar al profesor Raposo por su nutrida trayectoria como investigador y docente en las universidades de Chile, Santiago, Tecnológica Metropolitana y Central.

El segundo premio obtenido tiene una particular significación, cuyas características es necesario considerar con mayor detalle. En el contexto de la realización de la XXI Bienal de Arquitectura del año 2019, obtiene el reconocimiento «Cátedra Edwin Haramoto Nishikimoto», distinción que fue establecida por la FAU en honor a quien fuera uno de sus más destacados académicos y ex Decano, además de fundador del Instituto de la Vivienda INVI. Ni el sentido de la Bienal que ofició de telón de fondo de este reconocimiento, ni menos la fecha en que se celebró la ceremonia de premiación, pueden pasar inadvertidas en esta deriva biográfica.

En primer lugar, resulta sumamente sugerente el tema de aquella Bienal titulada «Lo Común y lo Corriente». Como se señala en el primer tomo del catálogo, «lo común y lo corriente no ha sido de interés para la arquitectura. Personas y organizaciones que no cuentan con los recursos para grandes obras ni tampoco con la brutal estética de la pobreza y su altruismo asociado. Este segmento al que llamamos la clase media (...)»[7]. Se trata de un grupo que tradicionalmente «ha estado despojado de la arquitectura reconocida y premiada, ya que básicamente ven satisfechas sus necesidades de habitación por la mano invisible del mercado, según la comparsa definida por el Estado a través de los subsidios complementarios al esfuerzo y el endeudamiento individual»[8]. Por lo mismo, representa «un segmento de la arquitectura cotidiana que, dada su permanente presencia, invisibilizamos. Años tras año, aproximadamente el 80% de lo que se construye corresponde a vivienda, configurándose la ciudad desde la necesidad más básica: el habitar doméstico. Es por eso que lo común y lo corriente resulta tan relevante y trascendental en la comprensión del crecimiento y regeneración de nuestras ciudades».[9] En este sentido, el propio criterio curatorial de la XXI Bienal parece recoger el espíritu de las preocupaciones del «viviendismo» de Raposo y sus dos riberas: el universo micrológico del habitar doméstico y su inscripción macrológica en la dimensión político-económica. Desde el punto de vista de la actual hegemonía neoliberal, ambos flancos vendrían a ser, por un lado, el malestar subjetivo de una clase media sobreendeudada en su proyecto familiar y, por otro, la precarización estructural de su vida bajo el modelo de

7 Urrutia, Pablo; Coeffé, Beatriz; Villalón, Tomás; González, Joaquín; Obilinovic, Vesna; "Lo común y lo corriente" *XXI Bienal de Arquitectura*, tomo I, p. 14.

8 Ibíd.

9 Ibíd.

subsidiariedad. Lo «común y lo corriente» no es otra cosa que el paisaje existencial que se sitúa justamente entre esas dos dimensiones, ajena a la arquitectura premiada e invisible para la academia.

Además de ocurrir en el contexto de esta Bienal, es importante destacar la singularidad de la jornada en que se realizó la entrega del galardón. Días antes, el metro de la ciudad de Santiago estaba siendo objeto de múltiples actos de protestas desarrollados por estudiantes secundarios, muchos de ellos, mujeres. Básicamente, dichos actos consistían en saltar por encima de los torniquetes destinados a controlar el pago de los pasajes. La razón para evadir era la intempestiva alza en 30 pesos del ya costoso valor del boleto. El día que estaba fijada la premiación no fue muy distinto. Durante esa mañana, las protestas se masificaron a gran parte de las estaciones del metro de la capital, ante lo cual el gobierno decidió cerrar muchas de ellas para evitar el aumento de las evasiones masivas que comenzaban a ser replicadas por el resto de población. La medida fue peor, porque las aglomeraciones de pasajeros aumentaron aún más la indignación, que se sumaba a la ya provocada por el alza. Quienes acompañamos al profesor Raposo el mediodía de aquel 18 de octubre de 2019, tomamos la precaución de llevarlo en automóvil, dado que se auguraban importantes dificultades de desplazamiento. La ceremonia se realizó en el Teatro Huemul, emblemático edificio patrimonial del barrio Franklin, donde actuaron Carlos Gardel, Gabriela Mistral y el dramaturgo Juan Radrigán, entre otros, y que se hizo también conocido por servir de escenario de filmación del spot de la campaña del «No» para el plebiscito de 1988. Acompañado por sus familiares, estudiantes, colegas y compañeros del CEAUP y luego de recibir el reconocimiento por parte del Decano de la FAU, el profesor Raposo fue invitado a dirigirse al público.

Una pequeña anécdota de sus tiempos de estudiante fue su punto de partida, remitiéndose al contexto en que decide realizar su seminario de título en el Instituto de Vivienda, Urbanismo y Planeación. En aquella oportunidad, «cuando manifesté mis planes a mis compañeros, uno de ellos me lanzó el epíteto de "viviendista" palabra que hasta el día de hoy suele tener una carga peyorativa»[10]. Fue en ese momento en que apeló a extraer de su propia historia personal el significado del término, aludiendo al carácter profundamente viviendista que habían tenido sus padres, evocando precisamente la imagen infantil de su «casa en construcción». Lejos de dar razones teóricas, fue el recuerdo de esta experiencia cotidiana lo que alumbró su sentido, puesto que es ella quien orienta inadvertidamente el habitar, anudando silenciosa y pacientemente la significación de todos nuestros afanes. Hechas estas primeras reflexiones, el resto del discurso consistió en recordar el nacimiento y desarrollo del IVUPLAN, así como su disolución tras el Golpe militar luego de atribuirle a este organismo la autoría intelectual del «Cordón Cerrillos», consistente un conjunto de industrias intervenidas por sus trabajadores y delegados estatales, para fines expropiatorios.

10 Raposo, Alfonso; *Apuntes biográficos.* Texto inédito.

Lo interesante de toda esta escena era la imposibilidad de advertir en ese momento la sintonía que tendrían tanto el tema de la Bienal como el discurso pronunciado por el galardonado respecto de lo que estaba fraguándose en las afueras del Teatro Huemul. En efecto, más allá de ser el título de una apuesta curatorial, «lo común y lo corriente» se convertiría en el fenómeno protagonista de la jornada: el malestar de ese segmento social sin interés para la arquitectura, que cubre sus necesidades mediante el sobreendeudamiento y los exiguos apoyos estatales, comenzaba rápidamente a apoderarse de las calles. Así, la cotidianidad, el núcleo experiencial del viviendismo que Raposo aludía en su discurso, dejaba atrás su invisibilidad grisácea para volverse el foco de impugnación de una ciudadanía hastiada de su precariedad existencial. Intempestivamente, en ese día se asomó lo extra-ordinario. Sin embargo, dicha aparición no fue la mera suspensión micrológica y puntual de lo cotidiano, como si se tratase de una mancha que se recorta sobre un fondo ordenado e inmutable. Por el contrario, lo extraordinario suplantó a la cansina invisibilidad de lo común y lo corriente, trayendo consigo el derrumbe de todas las estructuras de su aseguramiento normativo. Al igual que el transporte público, las calles se vieron interrumpidas y desbordadas por la muchedumbre, se multiplicaron las barricadas y el vandalismo comenzó a asolar los símbolos del abuso estatal, empresarial y eclesiástico. Fue así como, de la nada y ocupando toda la escena, lo ordinario devino mágicamente en lo extraordinario volviéndose un fenómeno tan inmenso e impensable, que la propia ciudad y su acostumbrada rutina pasó a un segundo plano.

A sólo horas de que el profesor Raposo nos hablara de su «casa en construcción», de la violencia con que el Golpe había interrumpido la vida del IVUPLAN y su posterior exoneración de la Universidad de Chile, Santiago comenzó a transformarse en algo irreconocible y cuya onda expansiva no tardó en llegar al resto de las ciudades del país. En alguna medida, las razones que motivaron aquellas interrupciones biográficas tenían que ver precisamente con lo que comenzaba a gestarse ese 18 de octubre. La revolución neoliberal que el Golpe inauguró cercenando vidas e instituciones, ese orden «común y corriente» de precariedad, consumismo y privatización que impuso hasta volverlo tan natural e imperceptible como el aire que respiramos, comenzó a hacerse visible mediante lo extra-ordinario de la revuelta. El tono existencial que la dictadura y los gobiernos que le siguieron habían logrado normalizar, estaba siendo impugnado en su totalidad. Pero esa impugnación no es otra cosa que la *Ocurrencia Invasora*, el acontecimiento inesperado que suspende la marcha regular de la Historia para devolvernos, de manera fulminante, al pasado trunco y sepultado bajo el orden de los vencedores. Ese mismo pasado que en su discurso de agradecimiento se encargó de desenterrar, en el mismo teatro del comercial del «No» cuya entusiasta campaña hoy se nos presenta tan ingenuamente esperanzada en una alegría que nunca llegó. Un fenómeno que también pareció ocurrirle al viviendismo y particularmente a la *vivienda dinámica*, entendida como uno de los recursos operativos y conceptuales más relevantes proporcionados por Raposo. Ciertamente la «vivienda de desarrollo progresivo» ya estaba en el ambiente académico de aquella época, como reflejo de la gradualidad de la autoconstrucción espontánea de los propios pobladores, no siempre consonante con sus ingresos y crecimiento de las necesidades de sus familias. La concepción de unas tipologías de *Vivienda Dinámica* (1971), constituyó una formalización arquitectónica que adelantaba una mirada cuya ulterior elaboración, décadas después, bajo la denominación de «vivienda incremental», generaron obras que fueron significativas en el otorgamiento, en 2016, de un premio Pritzker. Luego del Golpe cívico-militar y la amnesia forzada que requirió para reescribir la historia, el conjunto de la textualidad de la reflexión ensayística de la cual formó parte la «vivienda dinámica» no tuvo más alternativa que quedar inconclusa y abandonada. Lo cierto, es que la legitimidad de esta historia vencedora es precisamente lo que comenzaba a objetarse aquella tarde de octubre, tras la *ocurrencia Invasora* de un estallido social que aún no deja de sorprendernos.

Obviamente, parece una simple coincidencia el que se condensen, en un mismo día, tanta potencialidad histórica y, más aún, lo haga en algo tan puntual como el reconocimiento otorgado al profesor Raposo. Lo que no puede resultar azaroso es el trabajo que la historiografía y el pensamiento necesitan enfrentar para dotar de sentido a aquello que, en un principio, podría resultar antojadizo o sin otra explicación que la mera casualidad. A nuestro juicio, esa es la labor que requiere «la tarea ciudadana de comprender 'lo real de la realidad' que vivimos en nuestros entornos de actualidad», tal como Raposo nos invita a asumir en su *Prefacio*. Si lo vemos en términos lacanianos, «Lo Real» es el núcleo constituyente del sujeto que debe permanecer innominable y resistente a toda simbolización para justamente mantener la coherencia de su «realidad» consciente. En nuestro caso, *Lo Real* ominoso de la vía chilena al neoliberalismo que debía permanecer oculto es la inmensa carga de precarización vital que los sujetos deben asumir para sostener el modelo, sobre todo la clase media y los sectores populares. Por ello, el «real de la realidad» que se manifestó en octubre de 2019 con toda su violencia destituyente, lo hizo mediante un malestar que perforó la estructura de lo «común y corriente», impugnando el orden simbólico de nuestra convivencia cotidiana. A cuatro años de este gran *acontecimiento*, la perplejidad ante su *ocurrencia invasora* se resiste a abandonarnos. Es el mismo asombro que nos asalta al reconocer en estos ensayos que, en lo profundo, nada sustancial ha cambiado entre el pasado en que fueron escritos y lo que hoy «vivimos en nuestros entornos de actualidad». Por lo mismo, el temple anímico que estos textos requieren para comprender su vigencia es aquella sensación de extrañeza que el estallido y sus consecuencias nos ha obligado a tener ante nuestra realidad social y política. Ella es la perspectiva más idónea para captar la *imagen dialéctica* que esta *constelación* de escritos nos propone para suspender la prepotencia del presente, sólo ella permite vislumbrar la «débil fuerza» que aún se mantiene de un pasado que quiso, pero no pudo ser y que reverbera en sordina bajo estos ensayos.

Benjamin nos dice que la política obtiene el primado por sobre la historia. Esa es la manera en que los hechos pueden ser vistos como algo que acaba de salirnos al paso. Establecer el sentido de esa impertinencia es el principal asunto del recuerdo. Pues bien, aquella mañana de octubre, Raposo recordó su casa de infancia, la Unidad Popular, el IVUPLAN y el Golpe que los aniquiló. Esa misma tarde, una revuelta fracturó la holgada legitimidad que el neoliberalismo se ufanaba de tener desde que el Golpe lo instauró. Si bien son aparentemente inconmensurables, en ambas escenas la política primó por sobre la historia. No solo una nación o una comunidad puede, a veces, reconsiderar su pasado a partir de un acontecimiento político. También un sujeto puede hacerlo. Aunque en algunos casos más que en otros, toda biografía es siempre política. En lo que respecta a nuestro autor, la *imagen dialéctica* que emana de su *constelación* de textos podría ser una *ocurrencia invasora*, al igual que lo fue la revuelta que esa mañana comenzó a germinar.

Una casa en construcción

Si bien el «problema de la vivienda» parece seguir siendo un dilema tanto para las políticas públicas como para la academia, ¿qué es entonces aquello verdaderamente pasado y que esta *constelación* nos impulsa a arrancarlo del olvido? Un problema alcanzará su condición de tal únicamente cuando una comunidad o un país busque auténticamente resolverlo y no el simple rótulo que intenta nominar, eufemísticamente, una de las condiciones fundamentales para el asentamiento de un proyecto político hegemónico. O para decirlo en términos benjaminianos: el *problema de la vivienda* –con toda la amplitud y complejidad que eso signifique– no es más que el signo del progreso, de la necesidad de que el presente neoliberal siga perseverando en la consistencia de su triunfo y buena salud. Sólo para quienes lo padecen, los vencidos, el problema resulta auténtico y urgente de asumir. Por lo mismo, no basta con reivindicar su vigencia desde el espacio universitario. El hecho de que el *problema de la vivienda* constituya una tradición académica sin una real efectividad para incidir en la transformación social, no hace más que normalizar la persistencia del actual estado de cosas. Más agudo se torna el fenómeno si consideramos la progresiva fascinación que su comunidad de expertos comienza a tener por los *rankings* de productividad científica. Podríamos decir que aquella prepotencia del presente que la *ocurrencia invasora* de esta *constelación* busca interrumpir, es justamente esta naturalizada tendencia tecnocrática del saber. Así, lo que social y políticamente constituyen asuntos relevantes para un país, se transforman en fetiches investigativos ante los cuales es necesario demostrar un buen rendimiento en la industria global del capitalismo cognitivo. Tal como lo señalamos en un principio, no es casual que uno de sus principales instrumentos de medición de productividad sea precisamente el *paper*. Lejos de constituir únicamente un formato de escritura, éste representa un dispositivo de metamorfosis epistémica que convierte los problemas políticamente relevantes en discursos encorsetados para la evaluación de pares o, peor aún, en simples pretextos para la obtención de puntaje.

Algo completamente distinto ocurre con el *ensayo*. Lo que está detrás de su progresivo retroceso y devaluación académica frente a los criterios formales demandados por artículo científico, no es otra cosa que su capacidad de cuestionar los propios modos institucionales de producción discursiva. Esto no quiere decir que el *ensayo* acoja «temas» que el *paper* no puede abordar por alguna connivencia ideológica que este último mantenga con el *statu quo* universitario. El asunto no depende de los contenidos, sino de las exigencias interpretativas que reclama la propia esencia del *ensayo* y que el *paper*, por su naturaleza tecnocrática, está cada vez más limitado de lograr. Podríamos anunciar esta diferencia del siguiente modo: mientras el *paper exige conocer*, el *ensayo*, en cambio, *invita a pensar*; si el tono del primero es *imperativo*, el del segundo es la *seducción*. Lo que para el primero representa un *asunto de conocimiento* cuyo *imperativo* es la innovación acotada a los límites enciclopédicos, para el segundo es la elaboración de un *problema* que el pensamiento *desea* articular en medio de la intemperie intelectiva. Precisamente, por esta última condición, el *ensayo* está más atento a las zonas inseguras del presente, al temblor imperceptible de las estructuras portantes de los saberes, a la obligación de inventar con lo poco que se tiene. Debido a esta diferencia entre *conocer* y *pensar*, ambos representan, a su vez, a sujetos diferentes. Si la universidad sintomatiza su tecnocratización mediante la devaluación de la ensayística ante el ensalzamiento del artículo, se debe a que la alquimia epistemológica que involucra a este proceso no sólo transforma los *problemas* en meros *asuntos* disciplinares, sino que fuerza al autor académico a transitar desde la figura del *intelectual* a la del *experto*. En esta escena de desertificación reflexiva, el libro parece ser uno de los pocos sobrevivientes. Por ello, no es casual que la presente publicación sea precisamente una *constelación* de *ensayos*, que su formato sea un libro y su *constelador*, un *intelectual*. Cuando los hechos se tornan una *ocurrencia invasora* por su imposibilidad de someterse a la prepotencia del presente, el recuerdo debe aprender a establecerlos navegando a contracorriente: en una dirección opuesta a la inercia posmoderna de la universidad de los *expertos*, este libro hace hablar a la truncada universidad pública de los *intelectuales*.

Seis son los ensayos que componen este libro. Si nos viésemos forzados a escoger un nombre provisorio para esta *constelación*, no sería descabellado elegir el de *Una casa en construcción*. Su pertinencia la podemos sostener a partir de tres criterios que, a nuestro juicio, articulan el contenido. En primer lugar, con dicho nombre aludimos directamente a la centralidad que Raposo le atribuye al *sujeto* en su comprensión de la vivienda, centralidad que, como vimos, es indisociable de su propia historia personal. Porque toda biografía es siempre política, es completamente plausible ocupar un recuerdo de infancia para nominar aquello que constituirá uno de los aspectos más gravitantes de su trayectoria intelectual, además de su compromiso político. En segundo lugar, la *vivienda dinámica*, uno de los conceptos capitales de su trabajo, no será otra cosa que aquella imagen auroral de la *casa en construcción* esta vez traducida al saber académico. Por último, la idea de lo inacabado y pendiente que esta imagen evoca, constituye el propio carácter del «problema de la vivienda»: lejos de ser un dominio consistente y bien constituido como lo piensa el saber enciclopédico, representa más bien un campo abierto, en permanente disputa y que requiere del ensayo para esbozar, una y otra vez, su escurridizo semblante.

Estos tres criterios bien podrían servir para trazar provisoriamente la estructura de esta *constelación*. Así, el primero de ellos, en donde la *casa en construcción* alude a la centralidad ocupada por el *sujeto*, lo podemos encontrar en los dos primeros ensayos. En **La familia habitante y su vivienda** (1965), se asoman los esbozos iniciales para un análisis sistemático de las condiciones bajo las cuales se despliegan micrológicamente las dinámicas familiares en sus modos de ocupación habitacional, tomando como caso de estudio a la Población San Gregorio. Si bien para este texto el término «función» resulta un concepto fundamental, éste no se reduce a un plexo de necesidades objetivas, sino al complejo rendimiento que la construcción de la subjetividad familiar demanda del espacio residencial. El gran modulador de dicho rendimiento es lo cotidiano, cuya densidad la convierte en la categoría primordial para pensar y leer la deriva y los desafíos que involucran las progresivas modificaciones habitacionales. En este sentido, el devenir cotidiano obedece siempre a una relación transindividual específica, donde un determinado sujeto-familia y sus modos de habitar particular se van modelando mutuamente. La no observancia de este principio por parte del diseño, sería la principal razón de los trastornos organizacionales en la vida de los pobladores. Frente a estas dificultades, en el segundo ensayo titulado **Comentario sobre el conjunto habitacional «Villa Italia»** (1967), encontramos un estudio pormenorizado de una propuesta concreta de diseño, donde se intenta problematizar justamente aquellas exigencias que *La familia habitante y su vivienda* habían puesto de manifiesto. A diferencia de este último caso, en esta oportunidad se trata de evaluar las condiciones y desafíos que un proyecto de arquitectura debe lograr para constituir y solventar una comunidad residencial, atendiendo a las especificidades reclamadas por la cotidianidad familiar a la hora de acoger de manera efectiva

11 Ver infra, p. 84

12 Ver infra, p. 85

13 Ibíd.

el vínculo transindividual entre sujeto y hábitat. En este sentido, el principal problema radica en la anticipación de los posibles modos de agenciamiento socio-espacial de los futuros habitantes, lo que convierte al diseño en un ejercicio que opera bajo altos índices de incertidumbre.

De la dimensión subjetiva pasamos al segundo criterio que opera como consolidación de este primer asomo temático de la *casa en construcción*: la propuesta teórica de la *vivienda dinámica*. Elaborado junto a Carlos Martner y titulado precisamente **Vivienda Dinámica** (1971), este ensayo representa el centro gravitacional de la constelación. En él se intenta explorar una estrategia metodológica que posibilite administrar aquella incertidumbre en la cual opera el diseño, y que el análisis de las dificultades y desafíos del conjunto *habitacional «Villa Italia»* ya dejaba entrever. Mas aún, podemos concebir esta estrategia como respuesta a uno de los problemas medulares planteados en *La familia habitante y su vivienda*, como es el modelamiento recíproco y transindividual entre sujeto y espacio domiciliar: «el propósito principal de este trabajo es contribuir a la formulación de soluciones de diseño arquitectónico de la vivienda mediante el desarrollo de algunas alternativas de diseño que se proponen como ejemplo de un ajuste entre la vivienda y la familia que la ocupa, poco considerado en los ejemplos actualmente disponibles de viviendas»[11]. Si bien se trata de una formulación de opciones de diseño que apuntan concretamente a «ciertas condiciones de forma de la vivienda y de sus agrupaciones»[12], ésta se enmarca «dentro de la acción global tendiente a resolver el problema habitacional»[13]. Esto significa que sólo puede comprenderse dentro de un particular enfoque teórico del *problema de la vivienda*, que sea capaz de integrar lo económico, lo social y lo político. Sólo atendiendo a este marco general es posible dimensionar la densidad conceptual de la propuesta más allá de los aspectos puramente disciplinares y técnicos del diseño habitacional, considerándola, además, como parte de una eventual Política de Vivienda, de los aspectos socio-económicos involucrados en ésta y como elemento integrante del proceso de consolidación de las áreas residenciales urbanas.

Por último, tenemos el tercer criterio donde la *casa en construcción* se transforma, esta vez, en el carácter mismo de una empresa teórica inacabada y escurridiza como lo es el propio *problema de la vivienda*. Así lo prefigura el texto **La política de vivienda: un ensayo de prospección temática** (1975). Ubicado inmediatamente después de la propuesta de la *vivienda dinámica*, lo relevante de este texto es representar la problematización a la cual debía llegar necesariamente su planteamiento. Sin embargo, este arribo tiene un ingrediente fundamental que infiltra completamente tanto el temple anímico de su escritura como su opción política. Atravesando el ominoso umbral del Golpe cívico-militar, este texto acusa el hiato que lo separa epocalmente de aquella propuesta, al mismo tiempo de evidenciar que ésta no representa otra cosa que el punto de anclaje entre el problema de la subjetividad y el marco ideológico, económico y político en el cual se inscribe. Para esto era completamente necesario solventar a mayor escala el dimensionamiento tanto subjetivo como técnico implicado en ella. De este modo, el sujeto y su cotidianidad, así como la plausibilidad del dispositivo teórico-técnico de la *vivienda dinámica*, podrán encontrar aquí el sustento en una perspectiva materialista histórica, señalando con ello un claro posicionamiento epistémico-crítico: la problemática de la vivienda y su desenvolvimiento familiar son síntomas del modo de producción dominante como también del aparato jurídico-político que lo sustenta y reproduce. Este asunto se vuelve aún más evidente tras el desmantelamiento progresivo del Estado de bienestar por parte de la dictadura. Es en este registro problemático de la vivienda donde puede ser pensada la plausibilidad de la *vivienda dinámica* con toda la complejidad que implica el desenvolvimiento transindividual entre la cotidianidad del habitante y su espacio residencial. Así parece indicarlo el autor: «es en este cuerpo de actores sociales y su práctica cotidiana donde podría encontrarse la base más auténtica para el trazado de los objetivos como componente en la formulación del problema habitacional». En definitiva, lo que este ensayo revela implícitamente es que la *vivienda dinámica* no es solamente una alternativa de diseño habitacional y que algunos intentan hoy en día imitar reduciendo su modalidad «incremental» al plano puramente disciplinar de la arquitectura. Constituye también un proyecto político-arquitectónico y popular que no puede menos que contrariar las lógicas neoliberales, aquellas mismas que tales imitadores admiten o incluso promueven y reproducen a través de sus premiadas y elitistas oficinas privadas de arquitectura.

Continuando con este tercer criterio, tenemos también el ensayo *Perspectivas analíticas del mercado de vivienda. Notas sobre la necesidad, oferta y demanda habitacionales* (1978). Continuando con las reflexiones anteriores y sin decirlo abiertamente ya que su objeto de análisis es otro, este texto deja en evidencia que la propuesta de la *vivienda dinámica* sólo tiene sentido al interior de un proyecto político-económico alternativo al neoliberalismo. Lo que su análisis arroja es algo que ya habíamos destacado: que la vivienda en tanto *problema*, no es sino el síntoma del modelo hegemónico triunfante y del aparataje jurídico-político que lo sostiene y viabiliza. Sin embargo, al concentrar su análisis específicamente al ámbito del mercado de la vivienda, pareciera privilegiar sólo una de las facetas posibles de dicha problemática. Más allá de sus méritos analíticos, este ensayo nos deja la sensación de que es el campo de la economía el más idóneo para su planteamiento. Por ello, y frente a esta tentación economicista, el último ensayo con el cual se clausura la *constelación,* intenta exorcizar el fantasma del reduccionismo extendiendo la intelección de lo habitacional a un territorio más amplio y cada vez más difícil de abordar de manera unitaria y concluyente.

De este modo y clausurando el tercer criterio, *Elementos para un mapa temático del problema habitacional* (1979) oficia como una guía de comprensión global del territorio explorado y de todo el camino recorrido en él por los escritos anteriores. Pero si hemos hablado de *constelación*, habría que decir que se trata, en este caso, de la elaboración de una suerte de carta astral cuya principal virtud es posibilitar la lectura de los signos en los cuales se inscriben lo remoto y lo venidero. Se trata de un dispositivo que permite, en definitiva, vislumbrar el *problema de la vivienda* como el particular síntoma, no tanto de la peculiaridad del modelo económico chileno como del sentido existencial que lo configura y cuya complejidad no puede abordarse sin una guía adecuada. Por encontrarse a la deriva en una región abrupta e insondable, el problema habitacional se torna análogo a una *casa en construcción*: un movimiento sin límites definidos, sin bordes y siempre resistente a los intentos de contención enciclopédica tan apetecidos por el saber universitario. Debido a su carácter provisional, ni siquiera alcanza a constituir un verdadero mapa. Más bien procura definir algunos de sus principales elementos, aquellos imprescindibles para vislumbrar las múltiples geometrías que el *problema de la vivienda* ha adquirido en el pasado o que eventualmente podría alcanzar en el futuro. Porque su materia es el tiempo, este bosquejo cartográfico anuncia la tarea más fundamental: avizorar aquello que resuena como lo *pendiente*, lo que pudo ser y no fue, lo que no tuvo más chance que hundirse en el olvido. En esto descansa la mayor agudeza con que este texto hace uso nuevamente del materialismo histórico. Más allá de la economía, permite pensar el *problema de la vivienda* en su propio devenir, pero un devenir que invierte la idea de una visión histórica que considera el pasado como un punto fijo y al presente como el simple empeño por dirigir el conocimiento a esa fijeza. Porque la elaboración de mapas es en sí mismo un ejercicio político, su vocación responde a la urgencia de inteligir aquello que, aunque visible, nunca se ofrece a simple vista. La mirada en altura, el arte de trazar un paraje desde el cielo o bocetear al cielo mismo en su sinfonía de movimientos, logran capturar lo que la percepción de a pie no ve en su diario deambular, puesto que su atención siempre se dirige a lo inmediato, a lo que posibilita o impide su paso. La política, en cambio, requiere del auxilio de lo panorámico, de esas grandes escenas tan ficticias como verdaderas que son también los mapas. Precisamente, gracias a estos últimos, puede la política adquirir el primado por sobre la historia para evadirse de su supuesta continuidad, a fin de establecer los hechos como el principal asunto del recuerdo. Rememorar es un asunto de bosquejos. Por ello, la propia publicación de este *mapa temático* intenta arrancarlo de su olvido, de la marginación que la demanda de claridad y exactitud exigida por el enciclopedismo académico actual le inflige a todo lo que parece inacabado y puramente exploratorio. Porque el *problema de la vivienda* es lo aún *pendiente*, resulta del todo oportuno acudir a los mapas que antaño fueron trazados para atrapar su semblante, de la misma manera en que revisitamos los planos originales y los sucesivos para comprender, en medio de la confusión presente, el sentido que va adquiriendo una *casa en construcción*.

¿Qué es lo que está en acto cuando hablamos de actualidad?

Esta es, tal vez, la interrogación de fondo sobre el sentido de publicar estos trabajos a décadas de haber sido escritos. Sobre ella hemos montado una segunda pregunta y que dice relación con la pertinencia de hacerlo. Los límites de lo actual son relativos, pues dependen de las consideraciones que hagamos sobre lo que supuestamente está *aún* en acto. Definiciones ancladas en criterios de masividad –lo que hoy *se* dice, lo que está al día o lo que a todos preocupa– son superficiales y poco confiables, pues reducen lo actual a una compresión puramente cronológica y estadística del presente. Si observamos con detención, veremos que la persistencia de tales criterios no ofrece más que el sentido de la continuidad, pues toda época, independientemente de la ocasión y circunstancia, parece tener su propio «estar al día». La actualidad no es más que el pasado triunfante, aquél que aún está en *acto* y que, por lo mismo, no ha pasado verdaderamente.

Sin embargo, en algunos momentos, cuando la actualidad entra en crisis, el pasado auténtico, es decir, aquello que pudo ser y no fue, perfora su dura costra de permanencia mediante la irrupción intempestiva de lo *pendiente*. En esto consiste el trabajo de la *ocurrencia invasora* (*Einfall*) que siempre opera en contra de la inercia de lo *actual*. No se trata de algo innovador, pues la innovación es más bien el imperativo de nuestra época, la del capitalismo triunfante. Innovar no es otra cosa que mantener el principio del reemplazo permanente, la sublimación de la lógica de mercado donde toda mercancía debe ser rápidamente sustituida por otra. Benjamin tenía una poderosa imagen para capturar lo que sería la máxima expresión de este carácter: *la moda es un cadáver colorido*. Como *continuum* epocal de nuestra actualidad, lo innovador hace gala del brillo de su novedad sobre la base de haber nacido muerto apenas consumada su colorida aparición. En cambio, al no tener cabida en el universo cromático de lo actual, lo *pendiente* es más bien lo incoloro que se desliza a lo largo de toda su extensión, como un espectro transparente. Tampoco está muerto, pues está al acecho esperando asaltar al presente apenas se desate su crisis.

Lo que está en *acto* en nuestra *actualidad* nacional es precisamente una crisis, cuya más palpable expresión es un grisáceo malestar indefinido. No sabemos cuánto durará y cómo lo hará. El 18 de octubre de 2019, su momento más agudo y que quebró el cansino paso de «lo común y lo corriente» del modelo, abrió un boquete por donde pudo asomarse lo *pendiente*. A ese pasado truncado que retorna de improviso pertenece precisamente esta constelación de textos, sin que su propio constelador lo hubiese imaginado y menos de modo tan imbricado con su propia historia. Esta es, por tanto, la pertinencia de publicarlos *hoy*, antes de que se cierre –una vez más– la trizadura de lo *actual* que ha permitido este regreso. Toda biografía es siempre política y más aún la de un *intelectual* como nuestro autor. A diferencia de la falsa y profiláctica objetividad del *experto* y su microempresa de *papers*, para un intelectual su *vida* es inseparable de sus *ideas*. Sus *ensayos* y *constelaciones* hacen del asombro su materia prima en donde los hechos se convierten, inesperadamente, en algo que nos acaba de salir al paso. Si establecerlos es el principal asunto del recuerdo, en esta ocasión es *su* propio recuerdo el que nos invita a interrogar nuestra conflictiva actualidad.

El Ingenio, Cajón del Maipo, marzo de 2023

La familia habitante y su vivienda (1965)[1]

Una de las actividades docentes del Instituto de Vivienda, Urbanismo y Planeación es la dirección de los Seminarios que los alumnos realizan sobre materias que constituyen la temática de investigación del Instituto. El presente estudio, «La familia habitante y su vivienda», es un trabajo de Seminario realizado en 1962 bajo la dirección del profesor Fernando Kunetzoff, por el alumno Alfonso Raposo, actualmente Ayudante Investigador de este Instituto.

El estudio enfrenta el problema de la habitabilidad de la vivienda, bajo un aspecto que por su índole originaria y básica, bien podría considerarse esencial. Mediante una encuesta en un medio habitacional planificado, como es la Población San Gregorio, tomada para los fines de este estudio, como objeto de la investigación, se establecen ciertas precisiones respecto del grado de adecuación de la vivienda y de su receptividad con relación a la familia que la habita.

El estudio consta de cuatro partes:

1. Antecedentes generales;
2. Análisis de la familia y sus individuos;
3. Análisis de la vivienda y de su modo de ocupación;
4. Análisis de la población y sus equipamientos.

Se transcribe aquí el prólogo y la tercera parte de este Seminario:

Prólogo

La vida como actividad orgánica exige ciertas condiciones del espacio que la contiene; esto es, que la porción espacial que la contenga sea adecuada y esencialmente receptiva de su actividad y funcionamiento.

Cuando la actividad orgánica es la de ser como el hombre, la familia humana, o el grupo humano, la vida no se entiende ya sólo como la mera expresión de esa actividad orgánica; en consecuencia el espacio como unidad receptiva de este ser no lo es sólo de su filosofía, sino también de su conciencia existencial y de su capacidad selectiva.

1 Publicado originalmente en *Revista de Planificación vivienda, ciudad, región* Nº2 del Instituto de la Vivienda, Urbanismo y Planeación. Facultad de Arquitectura y Urbanismo de la U. de Chile, diciembre de 1965, p. 63-86.

La realidad material que gravita sobre la adecuación de la unidad espacial receptiva de la familia del hombre, se extiende como una problemática de existencia mínima sobre las soluciones arquitectónicas y urbanísticas actuales y la adecuación mínima del espacio en que transcurre el acontecer cotidiano de esta familia desemboca en un campo difícil de restricciones y restituciones espaciales.

La vivienda del hombre ha sido restringida a una adecuación vital casi meramente fisiológica, se ha substraído de allí el espacio de una buena parte de las funciones del habitar y ha debido ser restituido con ventaja a través de espacios comunitarios a un nivel de equipamiento colectivo.

El transcurrir de la familia no queda ahora inscrito en el círculo de la cotidianidad doméstica, sino que se extiende con cierta independencia sobre un acontecer comunitario social.

El equilibrio del habitar humano reside entonces en esta restitución comunitaria del espacio substraído en la unidad.

Esta restitución no significa sólo proporcionar ciertos elementos espaciales, sino también conseguir que las familias hagan uso de aquello que les es restituido. No se necesita sólo crear las adecuaciones arquitectónicas y urbanísticas que hacen al espacio receptivo de las funciones humanas, sino también crear una convergencia útil de tales funciones en los equipos colectivos.

Los equipamientos colectivos, la restitución comunitaria inherente a la vivienda mínima y esta vivienda mínima, son elementos esencialmente simultáneos que conforman un todo espacial adecuado.

No es posible establecer para ello valores de prioridad si se pretende resolver el problema del habitar humano de un modo integral. Cada equipamiento y restitución no hecha actúa no sólo como carencia circunscrita en sí misma, sino que se extiende y repercute en un ámbito que alcanza la totalidad de un acontecer poblacional.

El problema de habitar de la familia del hombre, que se dice y se quiere resolver, se refiere no sólo a la adecuación del espacio receptivo de las funciones del habitar, desde el punto de vista de una mecánica antropométrica y fisiológica, sino principalmente a propender a la recuperación del subdesarrollo, que en general afecta el modo de vida comunitario.

El problema del habitar es en gran parte la necesidad de despertar la insensibilidad por el transcurrir del hombre y su familia.

La restricción y confinación espacial de la familia del hombre puede llegar a ser la restricción definitiva conducente a su desintegración, si se suma a las de orden económico y social.

No hacemos vivienda para que el hombre sobreviva circunscrito en un status orgánico y fisiológico. La vivienda no es un elemento de sobrevivencia, sino un elemento sobre el cual se conforman las vivencias del hombre, como conocimiento y conciencia de su transcurrir espacial y social.

El hombre restringido económica y socialmente experimenta ahora una restricción psicológica e intelectual en el espacio que habita, está insensibilizado y carente de precepciones comunitarias y sociales, percibe sólo una realidad plana, no proyecta ni interpreta su acontecer, percibe apenas el mundo pequeño de su cotidianidad familiar y vive, en consecuencia, al margen de una concepción potencial de la vida social.

Para que estas masas humanas marginales dejen de serlo, es necesario restituirle, entre muchas otras restituciones, ese espacio adecuado y receptivo de sus aspiraciones y motivaciones.

Análisis de la vivienda

El panorama habitacional verdaderamente representativo de lo que la población San Gregorio es, lo constituyen las viviendas del tipo 651 y 661, que representan actualmente el 85% del total de las viviendas. El otro 15%, está formado por las viviendas del tipo 201 y por los bloques colectivos tipo D, construidos posteriormente y que obedecen tanto a las necesidades de obtener una mayor edificación en los terrenos de mayor costo, como el proporcionar a San Gregorio una fisonomía exterior distinta, a la de su realidad interior.

Este estudio sobre la familia y su vivienda ha considerado solamente las viviendas del tipo 651 y 661 (ver pp. 45-47).

El programa de estas viviendas consta de 2 dormitorios, un baño y una zona común destinada a estar, comedor y cocina. La vivienda tipo 661 incluye además un zaguán para lavar y un espacio anexo al baño, resultante de una discriminación de las zonas de higiene.

La zonificación en la vivienda 651 consta de 3 zonas: una que contiene la función dormir, diversificada en dos recintos de distinta amplitud, otra que contiene un núcleo de higiene y la tercera que incluye las funciones de estar, comer y cocinar.

En la vivienda 661, la zonificación es análoga: ofrece tan sólo dos diferencias: una discriminación de la zona de higiene y una cuarta zona de transición al exterior que acepta la función lavar.

La proporción y dimensionamiento de los recintos de las viviendas muestra que la zona habitable tiene una capacidad máxima de 5 camas consideradas en planta.

La zona habitable diurna o zona común muestra una notoria incapacidad receptiva de las funciones que debe acoger. No tiene la superficie necesaria para contener el menaje normal de cinco personas para las funciones estar, comer y cocinar.

Se ha llamado menaje normal a los muebles más o menos normalizados que existen en el comercio, para las funciones consideradas. Por cierto que el estándar económico de la Población San Gregorio no permite la existencia de este menaje normal en las familias, podría hablarse en este sentido de un subdesarrollo, pero aún estos menajes insuficientes que poseen las familias congestionan el espacio de los recintos. En términos generales, las restricciones espaciales que impiden la ampliación (y el uso adecuado) del menaje son en muchos casos más fuertes que las de índole económica.

Las viviendas con relación a las familias que las ocupan, sin considerar factores de sobrepoblación, ofrecen algunos aspectos críticos que constituyen motivo de conflicto para los habitantes y que dicen relación con dimensionamiento de las circulaciones y sus umbrales, la posición de algunos elementos complementarios y la carencia de otros. El GRÁFICO 1 muestra la circulación y los puntos críticos mencionados.

En el análisis de la vivienda según funciones se expresarán más detenidamente estos aspectos.

TIPO 651

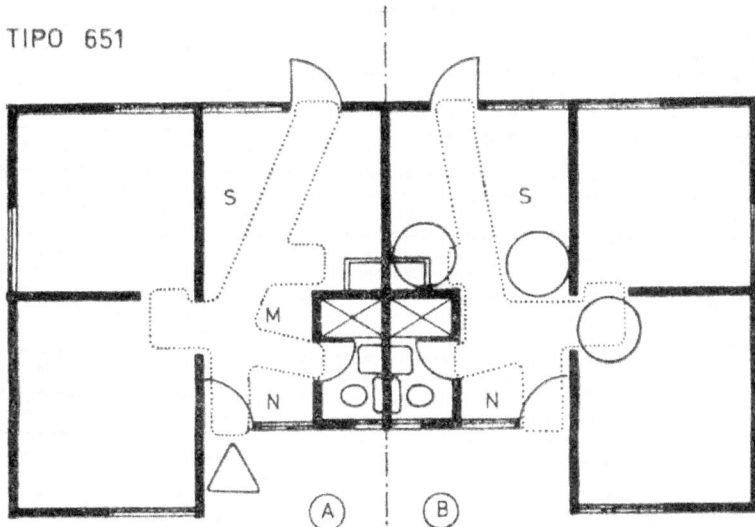

- LA CIRCULACION EN SU VARIANTE A y B DIVIDE LA ZONA HABITABLE DIURNA.
- LA PORCION S QUE VARIA ENTRE 2.30 y 4.00 m² RESULTA POCO RECEPTIVA DE LA FUNCION ESTAR Y COMER.
- LAS ZONAS M y N RESULTAN DE POCA UTILIZACION.

- LA UBICACION DE LA PILETA, LA ESTRECHEZ DE LA ZONA S Y EL PASO A UN DORMITORIO A TRAVES DEL OTRO, OFRECEN OCASIONES DE CONFLICTO A LOS POBLADORES.

TIPO 661

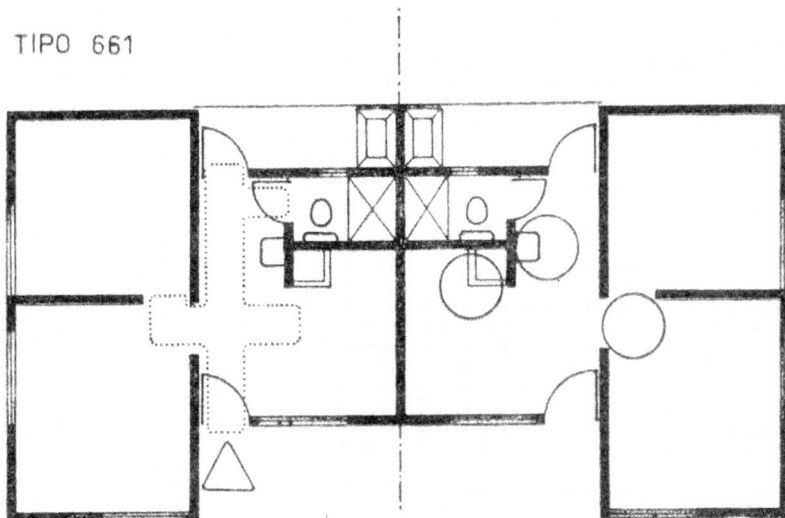

- LA UBICACION DEL LAVATORIO AL EXTERIORIOR DEL BAÑO ORIGINA CONFLICTOS A LOS HABITANTES

CIRCULACIONES

PUNTOS CRITICOS

GRAFICO 1

Sobrepoblación

Las viviendas de la Población San Gregorio obedecen a un esquema único de receptividad de la familia del hombre, que no atiende a las variables de estructura familiar que posee la realidad humana de sus habitantes. Este asir de la materia humana para hacerla caber en un molde único da origen a la sobrepoblación en grados críticos e incluso patológicos de insuficiencia espacial respecto no sólo de una mecánica de funcionamiento como problema antropométrico, sino en forma especialísima respecto de la actitud psíquica, conducta y comportamiento de los individuos.

Uno de los aspectos más estudiados de la sobrepoblación es la determinación de la superficie requerida por un individuo para un habitar normal. Se han establecido umbrales óptimos mínimos de superficie por habitante.

GRAFICO 2

CUADROS DE SUPERFICIE

Tipo 651 Zona	Recinto	Superficie		% Superf. Recinto En Sup. Libre Total	Superf. libre por Habit.
		Recinto	Zona		
Higiene Habitable diurno	Baño	1.90	1.90	5.70	0.54
	Cocina	3.34	12.45	10.00	0.67
	Estar comedor	9.11		27.23	1.68
Habitab. Nocturno	Dormitorio 1	10.29	19.09	30.76	3.81
	Dormitorio 2	8.80		26.31	
Superficie total libre			33.44	100.00	6.70
Superficie de muros			2.92		
Superficie total edificada			36.36		

Tipo 661 Zona	Recinto	Superficie		% Superf. Recinto En Sup. Libre Total	Superf. libre por Habit.
		Recinto	Zona		
Higiene Habitable diurno	Baño	2.00	2.80	(5.77) - 8.08 - (2.31)	0.56
	Cocina	2.40	9.81	6.92	0.48
	Estar comedor	7.41		21.37	1.96
Habitab. Nocturno	Dormitorio 1	10.29	19.09	29.67	3.81
	Dormitorio 2	8.80		25.37	
Lavar	Zaguán	2.98	2.98	8.59	0.50
Superficie libre total 7.30			34.68	100.00	
Superficie de muros			2.92		
Superficie total edificada			37.60		

	Tipo 651	Tipo 661
La superficie total edificada por Habitante es de:	7.27 m2	7.52m2
% de superficie libre en la superficie total edificada	92.00%	92.20%
% de superficie de muros en la superficie total edificada	8.00%	8.00%
% de superficie de circulación en la sup. total edificada	15.95% (5.80 m2)	15.20% (5.90m2)

Tomado del seminario Vivienda, Iván González y Boris Morales

El grupo etnología social, dirigido por Paul Chombart de Lauw, menciona un umbral crítico más allá del cual se suscitan conflictos que alteran la conducta de los habitantes y un umbral patológico, bajo cuyo dominio el individuo experimenta perturbaciones profundas de su psicología, como percepción de la realidad y en general de su salud mental.

Estos conceptos tienen por cierto un valor teórico relativo a variables y circunstancias de tipo socio-económico de hábitos y costumbres, de condiciones geobioclimatológicas, etc., pero en todo caso son expresivos de una realidad que no nos es del todo ajena.

Estos conceptos provienen del análisis de la vivienda de la familia media europea, cuyas necesidades espaciales no son substancialmente diferenciales a las nuestras.

La motivación de las necesidades espaciales-habitacionales, en sus grandes rasgos, surgen de una fisonomía actual de factores de orden cultural, de civilización, de complejos socio-económicos, que abarcan un ámbito internacional relativamente uniforme.

El GRÁFICO 3, muestra los m2 correspondientes a sigmas de individuos, cuando la superficie de que disponen es de 33,77 m2 (valor promedio resultante de las viviendas 651 y 661). Se observa cómo la curva resultante penetra en las franjas críticas (14 a m2 por persona) y patológica (10 a 8 m2 por persona) determinados por el grupo de Etnología Social de Chombart de Lauw.

Con relación a estos valores de la familia promedio obtenida en la encuesta en San Gregorio (6 personas por familia), requería una vivienda de 78 m2, para no exceder la franja del umbral crítico. La curva C expresa los m2 por habitante en este caso.

En mi concepto, efectivamente, muchos de los elementos causales de la falta de armonía y los desequilibrios en las relaciones entre los miembros de la familia (expresados por la madre, durante las encuestas), corresponden a situaciones de hacinamiento, falta de privacidad, simultaneidad y congestión frecuencial, en la realización de las funciones, que se expresan en irritabilidad, nerviosidad, tendencias disociativas, etc.

El eludir o retardar la llegada a la casa después del trabajo, con el propósito de disminuir el tiempo de presencia en el hogar, la tendencia a la calle de los niños y adolescentes, son también alteraciones de conducta motivadas, en gran medida, por la insuficiencia espacial.

En un plano patológico, los casos de agresión sexual y de relaciones incestuosas de que se tuvo conocimiento durante la encuesta (de un padre a una de sus hijas, de adolescente a su hermana) surgen de perturbaciones del comportamiento causadas o acentuadas en el hacinamiento inherente a la insuficiencia espacial.

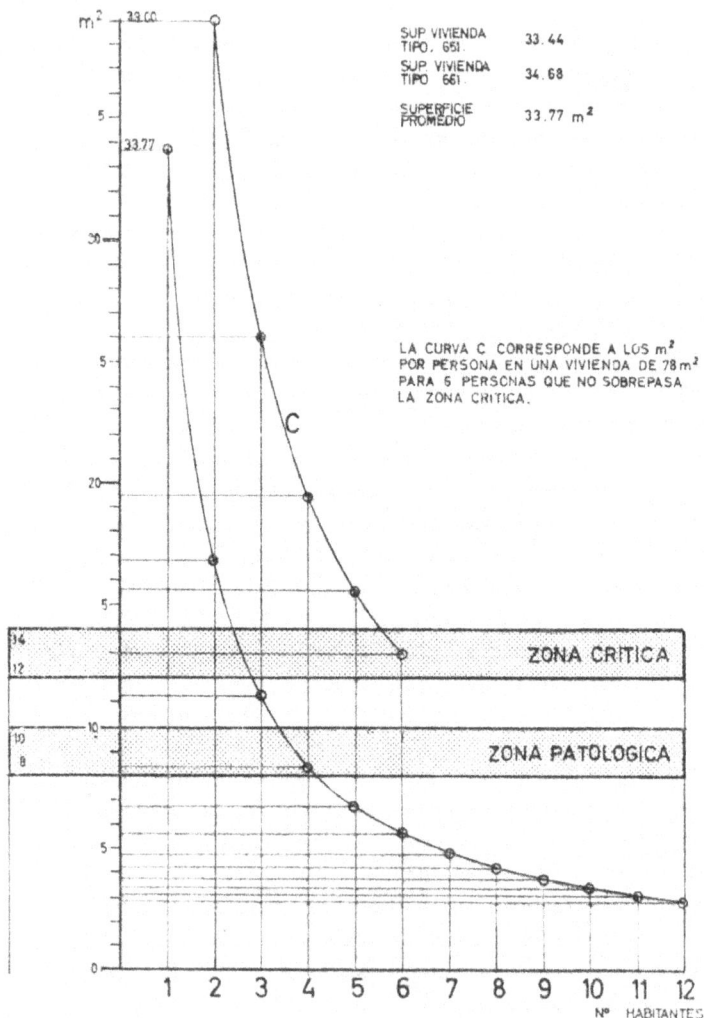

SUP. VIVIENDA TIPO. 651	33.44
SUP. VIVIENDA TIPO 661	34.68
SUPERFICIE PROMEDIO	33.77 m²

LA CURVA C CORRESPONDE A LOS m²
POR PERSONA EN UNA VIVIENDA DE 78 m²
PARA 6 PERSONAS QUE NO SOBREPASA
LA ZONA CRITICA.

C

ZONA CRITICA

ZONA PATOLOGICA

Nº HABITANTES

GRADO DE SOBREPOBLACION DE LA VIVIENDA

m² POR HABITANTE   PARA UNA SUPERFICIE PROMEDIO DE 33.77 m²

GRAFICO 3

48

El GRÁFICO 4 muestra el grado de sobrepoblación de 100 viviendas, según el total de personas en cada tipo de grupo familiar, con relación a las nociones de umbrales críticos y patológicos mencionados con anterioridad.

Por ejemplo, el total de personas en las familias de composición familiar, 5 disponen de 800 m2. Si este número de personas dispusiera de los 8 m2 por individuo que señala el límite patológico, se obtendrían 960 m2, es decir, 160 m2 más de lo que realmente disponen. Se encuentran por consiguiente dentro de la envolvente de la superficie patológica con este déficit de 160 m2, equivalente a la superficie de 5 viviendas del tipo 661 o 651. El de déficit de superficie con relación al umbral crítico que señala 12 m2 por individuo es de 960 m2.

Si se suman algebraicamente los déficit de superficie, con relación a la envolvente patológica, se obtiene un déficit total de 1.800 m2, es decir, una superficie equivalente a la de 50 viviendas del tipo 651 o 661 aproximadamente.

En otras palabras, y en términos generales, los individuos de 100 familias encuestadas, disponen sólo de 2/3 de la superficie que requieren para habitar libre de los riesgos que implicaría el umbral patológico.

SOBREPOBLACION DE LAS VIVIENDAS

SEGUN TOTAL DE PERSONAS POR TIPO DE GRUPO FAMILIAR Y LOS m2 CORRESPONDIENTES. SUP.UNITARIA 33,77m2

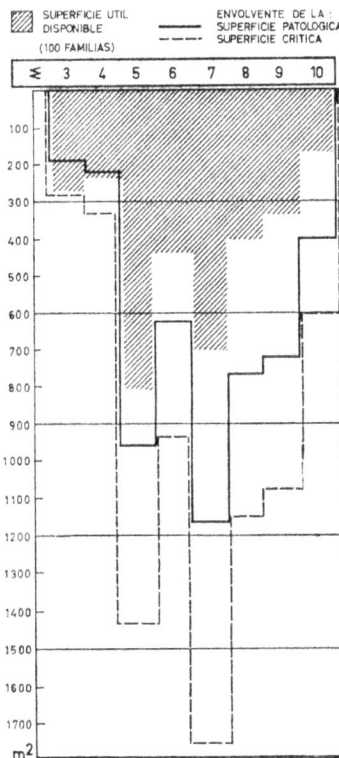

GRAFICO 4

Si para el caso de San Gregorio consideramos como óptimo el umbral crítico, se obtiene sumando algebraicamente los déficit de superficies resultantes, un déficit de 4.100 m2, equivalentes a las superficie de 120 viviendas aproximadamente. Es decir, que los individuos de estas 100 familias disponen tan sólo de la mitad de la superficie que realmente necesitan habitar, para no exceder el umbral crítico.

Modo de ocupación de la vivienda según sus funciones

Se ha establecido la insuficiencia espacial de la vivienda con relación a los valores de composición familiar y a los m2 de que disponen los individuos de las familias.

Un análisis del modo de ocupación que las familias hacen de sus viviendas, con relación a algunas funciones características del habitar, puede expresar otros rasgos más precisos de la insuficiencia espacial.

Se han distinguido nueve funciones, sin considerar la función circular:

1. Estudiar	4. Cocinar	7. Higiene
2. Estar	5. Lavar	8. Guardar
3. Comer	6. Jugar	9. Dormir

Desde luego, con relación al programa y la distribución de los recintos de las viviendas 661 y 651, se observa que no todas estas funciones tienen acogida espacial; por ejemplo, la función lavar en la vivienda 651 y la función guardar, no han sido consideradas de modo alguno.

Las funciones estudiar y jugar de los niños carecen totalmente de una discriminación espacial en la vivienda y prácticamente no puede decirse que están incluidas en la receptividad de los espacios proyectados.

La receptividad espacial en la vivienda para la función estar, resulta notoriamente insuficiente o defectuosa. La zona habitable diurna carece de las adecuaciones para acoger esta función.

En otras palabras, con relación a este planteamiento de las funciones del habitar, resulta claro que el programa de estas viviendas se estructura sobre cuatro funciones básicas:

a) Comer; b) Cocinar; c) Higiene y d) Dormir, y que en términos generales, las otras funciones no fueron consideradas.

Esta reducción de las componentes de habitar de la familia del hombre a cuatro funciones elementales y la falta de restituciones espaciales que acojan en un ámbito comunitario las funciones diferidas, constituye otra motivación básica de la insuficiencia espacial que afecta la vivienda de San Gregorio.

Si se quiere analizar la capacidad receptiva de las viviendas para el habitar humano, no sería justo hacerlo según planteamientos distintos de los que ordenaron su concepción; y esta concepción de una vivienda mínima circunscrita a cuatro funciones elementales, es por cierto una solución que estaría en consonancia con las contingencias que impone la gravedad del problema del habitar de la familia del hombre, pero en ningún caso tales contingencias permiten olvidar la necesidad de restituir en un nivel comunitario los espacios inherentes a las funciones diferidas en las viviendas.

Un planteamiento de síntesis de los componentes del habitar para una concepción elemental de la vivienda mínima, no significa que puede prescindirse de las tomas de conciencia, percepciones y prioridades que las familias o sus individuos hacen y establecen respecto de sus necesidades.

No puede contarse con que la familia ocupe recintos de su vivienda y ordene los menajes de que dispone según esquemas teóricos distintos de lo que son sus concepciones habituales respecto de las necesidades inherentes a su cotidianidad familiar.

La familia humana no circunscribe su acontecer a cuatro funciones elementales, no condiciona su realidad a los límites de un esquema fijo. Enfrentada a un problema de adaptación a un medio de carencias e insuficiencias espaciales, opta por los encauces que satisfacen mejor sus motivaciones y sus percepciones inmediatas.

La encuesta en San Gregorio mostró, por ejemplo, que casi en un 50% de los casos, la función comer, transcurre en uno de los recintos de la zona de habitable nocturna y no en la zona común.

¿Podríamos decir que el 50% de las familias utilizan mal sus viviendas? Y ¿podría decirse que la insuficiencia espacial para la función dormir, se debe al uso inadecuado de la vivienda? No, por cierto. Al procurar encontrar las razones que conducen a la familia a la necesidad de discriminar la función comer y la ocupación de uno de los recintos destinados a dormir, se observa que tal cosa ocurre en hogares cuyo menaje y calidad ambiental interior muestra un mejor estándar económico.

En mi concepto, a partir de ciertos niveles económicos el mejor nivel de vida que ello implica produce ciertas aspiraciones de adquisición de menaje y un consiguiente agudizamiento en la percepción de necesidades espaciales, motivaciones de variada naturaleza ocasionan entonces la discriminación espacial que en algunos casos lleva a la ampliación de la vivienda.

Modo de ocupación de la zona habitable diurna

1. Función estudio

El problema de la falta de un emplazamiento adecuado en la vivienda, para las actividades propias de la escolaridad de los niños y adolescentes, está estrechamente ligado al problema general de la imposibilidad que enfrenten los habitantes de procurarse espacio personal.

La falta de receptividad en la vivienda, para la función estudiar y la falta de muebles apropiados, producen un encauce del desarrollo de esta función hacia una solución única, que es la utilización de la mesa del comedor.

Los inconvenientes de esta solución, aparte de problemas antropométricos y eventuales coincidencias con la función comer u otras solicitaciones frecuentes de este menaje (costura, juegos de tablero, lectura de diarios etc.) residen en que una gran existencia de factores de dispersión actúan sobre la capacidad de concentración del educando, provocando una baja de su rendimiento intelectual y que esta situación genera paulatinamente un impulso de evasión psicológica a la realización plena de trabajo mental.

El estudiante en este clima, frecuentemente interferido, llega a conferir a su formación intelectual un significado secundario y ajeno a su realidad cotidiana.

2. Función estar

Una concepción de la función Estar como una actividad diferida de otros aspectos del habitar no es frecuente en la mentalidad del tipo de pobladores de San Gregorio. Las percepciones que ellos tienen respecto de la necesidad de un ambiente depurado, libre de elementos ajenos a lo que significa un simple yacer contemplativo, momentos de abstracción o distensión, son radicalmente diferentes en intensidad y sentido a las de otros medios; por ejemplo, a pesar de la falta de contacto e interacción entre las familias de San Gregorio, se mantiene viva en la mentalidad de los individuos una preocupación por su importancia o su significado frente a la «visita». La necesidad de desplegar cierta actitud hospitalaria frente a la visita de sus parientes, amigos u otras personas, parece ser un rasgo arraigado y particular al modo de ser de nuestro pueblo. Esto constituye una activa motivación en el generarse de sus necesidades espaciales para la función estar.

En mi concepto, las restricciones de toda índole, que conforman la realidad existencial de esta familia hace que los individuos vivan constreñidos y enfrentados permanentemente contra los elementos materiales de su habitar.

La capacidad selectiva y discriminatoria en la utilización de tales elementos materiales experimenta una atrofia. El individuo deja de percibir las peculiaridades adjetivas a la esencia de los objetos y las cosas y, por consiguiente, se restringen los estímulos generadores de tomas de conciencia de necesidades espaciales.

La función ESTAR constituye una permanencia en torno a la mesa del comedor para la familia de San Gregorio.

En la encuesta se encontró sólo un caso en que la familia disponía discriminadamente de parte del menaje convencional que se utiliza para la función estar. En todos los otros casos, puede hablarse de una fusión de los espacios estar y comedor.

3. Función comer

La insuficiencia espacial de la zona común para la función comer es un rasgo crítico característico de las viviendas observadas durante la encuesta. Esta insuficiencia consiste fundamentalmente en la incapacidad del espacio para el menaje y falta de adecuación por carencia de elementos complementarios que impiden lograr un nivel ambiental consecuente con las aspiraciones de la familia.

Esta situación ha dado origen a un modo de ocupación de la vivienda que afecta profundamente la receptividad de los espacios destinados a dormir, puesto que la familia ocupa uno de los dormitorios como comedor.

El que la mesa del comedor sea, en la mayoría de los casos, el único menaje de la superficie de amplia receptividad, suscita la necesidad de conferirle cierta prioridad espacial.

En la mesa del comedor transcurren no sólo los momentos destinados a la alimentación, sino aquellos destinados a esparcimiento, trabajos domésticos, deberes escolares, etc.

La encuesta revela que en 48 casos de 100, uno de los dormitorios es substraído de su función teórica y destinado a comedor.

4. Función cocinar

Esta función que es un complejo de actividades sucesivas, tiene en la vivienda una acogida espacial teórica en la zona común junto con las funciones estar y comer.

Los conflictos que se suscitan en el modo de ocupación de la vivienda, con relación a esta función, estriban en la imposibilidad de mantener un buen nivel ambiental en el interior de un recinto donde se cocina y que carece de los elementos complementarios que realizan la adecuación espacial de la función.

La zona de cocinar carece de campana de recepción y ducto de evacuación de vapores y residuos de combustión. Se dispone solamente de una pileta y llave de agua potable.

La madre frente al dilema de utilizar normalmente la vivienda o mejorar la calidad del ambiente interior, evitando el ennegrecimiento de las pinturas de muros y cielos, la humedad del piso causada por las continuas salpicaduras de la pileta; y los olores que invaden los recintos de la vivienda, opta en el 40% de los casos, por radicar su cocina al exterior.

Esta determinación altera gravemente el funcionamiento, creando otros conflictos de adecuación, por ejemplo: la reubicación de la pileta; la naturaleza precaria de la construcción de la nueva cocina, la pérdida de los valores de circulación, etc. Sin embargo, la encuesta demuestra que los mejores niveles de ambiente se presentan en aquellas viviendas en que se discriminó la función cocinar fuera de la zona común.

5. Función lavar

Esta función, que no sólo forma parte del trabajo doméstico cotidiano de la madre, sino que constituye en algunos casos un trabajo remunerado que ella realiza para cooperar en el presupuesto familiar, no tiene una localización en la vivienda 651. Esto ocurre aproximadamente en un 50% de los casos.

La vivienda 661 ha previsto una zona de lavado en su zonificación, pero la adecuación espacial obtenida es insuficiente: el alero zaguán producido es demasiado corto para proteger el ambiente exterior y falta el elemento complementario: una llave de agua potable. Esto significa que el abastecimiento de agua inherente a esta función se obtiene transportándola desde la pileta ubicada en el interior de la vivienda, causando toda suerte de conflictos.

La encuesta demuestra que sólo en un 6% de los casos se utiliza la zona de lavado de la vivienda 661, y que en un 44% las familias optan por localizar una zona de lavado en el patio, provista de una precaria cubierta de protección, que contribuye notablemente a desmejorar el aspecto interior del terreno.

6. Función jugar

Las viviendas de San Gregorio están ubicadas en sitios 8 a 11 metros de frente, por 25 a 30 metros de fondo; disponen por consiguiente de terrenos relativamente amplios que los moradores en un 70% destinan al cultivo de hortalizas, árboles frutales y flores.

La disponibilidad del terreno resuelve en gran medida las necesidades de juego de los niños. En un 43% de los casos los niños juegan habitualmente en el antejardín o más frecuentemente en el patio interior.

Como contrapartida, la encuesta reveló que en el 35% de los casos, los niños juegan habitualmente en la calle.

La insuficiencia espacial que afronta esta función, reviste fundamentalmente los rasgos de carencia y falta de adecuaciones.

Las necesidades de juego de los niños requieren de motivaciones y encauces, que dirijan y orienten su actividad hacia su formación individual.

La vivienda en sí no considera espacio para el juego de los niños. Esta función que normalmente se extiende más allá del ámbito doméstico, tampoco encuentra receptividad en las plazoletas y áreas verdes proyectadas.

7. Función higiene

Tanto en la vivienda 651 como en la 661, el espacio destinado a esta función, ha sido simplificado como adecuación y superficie a sus límites mínimos.

Las entrevistas sostenidas con las familias, pusieron de relieve que se originan ciertos conflictos con relación a la utilización de este espacio; por ejemplo: algunos individuos expresaron que encontraban dificultad para desvestirse en el interior del recinto cuando necesitaban ducharse; otros manifestaron quejas que se relacionan con la frecuencia y secuencia de solicitación.

Con relación a la ubicación del lavatorio mural en la vivienda 661, los habitantes reconocen en ello cierta ventaja, pero para las mujeres de la casa implica algunas molestias. Ellas necesitan realizar su higiene en un receptáculo colocado sobre el W.C.

8. Función guardar

Esta función carece absolutamente de receptividad en la vivienda y es un factor determinante en el generarse de la insuficiencia espacial en general.

La falta de adecuaciones para esta función es grave, porque el dimensionamiento de la vivienda en relación a las necesidades espaciales del promedio familiar, no permite la ubicación o la utilización de los muebles convencionales de guardar. Esto da origen a conflictos que afectan la comodidad y aspecto del ambiente interior.

Las dificultades que enfrenta la familia y particularmente la madre, para resolver los problemas inherentes a esta insuficiencia, dependen en cierta manera de la capacidad económica que ella tenga. Las familias de escasos recursos que poseen, por lo general, muy pocos muebles se ven obligadas a mantener a la vista sus objetos y enseres personales, desplegados precariamente en intentos improvisados de orden y localización. Como contrapartida la disponibilidad de muebles que resuelven el problema de guardar congestionan los ya reducidos espacios, afectando el modo de usarlos.

La encuesta realizada para el presente estudio no consideró la función guardar como motivo de cuantificación, pues habría requerido un análisis más específico de los menajes domésticos y no se dispuso de tiempo para ello.

Los GRÁFICOS siguientes 5 y 6 indican las cuantificaciones del modo de ocupación de la vivienda, según las funciones que transcurren en la zona habitable diurna y de las cuales se ha hablado.

Existe aún dentro de los rasgos, ya no tan generales, sino más peculiares de la actividad de las familias, otra serie de aspectos no considerados en el proyecto de la vivienda y que se relacionan directamente con la insuficiencia espacial y la falta de calidad de los ambientes.

En algunas familias, el presupuesto familiar reside parcial o totalmente en trabajos de tipo artesanal que realiza algún miembro de la familia. Algunos de estos trabajos, como costura, corte de pelo, aplanchado de ropa, compostura de zapatos, soldadura de objetos, etc., transcurren dentro de la vivienda, contribuyendo a congestionar el espacio con los elementos y muebles que requieren.

Con relación a factores que influyen en la calidad del ambiente, aparte del recién señalado, hay otros que se relacionan con la carencia de elementos complementarios; por ejemplo: no existe en patios interiores de la vivienda una llave que suministre el agua necesaria para regar los cultivos y jardines que mantienen las familias o para el lavado de la ropa, debiendo sacar agua desde la pileta de la zona común.

Con relación al terreno, la falta de cierres opacos origina conflictos entre los vecinos adyacentes.

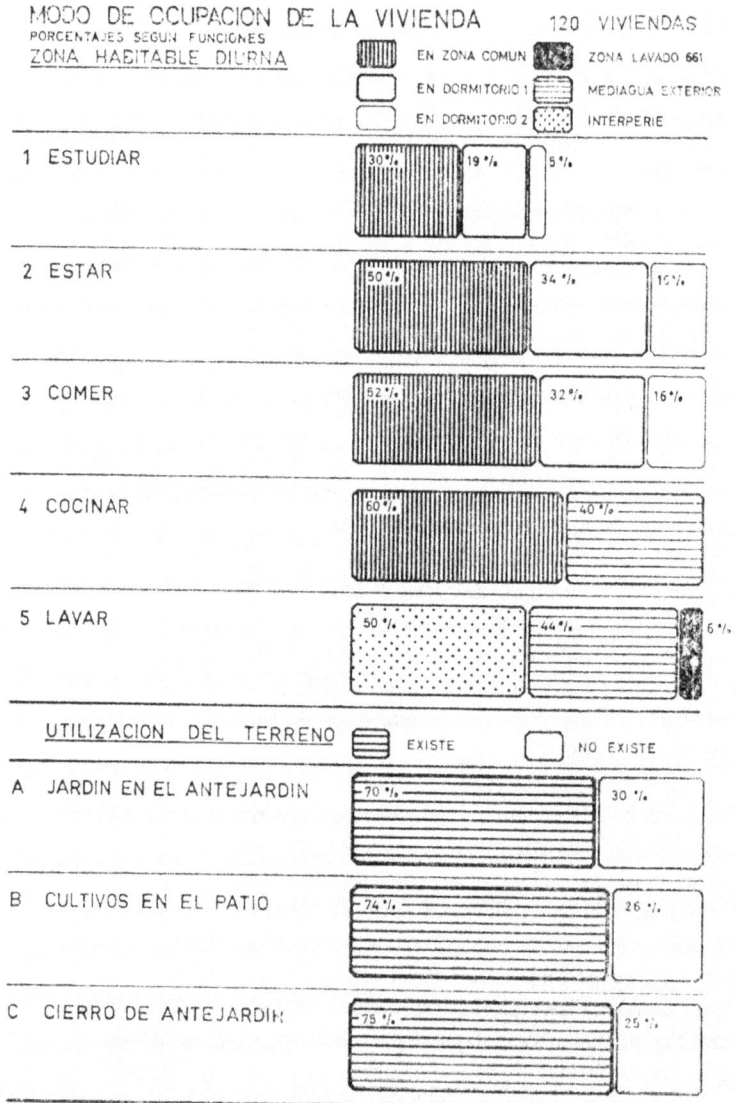

MODO DE OCUPACION DE LA VIVIENDA   120 VIVIENDAS
PORCENTAJES SEGUN FUNCIONES
ZONA HABITABLE DIURNA

EN ZONA COMUN		ZONA LAVADO 661
EN DORMITORIO 1		MEDIAGUA EXTERIOR
EN DORMITORIO 2		INTERPERIE

1 ESTUDIAR — 30% / 19% / 5%

2 ESTAR — 50% / 34% / 16%

3 COMER — 52% / 32% / 16%

4 COCINAR — 60% / 40%

5 LAVAR — 50% / 44% / 6%

UTILIZACION DEL TERRENO   EXISTE   NO EXISTE

A JARDIN EN EL ANTEJARDIN — 70% / 30%

B CULTIVOS EN EL PATIO — 74% / 26%

C CIERRO DE ANTEJARDIN — 75% / 25%

GRAFICO 5

56 |

6 JUGAR			
░ EN LA CALLE	EN TODAS PARTES		
EN EL PATIO	EN ANTEJARDIN		
	EN LA CASA		

35 % · 10 · 12 · 8 · 35 %

7 HIGIENE	
SOLUCION 651	
SOLUCION 651	

53 % · 47 %

8 GUARDAR

NO SE CONSIDERO

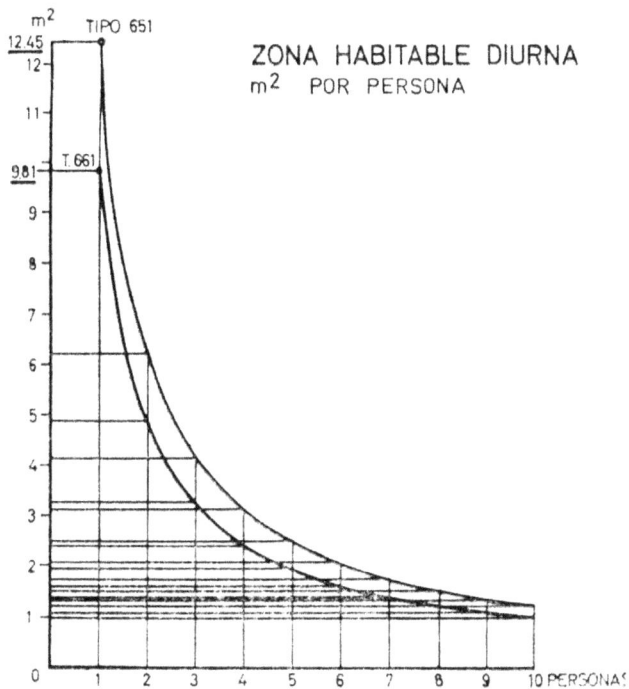

ZONA HABITABLE DIURNA
m² POR PERSONA

GRAFICO 6

Ampliaciones y modificaciones en la vivienda

El efecto de la insuficiencia espacial sobre la vivienda se expresa también en ampliaciones y modificaciones que ésta experimenta.

La naturaleza de estos cambios en la vivienda depende por cierto de la capacidad económica de las familias y de las percepciones que ella tenga de sus necesidades de espacio.

El gráfico siguiente muestra algunos ejemplos de ampliaciones y modificaciones encontradas durante la encuesta:

EJEMPLO DE AMPLIACIONES Y MODIFICACIONES EN LA VIVIENDA

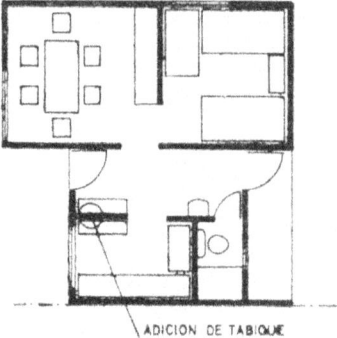

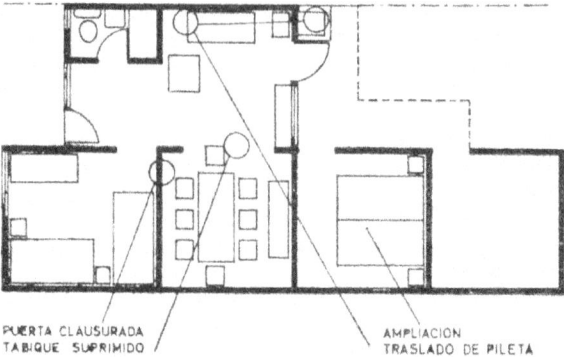

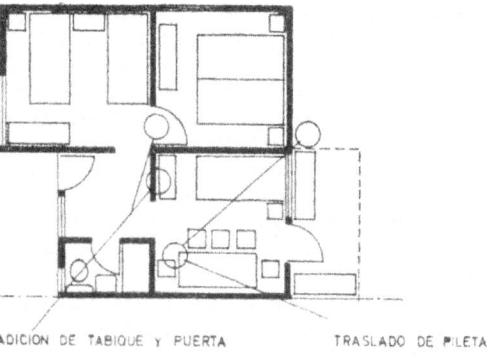

ADICION DE TABIQUE

PUERTA CLAUSURADA
TABIQUE SUPRIMIDO

AMPLIACION
TRASLADO DE PILETA

AMPLIACION DEL BAÑO
Y CAMBIO DEL LAVATORIO

TRASLADO DE PILETA
AMPLIACION DE ZONA COMUN Y COCINA

TRASLADO DE PILETA

ADICION DE TABIQUE Y PUERTA

TRASLADO DE PILETA

GRAFICO 7

Modo de ocupación de la zona habitable nocturna

El problema de insuficiencia espacial para la función dormir y las consecuencias en la habitabilidad de la zona reside básicamente en este *leit motiv* de la sobrepoblación. El dimensionamiento de los recintos proyectados admite en total un máximo de 5 camas consideradas en planta (2,5 personas por dormitorio) y el promedio de composición familiar que existe en San Gregorio es probablemente superior a 7 personas por familia. En rigor, 4 camas es la capacidad real de la zona destinada a dormir (2 personas por dormitorio). La 5ª cama sólo congestiona el espacio y no da lugar para muebles de guardar.

Pero factores de otra naturaleza son los que dan una fisonomía crítica a esta falta de receptividad para la función dormir, especialmente la carencia de camas y el ya mencionado problema de la invasión de uno de los dormitorios por las funciones estar y comer.

Los gráficos de las páginas siguientes analizan la fisonomía de los problemas relativos a modo de ocupación de esta zona.

El GRÁFICO 8 consiste en un plano que indica el modo de ocupación que 100 familias hacen de sus dormitorios.

Cada rectángulo representa una familia, cada *línea continua* dibujada en él, representa un dormitorio utilizado y el número en la parte inferior de cada rectángulo, expresa la cantidad de camas de que disponen.

PLANO ESTRUCTURAL VARIABLE DEMOGRAFICA DE 100 FAMILIAS   MODO DE OCUPACION DE LOS DORMITORIOS Y N° DE CAMAS

SEGÚN EL NÚMERO DE PERSONAS POR FAMILIA, SEXO Y DESARROLLO

● HOMBRES
○ MUJERES

TOTA. INDIVIDUOS 632
TOTAL DE CAMAS 317

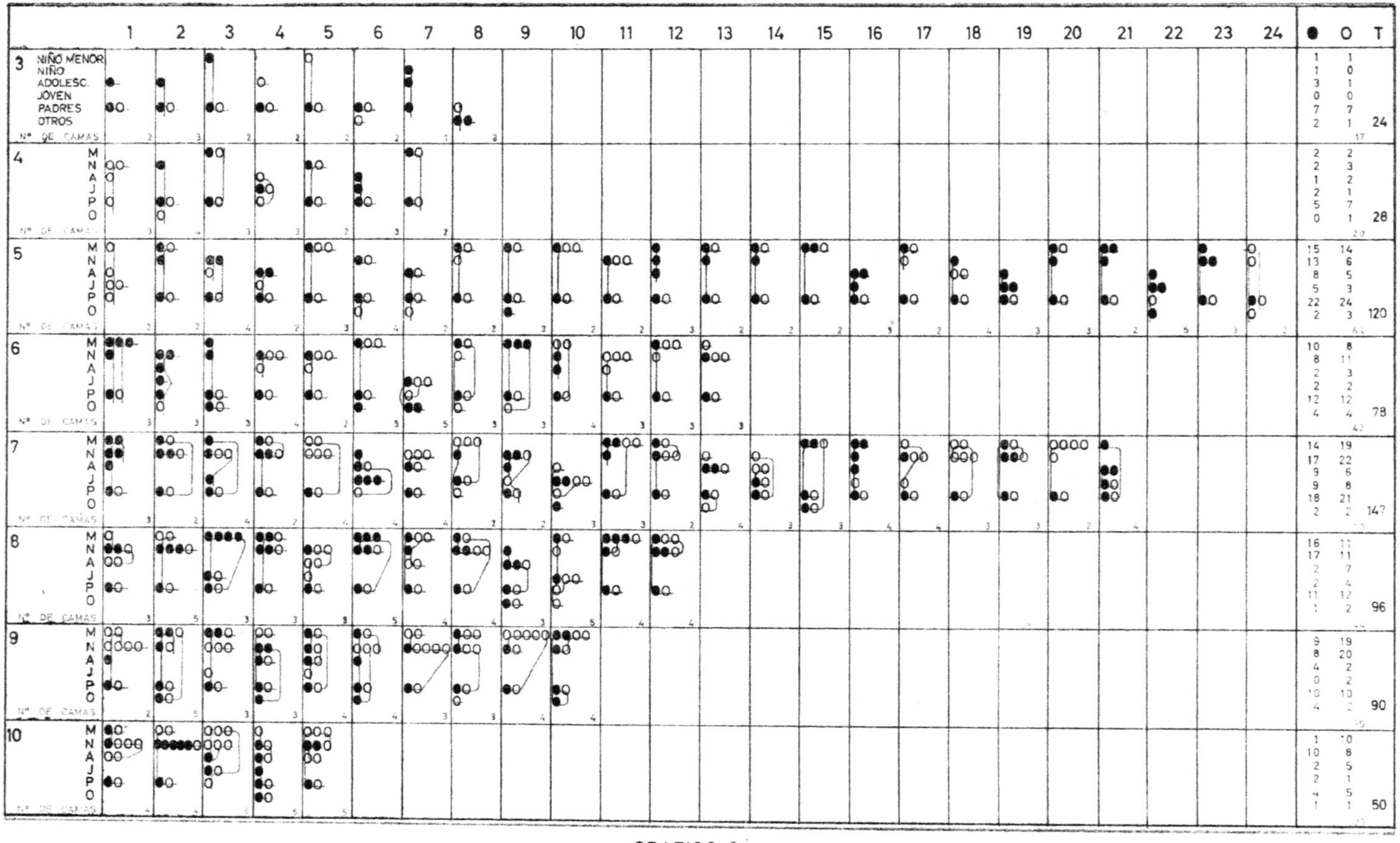

GRAFICO 8 y 9

60

Este plano está superpuesto al GRÁFICO 9, que expresa en rectángulos congruentes la naturaleza de cada familia.

Los puntos negros y blancos colocados en cada rectángulo representan a hombres y mujeres, respectivamente. La posición relativa de los puntos a 6 líneas que los ordenan horizontalmente, expresan el grado o estado de desarrollo cronológico de los individuos. Se han clasificado niños menores de 5 años, niños de hasta 12 años y adolescentes (de 13 a 17 años), jóvenes de 18 a 24, padres (cualquier edad) y adultos (mayores de 24 años).

La superposición de ambos planos permite saber quiénes comparten un mismo dormitorio, según sexo y etapa de desarrollo cronológico. Por ejemplo, en el sigma familiar 8, el tercer rectángulo representa una familia compuesta de 6 hombres y 2 mujeres: 4 niños hombres menores de 5 años, dos jóvenes (1 hombre y 1 mujer) y los padres. Disponen de 3 camas y utilizan los dos dormitorios. Los padres duermen en un recinto con dos de sus hijos y los jóvenes con los dos restantes, en otro dormitorio.

La observación del total del cuadro muestra, sin considerar las familias de 3 y 4 personas, que sólo 9 familias disponen de las 5 camas, que significan aprovechar la capacidad máxima de la zona destinada teóricamente a dormir. Comparando el total de individuos y el total de camas, se advierte que la disponibilidad de camas es sólo un 50%, de las que necesitan para dormir cada cual en la suya.

Los otros cuadros de análisis de la función dormir están basados en estos planos de estructura familiar y modo de ocupación.

El GRÁFICO 10 muestra cómo el total de personas de 100 familias se distribuyen en número de personas por pieza cuando se ocupa sólo un dormitorio y cuando se ocupa más de uno.

Las columnas verticales indican el porcentaje de individuos en cada tipo de agrupación. Por ejemplo: los grupos de cinco personas por pieza, alcanzan un 10,5% cuando la familia ocupa sólo una pieza, y un 13,5% en los casos en que la familia ocupa las dos piezas o más. Sumando, se tiene que aproximadamente el 25% de los individuos comparte con otros 4 su dormitorio.

Sumando las columnas verticales inferiores y superiores de los grupos de 4 a 9 personas por pieza, resulta que de cada 100 individuos 65 comparten con otros 3 su dormitorio.

En términos generales, puede apreciarse una acentuada sobrepoblación de la zona habitable nocturna, que afecta por lo menos a 2 de cada 3 individuos.

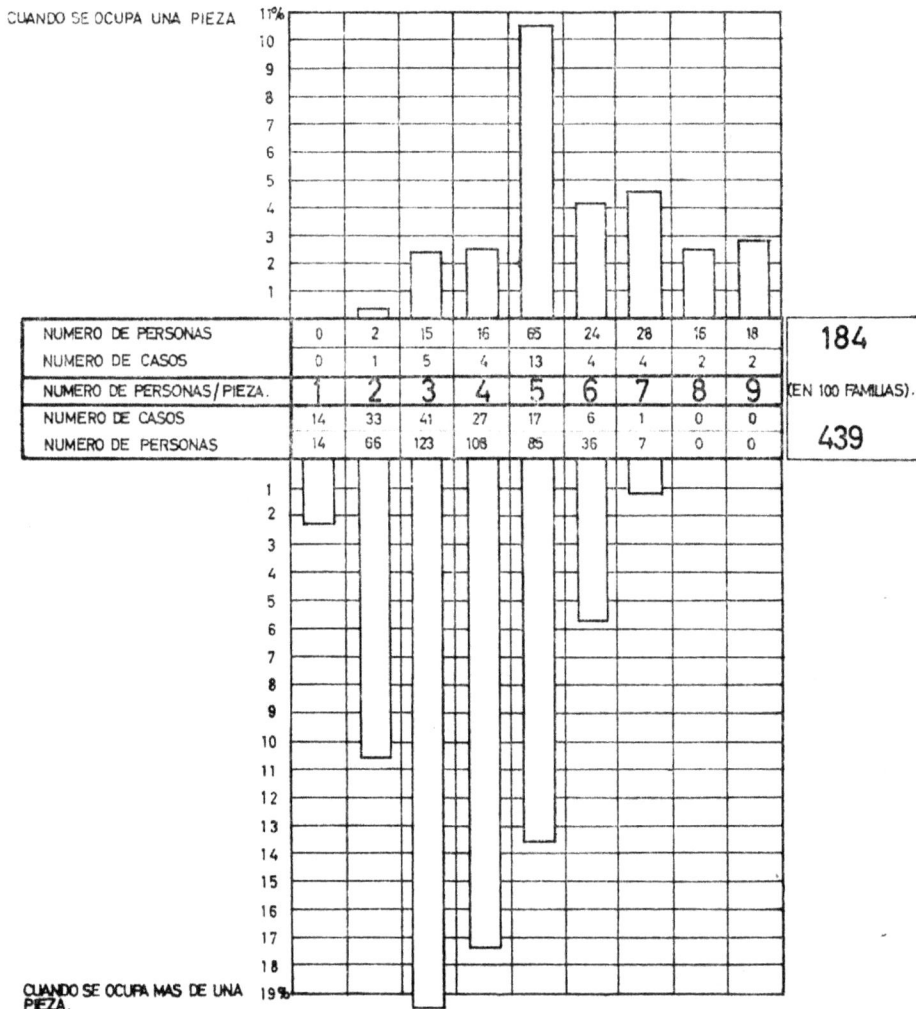

CUANDO SE OCUPA UNA PIEZA

NUMERO DE PERSONAS	0	2	15	16	65	24	28	15	18	184
NUMERO DE CASOS	0	1	5	4	13	4	4	2	2	
NUMERO DE PERSONAS / PIEZA.	1	2	3	4	5	6	7	8	9	(EN 100 FAMILIAS).
NUMERO DE CASOS	14	33	41	27	17	6	1	0	0	439
NUMERO DE PERSONAS	14	66	123	108	85	36	7	0	0	

CUANDO SE OCUPA MAS DE UNA PIEZA.

GRAFICO 10

El GRÁFICO 11 expresa la sobrepoblación de la zona destinada a dormir, con relación a la disponibilidad de dormitorios y según la capacidad teórica de ellos. Por ejemplo: en el sigma familiar 6, las familias disponen de 26 dormitorios, pero utilizan sólo 23.

Con relación al número de dormitorios de que disponen, para que hubiere 2,5 personas en ellos, o sea 5 camas en la zona, se necesitarían 31 dormitorios. Hay por consiguiente un déficit de 5 piezas habitables.

Para que hubiese 2 personas por dormitorio, o sea 4 camas en la zona, se necesitarían 39 dormitorios, es decir faltan 16 piezas habitables.

Sumando algebraicamente los valores de las envolventes, que expresan la disponibilidad y la necesaria, para tener 2,5 personas por pieza, se obtiene un déficit total de 50 recintos; es decir la superficie equivalente a la de 15 viviendas del tipo 651.

FUNCION DORMIR
ANALISIS EN 100 FAMILIAS

GRADO DE SOBREPOBLACION DE LA ZONA. SEGUN EL NUMERO TOTAL DE PERSONAS EN CADA TIPO DE GRUPO FAMILIAR.

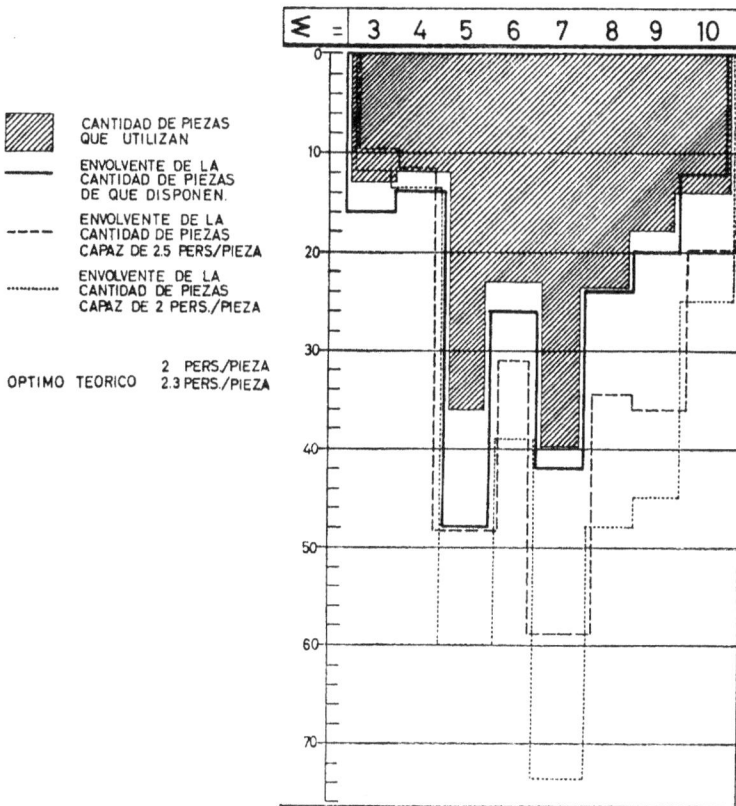

CANTIDAD DE PIEZAS QUE UTILIZAN

ENVOLVENTE DE LA CANTIDAD DE PIEZAS DE QUE DISPONEN.

ENVOLVENTE DE LA CANTIDAD DE PIEZAS CAPAZ DE 2.5 PERS/PIEZA

ENVOLVENTE DE LA CANTIDAD DE PIEZAS CAPAZ DE 2 PERS./PIEZA

OPTIMO TEORICO   2 PERS./PIEZA   2.3 PERS./PIEZA

GRAFICO 11

Se ha mencionado ya cómo las funciones estar y comer invaden la zona destinada a dormir. El GRÁFICO 12 revela, al sumar los valores de todas las columnas verticales inferiores, que un 30% de las familias ocupa sólo un recinto como dormitorio.

Para las familias de composición familiar 5, este porcentaje llega a un 50%; es decir que en las familias de 5 personas, de cada dos familias, una utiliza un solo dormitorio. Esto se explica porque este sigma familiar, por lo general joven y con niños pequeños, alcanza a encontrar receptividad en un solo dormitorio, ganando espacio para el comedor.

Naturalmente, en estas condiciones, es difícil encontrar matrimonios que dispongan de dormitorio exclusivo. El gráfico Nº12, en la parte inferior, muestra que en 100 familias, sólo 12 matrimonios han reservado un dormitorio para sí.

Si se considera aceptable que los padres compartan su dormitorio con un máximo de dos niños menores de cinco años, se tiene que de 100 familias, sólo 43 cumplen con tal condición.

La promiscuidad obligada en que transcurre la vida familiar libera al niño de muchas confusiones respecto de la realidad somática y sexual, generando una actitud si bien precoz, libre de los conflictos que se les suscitan en otros medios sociales; sin embargo, respecto de este problema, dice Oscar Ahumada, en su libro *Bases psicológicas para la educación de la adolescencia.*

«Por lo general, la desnudez de los adultos suscita de un modo muy agudo la curiosidad de los niños; sin duda porque en este aspecto; su curiosidad ha tenido menos ocasión de ser satisfecha. En verdad el nudismo de los padres frente a sus hijos, cuando es practicado en la atmósfera privada del hogar familiar, adquiere un poco el aspecto de exhibicionismo, que ya no es completamente natural en la edad adulta y corre el riesgo, por eso mismo, de ser perturbador para la mentalidad del niño, por lo menos en la medida en que no esté acostumbrado a ver a otros adultos en tales situaciones».

FUNCION DORMIR   MODO DE OCUPACION DE LA ZONA
SEGUN EL ≤ FAMILIAR

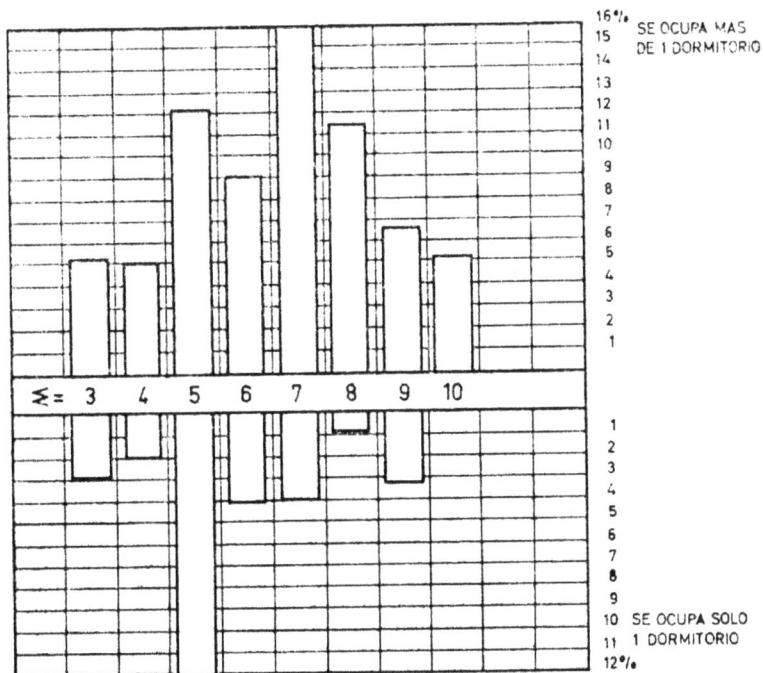

16% SE OCUPA MAS DE 1 DORMITORIO

≤ = 3 4 5 6 7 8 9 10

10 SE OCUPA SOLO 1 DORMITORIO
12%

FUNCION DORMIR DE LOS PADRES COMPARTIDA
CON NIÑOS MENORES   FAMILIAS 100

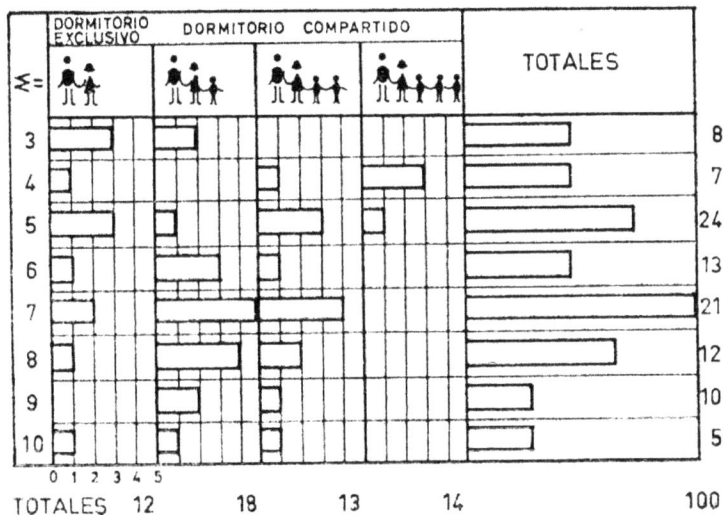

≤ =	DORMITORIO EXCLUSIVO	DORMITORIO COMPARTIDO			TOTALES	
3						8
4						7
5						24
6						13
7						21
8						12
9						10
10						5

0 1 2 3 4 5

TOTALES   12   18   13   14   100

GRAFICO 12

| 65

Conclusiones

Si hubiese que formular cuál es el rasgo de mayor preponderancia dentro del conjunto de factores con caracteres de dolencia, encontrados en el presente análisis, que afectan a la Población San Gregorio, podría decirse, a manera de diagnóstico, que adolece de una incapacidad receptiva de su estructura para la realidad humana que la habita.

Los componentes de esta incapacidad se manifiestan en tres órdenes de cosas: en la vivienda, en el conjunto habitacional y en las relaciones de este conjunto, con el medio urbano.

La incapacidad de la vivienda para la familia que la habita consiste en una marcada insuficiencia espacial, que proviene de errores en la concepción de la vivienda. El error más importante reside en que no sólo no se consideró la naturaleza real de la composición familiar, sino que se adoptó una solución rígida y única de vivienda que no responde a la variable de estructura familiar. De la enfrentación entre la familia y la vivienda, surge la sobrepoblación que afecta el modo de vida.

Otra causa de la insuficiencia espacial responde a errores en la cuantía de las restricciones espaciales de los recintos. No sólo se vulneran ciertos límites antropométricos necesarios para el uso de los equipamientos, sino también, a veces, los espacios que dichos equipamientos requieren.

Finalmente, contribuyen a esta insuficiencia espacial, la carencia de algunos elementos complementarios en la vivienda o su ubicación inadecuada en los recintos.

La incapacidad del conjunto habitacional para sus pobladores, consiste fundamentalmente en la trastocación de su organización como conjunto, a causa de las irrealizaciones espaciales que crean todo un panorama de carencias. La no vigencia de los valores de gravitación sobre los centros proyectados, pero en realidad inexistentes, hace que el modo de vida, en su manifestación a través de los desplazamientos que los individuos realizan, resulte completamente defectuoso.

La inexistencia del equipamiento comunitario, aparte de lo que significa como carencia en sí y como factor de alteración de los desplazamientos de los pobladores, significa también agravar la incapacidad de la vivienda, puesto que estos equipamientos deben restituir comunitariamente el espacio de las funciones diferidas en ella.

Por otra parte, resulta también lesionada la organización de los pobladores que no encuentran el marco físico necesario para su desarrollo.

El efecto inmediato de la inexistencia de los equipamientos comunitarios es el vacío en que yacen las áreas que se destinaron para ellos. Esto produce una alteración en la percepción del espacio, produciéndose una pérdida de la escala humana. Esto, sumado a la ausencia de una arquitectura diversificada y a la repetición del esquema volumétrico único de la vivienda, produce la sensación de un clima homogéneo y monótono, y tal vez más que la sensación, un real transcurrir homogéneo y monótono.

La incapacidad del conjunto habitacional, con relación a su localización en el medio urbano, reside en que se concibe como un conjunto que contiene algunas estructuras de suficiencia básica y se apoya en la estructura urbana existente para satisfacer el resto de sus necesidades. En la práctica, no posee tal estructura de suficiencia y se encuentra localizada a una distancia que significa una verdadera confinación espacial, para poder apoyarse de un modo útil en la estructura urbana existente, especialmente si se piensa que el nivel económico de los pobladores no les permite solventar los medios técnicos de relación que harían más eficaz tal apoyo. Esto significa una situación de marginalidad y una falta de contacto con otros aspectos de la realidad distintos del que habitan permanentemente, lo que puede llegar a constituir una alteración cultural.

Comentario sobre el conjunto habitacional
Villa Italia (1967)[1]

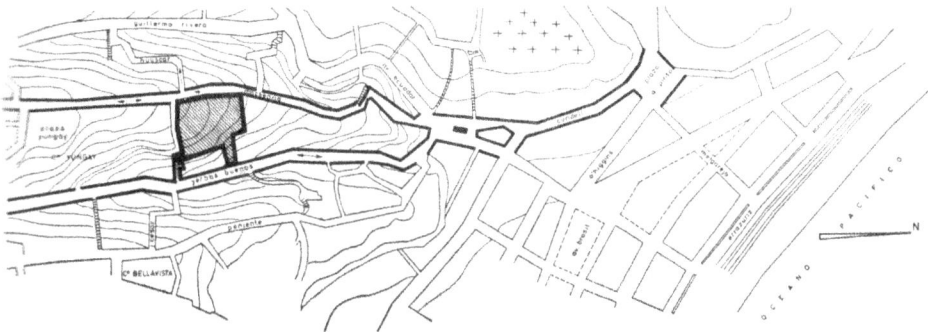

El día 23 de marzo del año 1966 se conoció el resultado del Concurso de Anteproyectos, organizado por la Corporación de la Vivienda, correspondiente a un conjunto de viviendas para la «Villa Italia» en Valparaíso. El proyecto ganador correspondió a los arquitectos Eduardo San Martín y Pedro Pascal.

Por el interés que presenta su solución, se da a continuación algunos antecedentes sobre este proyecto.

a) Notas sobre el significado y uso de la información de las bases

Se da una densidad bruta máxima de 970 habitantes por hectárea, que en sí es una cifra bastante alta para conjuntos residenciales[2]. Sin embargo, considerando la superficie del terreno de 7.400 m2, el empleo de esta densidad no significaría crear una zona extensa con tal concentración de pobladores, sino solamente una pequeña área como podría serlo un edificio o grupo de edificios, cuya gravitación en cuando a demanda de servicios de sus pobladores puede suponerse absorbida por la oferta existente en la estructura urbana circundante.

A título de comparación, cabe señalar las densidades obtenidas en otros conjuntos residenciales:

1 Publicado originalmente en *Revista de Panificación vivienda, ciudad, región*. Nº4 del Instituto de la Vivienda, Urbanismo y Planeación. Facultad de Arquitectura y Urbanismo de la U. de Chile, enero, 1967, p. 85-96.

2 El "Plan de nuevas obras" 1966, de la CORVI, establece una densidad máxima de 780 hab./ha., cuando se construye en 5 pisos, como patrón habitacional regional.

	Superficie en ha.	N° viviendas	Densidad Hab/ha.
Población Ignacio Zenteno, Valparaíso	1,92	185	560
Edificio Brasil, Valparaíso	0,42	200	2,260
Población Quebrada Verde, Valparaíso			
Sector 1	16,00	538	194
Sector 2	9,05	330	149
Sector 3	14,30	448	125
Población 15 Norte-Viña del Mar	2,19	300	820
Población Capredena, Quilpué	2,06	224	697
Población Villa Italia (Nota 3)	0,74	132	935

De acuerdo con las bases, partiendo de la densidad indicada, se obtiene 138 viviendas para 718 personas, de las cuales 83 serían de 3 dormitorios (6 personas) y 55 de 2 dormitorios (4 personas). Considerando la superficie promedio indicada de 56 m2 por vivienda, se obtiene 7.728 m2 que, distribuidos en 5 niveles de perímetros congruentes, dan un aprovechamiento del terreno de un 21% aproximadamente.

Para obtener el aprovechamiento indicado en las bases, «12% aproximadamente», debiera haberse proyectado bloques de 8 a 9 pisos, o bien haber partido de una densidad de 560 hab./ha.

Dada la escasez de terrenos aptos para propósitos residenciales en Valparaíso, es comprensible la necesidad planteada en las bases de emplear altas densidades y edificios colectivos, aun cuando no ha sido suficientemente solventada la vocación de la familia de ingresos medios para la forma de vida en departamentos y por el contrario pueden enumerarse algunas evidencias en favor de una inaptitud.

La alternativa de proporcionar viviendas en predios individuales de acuerdo con la estructura normativa actual, comienza a ser posible en este caso, al reducir la densidad a 310 habitantes por hectárea, lográndose con ello 40 viviendas aproximadamente.

La posibilidad de aumentar la densidad de población sin recurrir a bloques de departamentos, manteniendo la noción de viviendas unifamiliares, puede lograrse (considerando las viviendas nominalmente como departamentos para los efectos legales normativos, eludiendo con ello el requerimiento de disponer predios de una superficie mínima de 160 metros), mediante un proyecto complejo, de diferentes tipos de volúmenes, dispuestos en diversas combinaciones de adyacencia y superposición para conformar pequeños patios y terrazas individuales[4].

Para una hipotética solución de este carácter, resuelta en dos niveles, en que se utiliza un 30% del terreno en edificación, se tendría 80 viviendas y una densidad de 560 h/ha., quedando sin edificar 12 m2 por persona aproximadamente.

3 Cifras obtenidas por el proyecto ganador.

4 Algunos ejemplos extranjeros de estas soluciones: Grupo de Vivienda «Atrium» en Chicago; grupo «Habitat 67», en Montreal, conjunto de viviendas en Torquay. Revista *L'Architecture d'Aujourd'hui*, N°103 y 120.

La dificultad de este tipo de soluciones radica principalmente en la cuantía del metraje indicado para las viviendas, que obliga a un diseño compacto, disminuyendo las posibilidades de juego volumétrico.

El «Plan de Nuevas Obras 1966» de la CORVI, fija, como patrón habitacional, una superficie de 50 a 56 metros para las «viviendas medias».

b) Cuadro comparativo de cifras según las bases y según el proyecto

	Bases del Concurso	Proyecto ganador
Densidad hab./ha.	970	935
N° de Viviendas	138	132
a) de 3 dormitorios	83	83
b) de 2 dormitorios	55	51
N° de habitantes	718	702
Total superficie edificada	7.730 m2	7.897 m2
% aprovechamiento del terreno	12%	19%

Las cifras indicadas en la primera columna provienen de la utilización de la densidad máxima 970 h/ha. Como puede apreciarse, las cifras obtenidas por el proyecto ganador se ciñen con muy cercana correspondencia a esta determinación.

Otras cifras obtenidas en el proyecto que nos ocupa son las siguientes:

Superficie de estacionamientos	780 m2 (43 vehículos)
Superficie de circulación del peatón	1.312 m2
Superficie de áreas verdes y libres	3.944 m2
Superficie construida primer piso	1.437 m2

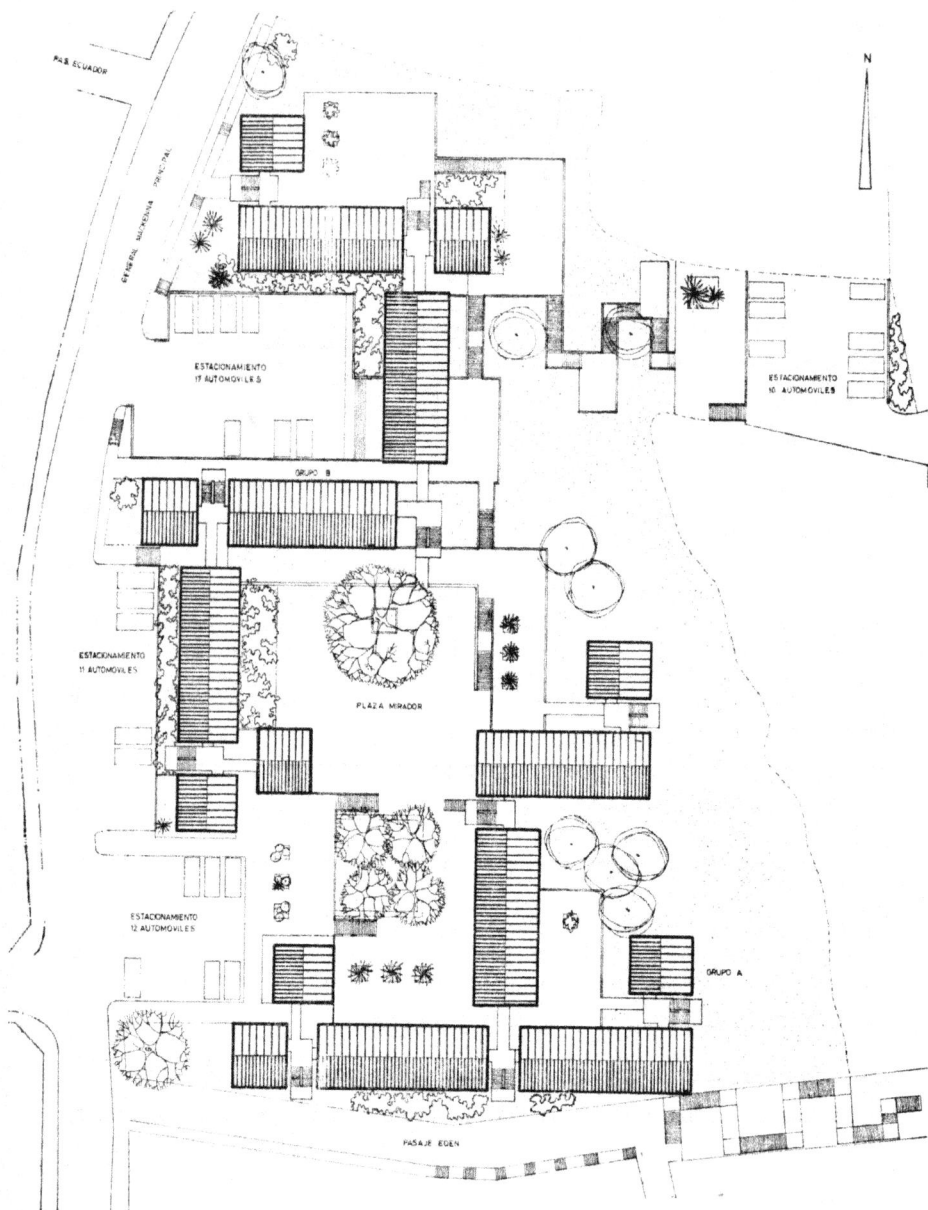

N

ESTACIONAMIENTO
17 AUTOMOVILES

GRUPO B

ESTACIONAMIENTO
11 AUTOMOVILES

PLAZA MIRADOR

ESTACIONAMIENTO
12 AUTOMOVILES

GRUPO A

ESTACIONAMIENTO
10 AUTOMOVILES

PASAJE EDEN

PLANO DE CONJUNTO "VILLA ITALIA"

c) Propósitos y objetivos de diseño arquitectónico perseguido en el proyecto, según sus autores[5]

5 Texto redactado por los arquitectos San Martín y Pascal para el presente artículo.

Partido General. El proyecto pretende:

1. Asimilarse a la topografía espacial de Valparaíso:

Los edificios y espacios de Valparaíso tienen unas dimensiones, proporciones y escala que esta proporción pretende mantener para asimilarse a la topografía arquitectónica de la ciudad. Esto se consigue mediante la construcción de edificios pequeños adaptados a los diferentes niveles del terreno, que generan un conjunto de volúmenes y espacios similares a los existentes en los cerros de la ciudad.

2. Mantener los valores espaciales del terreno:

La topografía, las vistas, las circulaciones naturales del terreno y la ciudad a sus pies, le dan sentido espacial al terreno que el proyecto quiso destacar. Se pretende destacar estos valores estableciendo un sistema de agrupación de edificios y terrazas-miradores que se abren hacia la ciudad y el mar.

3. Adaptarse a las cotas del terreno:

El proyecto se adapta a las cotas del terreno mediante:

a) Bloques pequeños, que por las dimensiones de su planta pueden adaptarse mejor en terrenos con desnivel.
b) Utilización de las plataformas existentes en el terreno.
c) Ubicación de los accesos de los edificios en diferentes niveles para aprovechar las diferencias de cotas.

4. Organizar un sistema de agrupación de edificios:

Los edificios están agrupados en dos sistemas que forman una trama que se desprende hacia la ciudad, la que a su vez facilita las creación de diferentes tipos de espacios y su construcción por etapas, de acuerdo a las exigencias establecidas en las bases del concurso.

Estos sistemas están formados por edificios con una escalera por articulación, lo que permite reconocerlos individualmente, aprovechar las vistas del terreno y ubicarse en diferentes niveles de altura.

5. Mantener la vegetación existente en el terreno:

Los edificios se han proyectado de modo de respetar la vegetación existente en el terreno.

Con respecto a los departamentos, el proyecto pretende:

6. Emplear dos tipos de departamentos modulados:

Se diseñaron dos tipos de departamentos, uno de 6 camas y otro de 4 camas, los que se adaptan a cualquier orientación y permiten la reducción de los costos de construcción al repetir unidades similares.

La planificación de los departamentos está modulada de modo de permitir el empleo al máximo de elementos estandarizados, tales como moldajes prefabricados modulados para hormigones, tabiques interiores, puertas y ventanas, unidades sanitarias, etc.

7. Reducción de las circulaciones comunes:

La forma de agrupaciones de los edificios y el diseño de los departamentos reduce al máximo las circulaciones comunes, las que se diseñaron al aire para disminuir su costo.

8. Empleo de una estructura económica:

Se diseñó una estructura económica utilizando sólo los elementos estructurales necesarios, lo que permite el máximo de utilización de elementos no resistentes y de gran libertad para la construcción del resto del edificio.

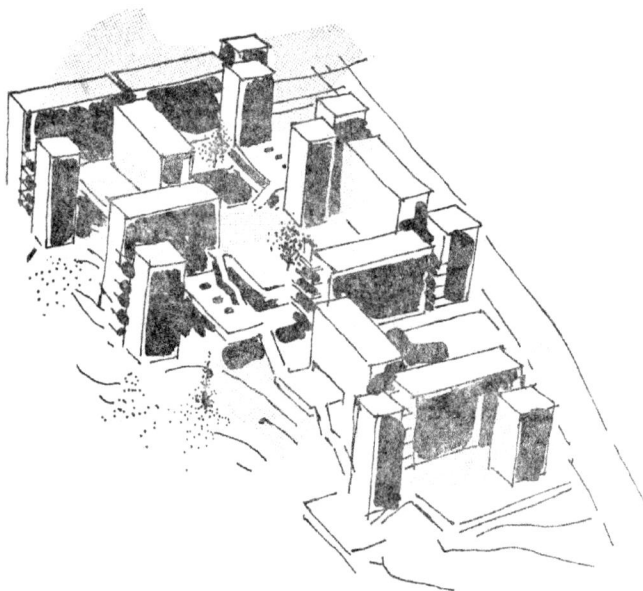

El proyecto ha buscado mantener los valores especiales del terreno, adaptándose a su difícil topografía.

d) Análisis de las viviendas

Se dan a continuación los cuadros de superficie de los departamentos según el siguiente desglose: 1. La superficie habitable diurna, que incluye el estar-comedor; 2. La superficie habitable nocturna, que incluye los dormitorios; 3. La superficie de servicio, que incluye la cocina, el lavadero, la sala de baño y los closets; 4. La superficie de circulación. La suma de estos cuatro rubros de la superficie útil.

Se dan en la primera columna los m2, en la segunda el porcentaje que esos m2 representan de la superficie útil total, y en la tercera columna una cifra que representa el % de habitabilidad[6].

6 Porcentaje determinado según un método de evaluación del uso del espacio en la vivienda elaborada en IVUPLAN y basado en un informe del director del Instituto Nacional de la Vivienda de Bélgica, M. Lebegge.

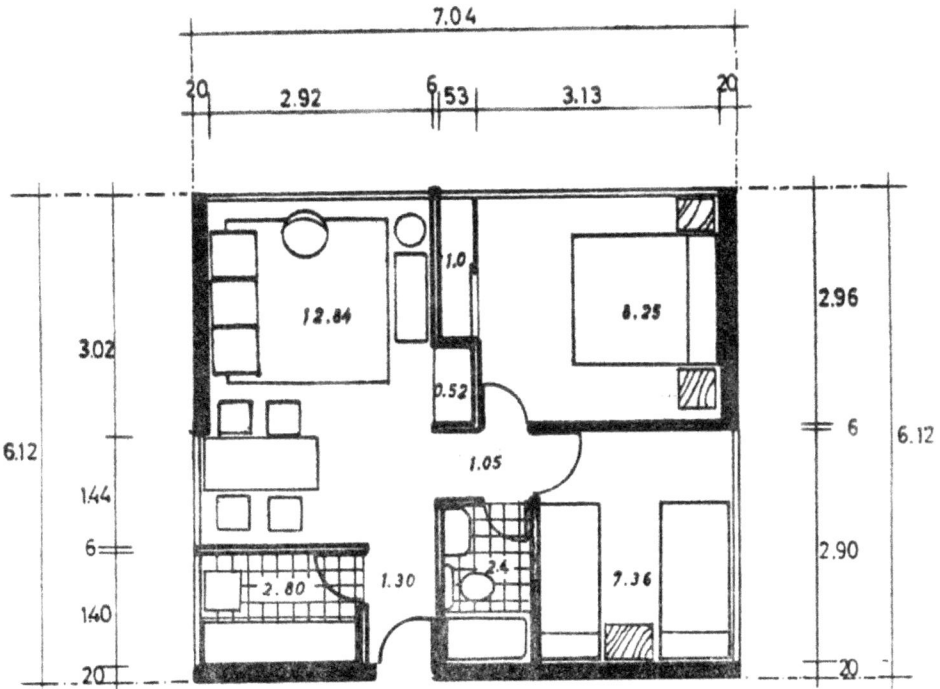

DEPARTAMENTO TIPO A: 2 DORMITORIOS, 4 CAMAS

	m²	% sup.	% habitabilidad
Superficie habitable diurna	12,27	33,3	54,7
Superficie habitable nocturna	15,61	42,4	42,2
Superficie de servicio	6,66	18,0	21,7
Superficie de circulación	2,37	6,3	7,9
Superficie útil	36,89	100,0	126,6

A título de comparación, se dan los siguientes porcentajes de
habitabilidad obtenidos en otras viviendas CORVI de programa similar:

Tipo 608	Tipo 622	Tipo 651
125,8 b	123,6	126,5

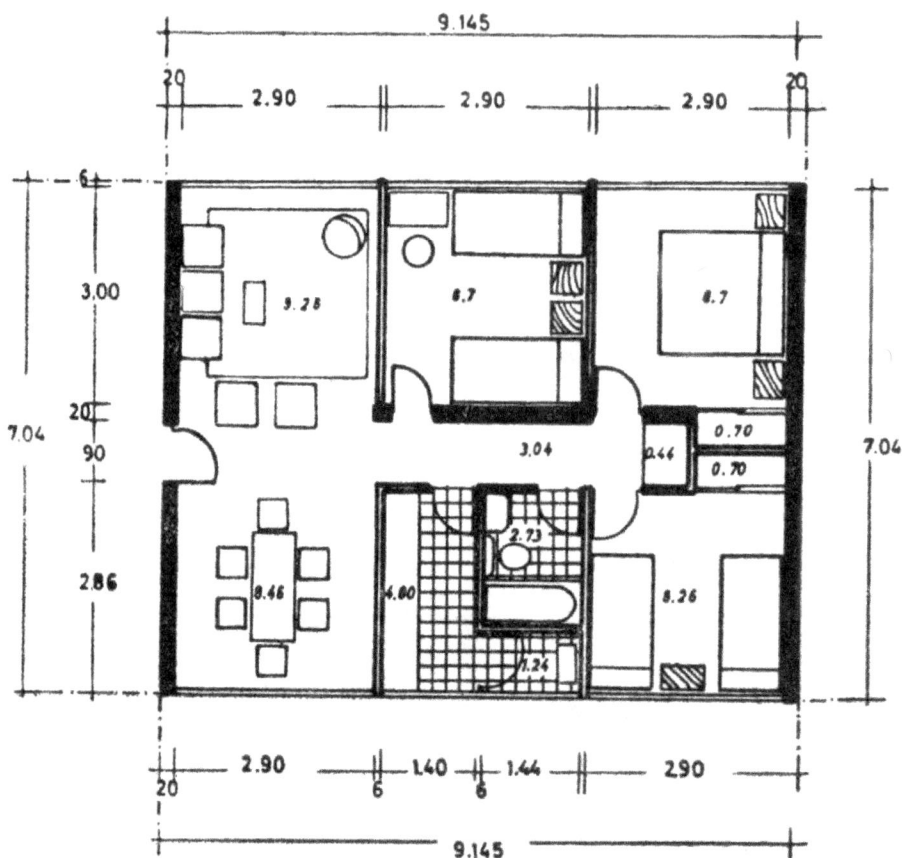

DEPARTAMENTO TIPO B: 3 DORMITORIOS, 6 CAMAS

	m²	% sup.	% habitabilidad
Superficie habitable diurna	20,60	35,0	42,70
Superficie habitable nocturna	25,69	43,3	43,10
Superficie habitable de servicio	9,86	16,6	16,28
Superficie habitable de circulación	3,04	5,1	7,60
Superficie útil	59,27	100,0	109,68

Los porcentajes de habitabilidad obtenidos en viviendas análogas a estas son las siguientes:

Tipo 401–A	Tipo 400-A	Tipo 500-A
119,3	116,1	116,3

e) Nota sobre el fallo del jurado

El juicio que solventa la elección de un proyecto ganador es naturalmente el juicio sobre el óptimo estado funcional de las proporciones formuladas por los concursantes, es decir, el juicio sobre la solución más adecuada para los propósitos del concurso dentro de las determinantes expuestas en las bases del mismo.

El propósito del concurso, aun cuando no especificado, se encontraba implícito en su denominación *conjunto habitacional «Villa Italia»-Valparaíso*. Se trataba pues de hacer aquello que se sobreentiende es un *conjunto habitacional*, a saber: dentro de la estructura física espontánea de la ciudad, ínsulas planificadas y de materialización homogénea en el tiempo y el espacio, que se apoyan parcial o totalmente en el medio circundante; dentro del marco arquitectónico, agregados de viviendas que conforman un medio formalmente deliberado, unitario y reconocible, que satisface exigencias del habitar cotidiano de las familias que desarrollan allí su vida dentro del ambiente doméstico y fuera de él.

Pero estos elementos utilizados aquí para describir a un conjunto habitacional son válidos, tanto para describir dos viviendas pareadas o un edificio de departamentos como para las proposiciones presentadas por los concursantes para Villa Italia.

Hay por consiguiente dos posibilidades: o la denominación *conjunto habitacional* tiene la consistencia puramente nominal que se da en general a cualquier agrupación de viviendas, independientemente de la cantidad de unidades y modo de conformación física, y en tal caso, tanto tres casas, un edificio de departamentos o un conjunto «operación sitio» aceptan esa denominación, o bien esta denominación está reservada para señalar aquellas agrupaciones de viviendas que cumplen ciertos requisitos de cantidad y forma en relación de las necesidades de las familias.

En el primer caso, resulta claro que la denominación «conjunto habitacional» por no decir ni suponer nada sobre algunas ciertas maneras de satisfacer las necesidades de las familias que vivirán en él, ni sobre algunos ciertos modos de configurar la estructura física para tal fin, no alude a nada preestablecido o preconceptualizado y se trataría, en consecuencias, de una nominación operacional cuya consistencia es dada en cada caso por el arquitecto a través del proceso: conocimiento de las necesidades, modos de satisfacción y configuración de la estructura física adecuada dentro del marco de las determinaciones circunstanciales.

En la segunda posibilidad, por el contrario, estaría implícito en la denominación el contar con elementos ya preestablecidos y pre-conceptualizados, lo que supone haber previamente explorado el conocimiento respecto a la relación entre: necesidades, modo de satisfacción y marco físico.

En cualquier caso, sea cual fuere el verdadero significado de la denominación *conjunto habitacional*, lo cierto es que de todos modos es necesario remitirse al conocimiento de las necesidades y modo de satisfacción.

En otras palabras, un *conjunto habitacional* será más *conjunto* y más *habitacional* en la medida que satisfaga, dentro del marco arquitectónico y urbanístico, su propósito; esto es, las exigencias del habitar de las familias que vivan en él.

Ahora bien, ¿cuáles son las exigencias y cómo se satisfacen mejor?, y en el caso particular de Villa Italia, ¿por qué las 132 viviendas del proyecto ganador son más conjunto habitacional que las otras proposiciones de los concursantes? Analicemos los criterios que solventan el fallo del jurado: hay en primer término todo un orden de consideraciones rigurosamente válidas que dicen sobre el marco arquitectónico:

- El aprovechamiento de las características topográficas del terreno.

- El juego diverso y ordenado de volúmenes.

- La nítida unidad formal.

- Los valores ambientales logrados.

- La simplicidad y adaptabilidad de las viviendas tipo, su modulación y sencillez estructural.

- La doble orientación y facilidades de ventilación

- La vista directa al panorama predominante.

- La cualidad del reflejar la forma de vida del cerro de Valparaíso o quizás más apropiadamente: la cualidad de reflejar la forma de vida en cuanto a movilidad y percepción, puesto que la cualidad de reflejar en una estructura física la forma de vida, característica del cerro de Valparaíso en su consistencia sociológica, parece dentro de lo que es instrumentalidad actual del arquitecto, una afirmación aventurada.

- La explotación positiva de las diferencias de nivel.

- La buena situación de los miradores.

- La proporción del marco arquitectónico.

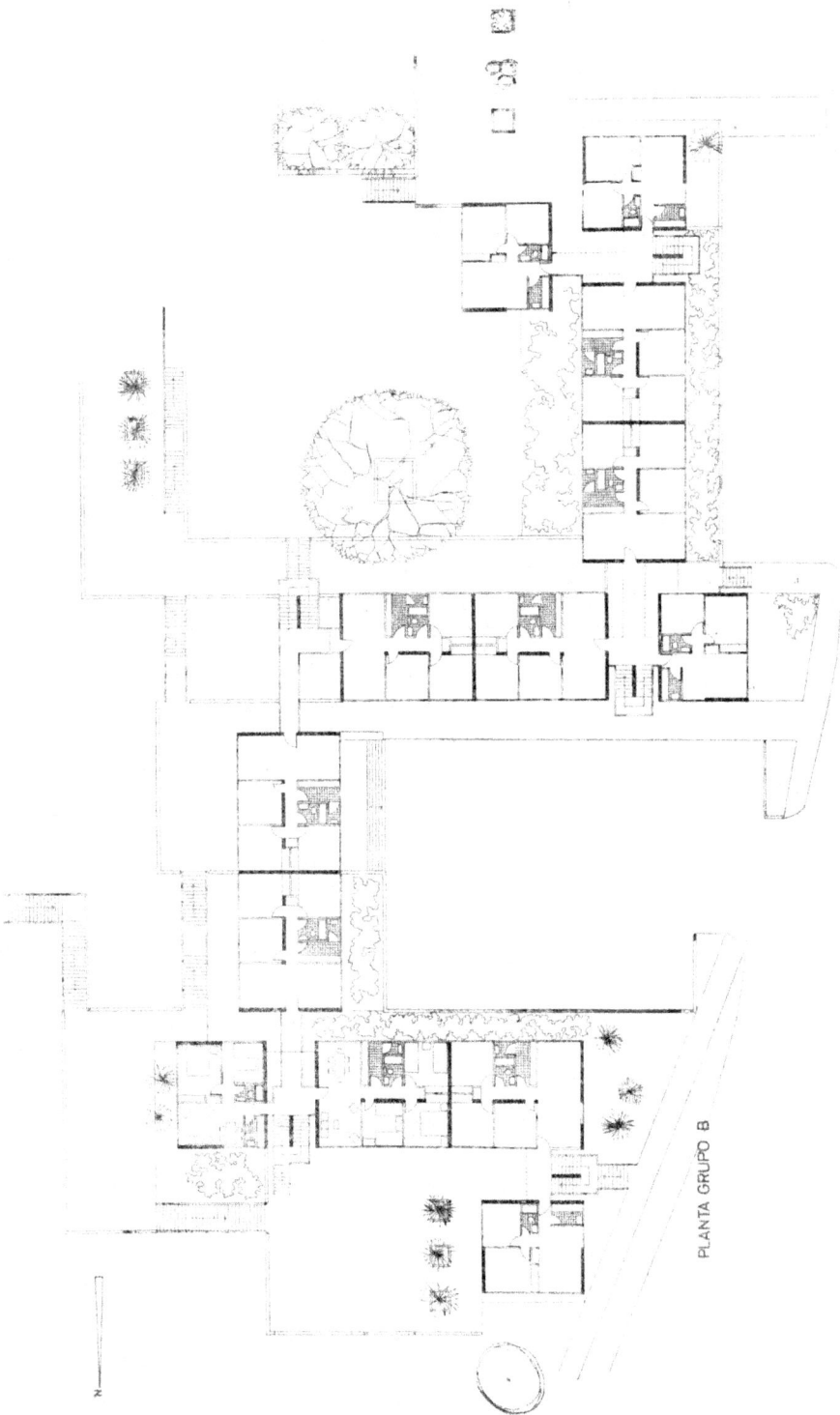

PLANTA GRUPO B

En segundo término, respecto a las cualidades habitacionales en su significación social se dice:

- Las circulaciones de peatones organizadas hacia espacios exteriores compactos que favorezcan la convivencia de grupos.

Y de los criterios generales del acto oficial del fallo habría que señalar:

- El empleo activo de los espacios exteriores generados por la agrupación de volúmenes y la consecuente expresión social masificada.

Dos parecen ser las exigencias habitacionales principales subyacentes en los conceptos del jurado: la necesidad de convivencia general y la necesidad de privacidad individual de las familias.

Pero hay diversas formas de convivencia y privacidad que van desde la simple no agresión física, visual y auditiva, basada en el respeto a las personas, hasta la convivencia activa que supone la existencia de organizaciones más o menos formales en que la privacidad consiste tanto en la libertad de participar o no en ellas, como también en no ser interferido por sus actividades.

Privacidad y convivencia son nociones válidas en un orden conceptual, pero su validez en un plano de realidad depende de su ponderación en el modo de vida.

Generalmente el arquitecto tiene acceso directo al conocimiento del modo de vida (sistematizado en el complejo-necesidades-actividades-disponibilidades) del sujeto para quien proyecta. Pero en el caso de los *conjuntos habitacionales*, el sujeto es anónimo y el eventual conocimiento que permite deducir diseño se realiza indirectamente a través de la información que entrega el organismo patrocinador de la acción habitacional; en el caso particular de un concurso, debemos suponer, a través de las bases.

El problema podría consistir en que no se conozca realmente la forma de vida (y las transformaciones que pueda experimentar) en su dimensión social, de los futuros ocupantes del conjunto habitacional. En tal caso, cualquier proposición física se estaría haciendo con un margen bastante grande de incertidumbre.

La planificación de conjuntos habitacionales puede contener en sí acciones homogeneizantes que impiden cada vez más atender a las peculiaridades individuales, pero sólo es el desconocimiento de estas peculiaridades, lo que hace que parte de las formas poblacionales realizadas impongan, con consecuencias a veces desafortunadas, formas de vida no homogéneas a la naturaleza de las personas.

Creemos que el conjunto habitacional Villa Italia será un caso afortunado, que en efecto la configuración de «espacios activos» y el encauce de los moradores a tales espacios favorece la convivencia, y que «el fraccionamiento en numerosos bloques» promete valores de privacidad.

Un estudio de este conjunto en el futuro permitirá verificar su éxito.

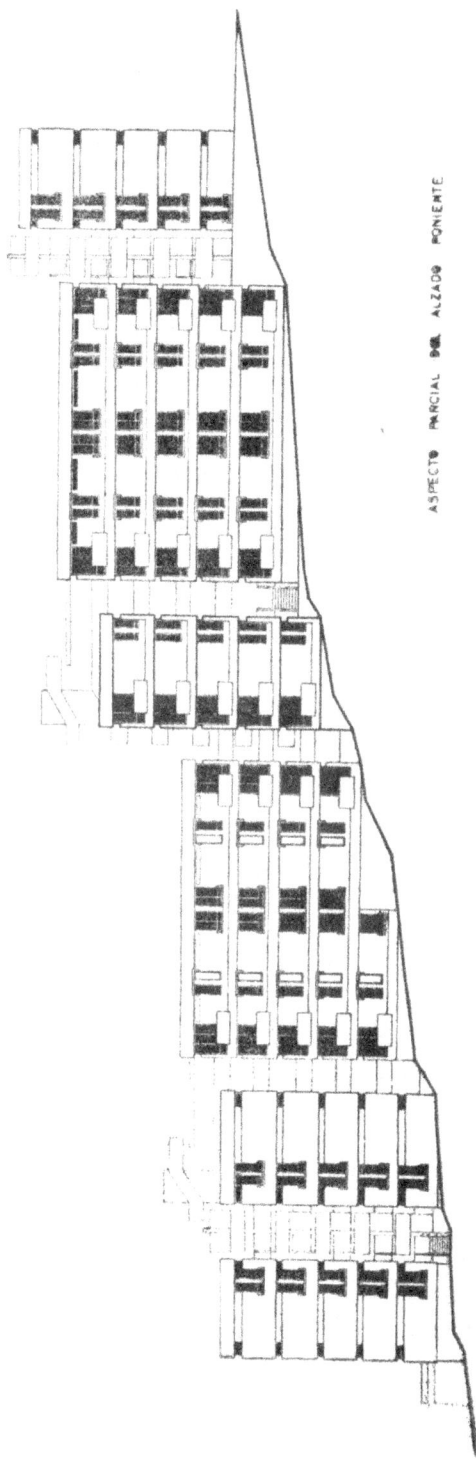

ASPECTO PARCIAL DEL ALZADO PONIENTE

Vivienda dinámica (1971)[1]

1. Formulación del Estudio

1.1. Sentido General

En términos generales, dentro de la acción habitacional, los esfuerzos destinados a establecer una compatibilización de los costos de vivienda con la capacidad de pago de la población afectada por el déficit e insuficiencia habitacional, ha llevado, como es sabido, a una reducción de los estándares físico-espaciales de la vivienda, en particular, aquella efectuada por el sector público.

Estas reducciones han estado imbuidas de una muy limitada racionalidad económica que se articula de un modo muy simplista y contingente en la capacidad adquisitiva de las familias. Se ha supeditado a ella, por una parte, la racionalidad tecnológica de los procedimientos de diseño y construcción y sus especificaciones, y por otra, la adecuada satisfacción de las necesidades del desenvolvimiento familiar.

La formulación de un estándar mínimo habitable como recurso transitorio parece implicar la prescripción sabia y oportuna de austeridad y sacrificio compatibles con la realidad nacional, lo cual estaría muy bien si esta prescripción se refiriera a toda la población del país, pero se refiere tan solo a aquella parte de la población que no ha podido procurarse una vivienda aceptable.

Por lo demás, el estándar mínimo habitable se traduce en patrones habitacionales diferenciales, como si se tratase de especies distintas: familias de ingresos bajos, medios y altos.

La proposición sobre vivienda dinámica que aquí se quiere desarrollar, más que intentar una formulación de «la imagen de la vivienda aceptable mínima en cada nivel social»[2] tiende a crear las condiciones abiertas para acercarse, dentro de un concepto de desarrollo progresivo[3], a una pauta cultural de vigencia general sobre una vivienda adecuada. Suponiendo que se desenvuelven adecuadamente los planes generales de desarrollo del país, la oferta habitacional de desarrollo progresivo presenta algunas ventajas respecto a la oferta habitacional completa de estándar mínimo habitable.

[1] Publicado originalmente por el Departamento de Diseño Arquitectónico y Ambiental. Departamento de Estudios y Planificación urbano regionales vivienda dinámica C. Martner – A. Raposo Facultad de Arquitectura y Urbanismo de Universidad de Chile, Santiago, abril de 1971. Su presentación señalaba: «Dentro de la voluntad y decisión de la Universidad de Chile de transformar su acción, en el sentido de contraer compromisos con las fuerzas renovadoras de esta sociedad, participando con ella en las tareas de construcción de las nuevas condiciones sociales y materiales del país, el Departamento de Diseño Arquitectonico y Ambiental, (DDAA) y el Departamento de Estudios y Planificacion Urbano Regionales (DEPUR) de la Facultad de Arquitectura y Urbanismo entregan, para ser conocida por la comunidad y los medios técnicos profesionales, esta publicación, con el objeto de aportar algunas ideas a la tarea nacional de proporcionar mejores viviendas a la población y, al mismo tiempo, recoger sus juicios y opiniones criticas. El estudio ha sido desarrollado conjuntamente por los arquitectos investigadores Carlos Martner, del DDAA, y Alfonso Raposo, del DEPUR de la Universidad de Chile. Colaboraron en el trabajo el arquitecto-investigador Jorge Torrico, en fotografia; las diseñadoras de interiores Eliana Palma y Miritza Agusti, y la alumna Jimena Valenzuela en maquetas; los alumnos de arquitectura Miguel Castillo y Jorge Salas, en la efectuación del análisis empírico». Santiago, abril de 1971.

2 Véase, Vapñarsky, César. Prólogo a la Edición Castellana, en *Sociología de la Vivienda.* Ediciones 3. B.A. 1963, p. 13.

3 La expresión «desarrollo progresivo» es utilizada en diversos estudios e informes con dos significados distintos: a) Como proceso racionalizado de diseñar y construir (Boletín Informativo, marzo 1969, CINVA); b) Como programación del proceso de formación de conjuntos habitacionales o áreas residenciales urbanas (Véase Suplemento Informativo, enero y mayo 1967 CINVA). En b) aparece definido del siguiente modo, por ej,: El Programa de Mejoramiento Urbano Progresivo es un método de desarrollo urbano mediante el cual se proveen áreas de asentamiento con servicios y dotaciones mínimas. En la primera etapa se proporciona al inmigrante una parcela y un rancho; las vías son de tierra, sin tratamiento; existen algunas dotaciones comunales provisorias y no hay servicios públicos. En la segunda etapa se pasa del rancho a la vivienda y se proporcionan servicios básicos. La tercera etapa se caracteriza por la provisión de dotaciones comunales definitivas y el mejoramiento o la ampliación de la vivienda... ...el sistema de desarrollo progresivo consiste en la venta a las familias de un lote urbanizado, en condiciones mínimas, con disponibilidad de servicios públicos comunales, pero con un programa que prevé, en un tiempo relativamente corto, la erección de viviendas de especificaciones normales, la conclusión de las obras de urbanización, la dotación de servicios públicos domiciliarios y todo el equipamiento comunal.

En tanto la primera permitiría el abordaje de una solución gradual pero generalizada a toda la población, la última tiene el inconveniente, dadas las limitaciones del gasto en vivienda que imponen las prioridades de inversión del desarrollo nacional, de que los estándares son, por una parte, demasiado altos para posibilitar una acción general que alcance a toda la población afectada, y por otra, son demasiado bajos para constituir una solución real de cierta permanencia y significación cultural.

En tanto la última forma de oferta habitacional plantea desde el inicio un techo permanente a las condiciones de habitabilidad, muy por debajo de la pauta cultural vigente respecto a lo que es una vivienda adecuada, la primera opera siempre con la posibilidad abierta de alcanzar dicha pauta.

Aún cuando en el primer caso el estándar mínimo habitable es considerado un recurso transitorio[4], esta transitoriedad se torna permanente, puesto que no se refiere a la historia del desenvolvimiento familiar, sino a las circunstancias futuras del desarrollo del país.

Aún cuando ambos tipos de oferta tienen que confrontar a largo plazo el problema de las bajas condiciones habitacionales de la población, la primera presupone la superación de tales condiciones en un plazo que coincida relativamente con el ciclo genérico biológico-cultural del desenvolvimiento familiar, en tanto la última es en la práctica indefinida en este aspecto, y el largo plazo parece significar todo el tiempo que medie entre la situación actual y la superación de la precariedad de los ingresos familiares, y en general de las limitaciones estructurales del país. Afortunadamente, hoy en nuestro país parece estarse actuando a este respecto.

De acuerdo con estas consideraciones, el propósito principal de este trabajo es contribuir a la formulación de soluciones de diseño arquitectónico de la vivienda mediante el desarrollo de algunas alternativas de diseño que se proponen como ejemplo de un enfoque de ajuste entre la vivienda y la familia que la ocupa, poco considerado en los ejemplos actualmente disponibles de viviendas.

Este enfoque intenta principalmente mejorar las características que hacen posible la ampliación y relativa transformación de las viviendas, desde situaciones provisorias a situaciones estables, de acuerdo con:

- Los cambios de las necesidades de espacio de las familias, a lo largo del tiempo, y

- La diferencia en las necesidades de espacio, cuando la vivienda pasa a ser ocupada por otra familia.

Una vivienda que cumpla con estas características es lo que se quiere señalar aquí con la expresión **Vivienda Dinámica**.

Este trabajo no es, por tanto, un ensayo teórico, un diagnóstico o una proposición sobre el problema habitacional en su sentido general o sectorial, sino un enfoque específico y particular referido a ciertas condiciones de forma de la vivienda y de sus agrupaciones. El estudio se ocupa de la forma y ordenamiento del espacio habitable llegando a proposiciones de diseños técnicos integrados en sus aspectos de composición, estructura y proceso constructivo.

El motivo del estudio radica en la simple constatación de ciertas deficiencias de la actual arquitectura habitacional en lo que respecta a sus características de flexibilidad. El desarrollo del estudio se basa en algunas consideraciones y conclusiones resultantes del análisis de:

a) Ciertas situaciones del mercado habitacional que condicionan la conducta general de las familias frente a sus necesidades de vivienda;

b) Algunos ejemplos de vivienda existen en poblaciones construidas por el sector público y de modificaciones introducidas por las familias que las ocupan.

1.2. Objetivos

Como fuese dicho al expresar el sentido general del estudio, sus objetivos se enmarcan dentro del propósito general de contribuir a la formulación de soluciones de diseño arquitectónico de la vivienda, dentro de la acción global tendiente a resolver el problema habitacional.

Ellos pueden ser puntualizados más específicamente del modo siguiente:

a) Contribuir al proceso de adecuación de la vivienda a la familia, particularmente aquel que se desarrolla con destino a las familias de bajo ingreso.

b) Rescatar, dentro de las tendencias del diseño de vivienda, un enfoque que, junto con constituir una respuesta en términos masivos y colectivos, cautele los rasgos individuales de la dinámica del desarrollo familiar.

c) Formular una tipología morfológica de viviendas que enfatice la flexibilidad del diseño, particularmente su expandibilidad.

1.3. Casos estudiados y pauta de observación

Las observaciones que sirven de base a las proporciones de este estudio fueron efectuadas en dos planos de análisis, siempre dentro de un contexto de orden morfológico, funcional y ambiental, sin considerar aspectos estructurales y constructivos:

4 Véase MINVU. *Procedimiento para la determinación de las características sanitarias en la construcción de viviendas.* Serie I Arquitectura y Urbanismo, p. 12 N°19, noviembre, 1968.

a) Adecuación de la vivienda a la familia

Consistió en el análisis de algunos ejemplos de viviendas tipo, diseñadas en los talleres de arquitectura de la Corporación de la Vivienda. Se examinó los siguientes casos de acuerdo con la pauta de atributos de **flexibilidad** de diseño:

Vivienda Tipo	Caracteristicas	Sup.	Existente Por Ejem. en las Pob.
125	2 pisos 6 camas	64,40	Las Rejas-La Feria-Dávila
651	1 piso 4 camas	35,70	San Gregorio
104	1 piso 4 camas	41,10	Lo Valledor-Sta. Adriana- Barrancas
132-A	1 piso 5 camas	42,57	Sta. Olga-Villa Perú-Laguna Poniente

La selección de la muestra no representa todo el repertorio de ejemplos de viviendas de que dispone CORVI. Ella está restringida sólo a aquellas viviendas para la zona central, de menor superficie y que han sido construidas en mayor número.

Las viviendas 125 y 651 son ejemplos relativamente antiguos intensamente utilizados entre los años 1956 y 60 para ingresos medios y bajos, respectivamente. La vivienda 104 es un ejemplo de vivienda mínima de mayor utilización entre los años 1961 y 1965. La vivienda 132-A es un ejemplo más reciente, utilizado también, aunque en menor número, en el último trienio, 1968-1969-1970.

Tipo/ año	1959	1960	1961	1962	1963	1964	1965	Totales
104	---	254	1670	652	4010	662	5830	13.078
109	---		2597	1268	---	---	---	3.875
662	5281	180	---	---	---	---	---	5.461
201	---	278	1278	108	1002	846	---	3.666

(Fuente: H. Russo. Estudio de vivienda tipo. Seminario IVUPLAN. 1965)

b) Adaptación de la familia a la vivienda

Consistió en el análisis de algunos ejemplos de formación y transformación física que asume la vivienda en cuanto expresión espontánea de la adecuación recíproca familia-vivienda. Se procedió sobre la base de un reconocimiento visual de varias viviendas en diversas poblaciones, para llegar a examinar con mayor detalle cuatro casos que ofrecerían una relativa concurrencia en cada una de las poblaciones que se indica:

Vivienda	En Población	Año	Tamaño de la Población
Espontánea (con caseta sanitaria)	San Rafael (operación sitio)	1964	2.500 viviendas
Tipo 104	José María Caro	1966	14.550 viviendas
Tipo 651	San Gregorio	1959	14.270 viviendas
Tipo 125	Dávila	1956	2.370 viviendas

El examen de estos casos se efectuó con arreglo a la siguiente pauta:

- Superficie predial
- Ubicación de la vivienda en el predio
- Superficie por etapas de la vivienda. Sentido del crecimiento
- Planta dimensionada de etapa inicial y etapa actual.
- Indicación de utilización de los recintos.
- Indicación del mobiliario
- Condiciones de iluminación, ventilación y vista de los recintos.
- Materiales empleados
- Condiciones de mantención de la vivienda y de los espacios exteriores

2. Consideraciones generales sobre Vivienda Dinámica

Para ubicar mejor lo que es especifico de este estudio, establecer sus implicancias dentro de situaciones más generales y definir algunos criterios asumidos como supuesto de su desarrollo, es necesario hacer algunas consideraciones.

En primer término, será necesario referirse a la vivienda dinámica en cuanto significado dentro de los conceptos de habitabilidad desarrollados por la práctica técnica y la elaboración teórica de la arquitectura habitacional.

En segundo término, será necesario referirse a lo que puede significar la vivienda dinámica dentro de una Política de Vivienda y el marco de situaciones socioeconómicas en que esta se estructura y fundamenta, al considerarla como producto de una acción habitacional programada.

Finalmente, será necesario referirse a lo que puede significar la vivienda dinámica como un elemento dentro del proceso de consolidación de las áreas residenciales urbanas.

5 El concepto de «habitabilidad» se refiere aquí al conjunto de condiciones materiales que, por una parte, condiciona la emergencia de las necesidades, y por otra favorecen su satisfacción proporcionando bienestar físico, mental y social al hombre, tanto individual como comunitariamente.

2.1. Vivienda Dinámica y diseño arquitectónico

La Vivienda Dinámica no es una opción de diseño nueva dentro del marco de conceptos de «habitabilidad»[5] desarrollados por la práctica técnica y elaboración teórica de la arquitectura habitacional. Ella se sitúa dentro de una corriente de pensamiento, generada en la literatura sobre Sociología de la Vivienda, de la cual se desprende un marco de valores para el diseño arquitectónico en general y el diseño de la vivienda en particular.

En lo particular, este marco de valores pone su atención, por una parte, en el carácter cambiante y dinámico del desenvolvimiento familiar como algo inherente a ella, y concibe, por consiguiente, la relación entre esta, su complejo de actividades y la vivienda como un proceso de ajuste que consiste en un juego permanente de interacciones recíprocas que se daría tanto a nivel de cada familia y su vivienda, como a nivel general entre la acción habitacional institucionalizada y la actividad residencial urbana.

Por otra parte, este marco de valores destaca el fluir espontáneo de la historia familiar individual y postula, por consiguiente, la necesidad de cautelar la peculiaridad de la dinámica familiar de modo que no se distorsione dentro del proceso global colectivo.

Esta concepción implica, a nivel de diseño, que la adecuación de la forma física de la vivienda a la situación familiar y su complejo de actividades no puede ser dada en un solo acto a través del diseño, sino tan solo en sus rasgos generales, en tanto el ajuste en sus rasgos más particulares y básicos se logra por un proceso de acciones de la familia respecto de su vivienda. Esto implica, en consecuencia, también a nivel de diseño, que la posibilidad de adecuación es dada no tanto por un conjunto de características, que constituye una dote fija, como por un juego de alternativas de transformación de las formas.

En tanto la vivienda en las sociedades preindustriales y tradicionales era el resultado directo de la acción espontánea del grupo familiar o de la comunidad para satisfacer sus necesidades habitacionales, la adecuación constituía un rasgo inmediato y permanente del habitar, puesto que se desarrollaba como un proceso lento, pero sostenido a lo largo del tiempo, de ajustes sucesivos directos entre contenedor y contenido, hasta constituir un equilibrio que se formalizaba en patrones tradicionales de conducta arquitectónica espontánea. En esta situación la adecuación de la familia a la vivienda y de la vivienda a la familia no eran instancias disociadas, sino un acto único integrado en el habitar cotidiano.

Posteriormente, con el incremento y evolución de la complejidad de la vida urbana, cuando la vivienda empezó a constituir un producto mediatizado por el mercado y la acción técnico-institucional, y además tuvo que ser hecha masivamente por tipos, grupos o categorías de personas, la adecuación familia-vivienda dejó de constituir un rasgo inherente al habitar. La relación falla-restauración, error-corrección perdió su unidad e inmediatez dentro del dominio doméstico o comunitario y se dilató y dispersó en la segmentación de roles y acciones de la sociedad. Por tanto, en esta situación la adecuación familia y vivienda se disoció de la adecuación vivienda-familia en dos acciones distintas separadas; la primera permaneció dentro del dominio del habitar familiar y comunitario, en tanto la segunda se atomizó en la complejidad social[6].

(El reencuentro de un proceso de adecuación recíproca entre familia y vivienda en el contexto de nuestra actual complejidad social, no es un tema que podamos formular y analizar aquí, pero se señala como horizonte de nuestra elaboración sobre **vivienda dinámica**).

Es desde la perspectiva de la actual situación que se ha llegado, en consecuencia, a postular la condición de «flexibilidad» dentro del diseño arquitectónico, particularmente de la vivienda.

Tres son los atributos que usualmente se distinguen dentro de la flexibilidad del diseño:

- Expandibilidad: crecimiento o ampliación de la vivienda por la incorporación adecuada de nuevos recintos.

- Convertibilidad: cambios orgánicos internos de la vivienda, en el número, tamaño y/o funcionamiento de los recintos.

- Versatibilidad: posibilidad orgánica de los recintos de funcionar simultáneamente o en secuencia con actividades diversas.

Estos atributos posibilitarían que la vivienda sea ajustada a los cambios de las necesidades espaciales y ambientales que experimenta el grupo familiar a lo largo del tiempo o las variaciones de tales necesidades cuando la vivienda es ocupada por otra familia. Es necesario aquí repuntualizar el concepto de «adecuación». Ello implica en la realidad actual de nuestra complejidad social dos planos de análisis aunque paralelos e interdependientes; por una parte hay que distinguir **la adecuación de la vivienda a la familia** que, consiste fundamentalmente en al acción arquitectónica de diseño de la vivienda y la acción técnico-institucional para su materialización, que producen por cierto, una respuesta de carácter genérico; y por otra, la **adaptación de la familia a la vivienda**, que se refiere a la conducta de la comunidad y el grupo familiar en el desarrollo de su vida cotidiana doméstica y que produce un ordenamiento de las condiciones materiales de carácter particular.

El primer plano de análisis se refiere a la acción social racional, en cuanto formalización de instituciones, organizaciones de planificación, ejecución y control, cuerpos normativos y disciplinarios de orden técnico y teórico.

Aquí se ubica, por ejemplo, el diseño de vivienda como acción de arquitectos informada por la Arquitectura y la **labor habitacional**

6 Una formulación interesante respecto a la contraposición entre estas dos situaciones es la que hace C. Alexander al elaborar una oposición entre lo que él llama culturas conscientes de sí mismas y culturas inconscientes de sí mismas. Esta oposición es paralela a la oposición entre cambios heterogenéticos y cambios ortogenéticos, elaborada por R. Redfield y a la oposición entre Sociedad Moderna y Sociedad Tradicional desarrollada por G. Germani. Véase: *Ensayo de Síntesis de la Forma*, Edit. Infinito, Buenos Aires, 1969; Redfield R. y Singer M.B. The Cultural Rol of the Cities. Cap. III en *Economic Development an Cultural Change*. 1954; Germani, Gino, *Sociología de la Modernización*, p. 149, Paidós, Buenos Aires, 1969. Tanto en términos físico-morfológicos como socio-culturales, existen numerosos estudios, principalmente de antropología y etnología social, que ilustran el proceso autoadaptativo en las sociedades preindustriales. Véase: Labat, Pierre *L'Habitation et la famille dans diverses civilitations en Famille et Habitation*, tomo I, P. Chombart de Lauwe y otros. C.N.R.S. 1959; Fraser, Douglas *Village Planning in the Primitive World*, Columbia University, New York, 1968.

7 Véase: Vapñarsky, César: *Adecuación recíproca entre Familia y Vivienda*, Instituto de Sociología. Facultad de Filosofía y Letras. Universidad de Buenos Aires. Publicación Interna N°36.

8 Véase Alexander Christopher. «Thick Wall Patern», p. 324. *Architectural Design*, julio 1968.

como acción de instituciones de gobierno informada por las políticas de desarrollo general y sectorial.

El segundo plano de análisis se refiere a la acción espontánea individual familiar y comunitaria carente de formalizaciones sistemáticas y organizacionales y basada principalmente en la experiencia práctica cotidiana.

Aquí se ubica, por ejemplo, las transformaciones que experimenta la vivienda y el conjunto habitacional diseñado por el arquitecto como resultado de las modificaciones que efectúan las familias en su proceso de adaptación y desarrollo.

El estudio que se quiere desarrollar sobre vivienda dinámica, se sitúa en el primer plano de la adecuación y se articula sobre la base de algunas observaciones del acontecer en el segundo plano, pero restringidas, en este caso, a ciertas situaciones morfológicas, particularmente las formas que adopta la vivienda en cuanto reflejo de la conducta de adaptación de las familias. Deber tenerse esta limitación presente en la apreciación de las proposiciones de este estudio.

Conviene, sin embargo, más allá de un enfoque morfológico, reseñar el significado de la adecuación en el segundo plano puntualizado; adaptación de la familia a la vivienda. Una proposición interesante en este respecto es la desarrollada por C. Vapñarsky sobre la base de los análisis precedentes de S. Riemer y P. Chombart de Lauwe[7].

Este autor distingue en primer término que consciente o inconscientemente la familia puede encontrarse en situación de conformidad o disconformidad con su vivienda; en segundo término, que esta conformidad o disconformidad puede manifestarse en una actitud pasiva o una actitud activa; y en tercer término que esta actividad o pasividad puede tener un carácter positivo, integrador y creador o un carácter negativo, regresivo y desintegrador de la vida comunitaria y familiar.

Sobre la base de estas puntualizaciones, el autor concluye que existe un proceso de adaptación de la familia a la vivienda, cuando la conformidad o disconformidad (consciente o inconsciente) se traduce en actitudes activas de carácter integrador o creador, en tanto las otras situaciones estarían indicando, en diversos tonos, el fracaso del proceso de adecuación.

Estas consideraciones permiten al autor postular la existencia de un límite inferior en las condiciones materiales de la vivienda más allá del cual no es dable esperar que el proceso de adecuación de la familia a la vivienda se produzca.

La desagregación de la adecuación recíproca familia-vivienda, en dos planos, uno genérico y otro particular, ha sido desarrollada, aunque con otro sentido, por C. Alexander en algunos de sus escritos[8].

Este autor distingue primero un ajuste general entre familia y vivienda que él denomina «adaptación masiva», refiriéndose a aquella parte de la adaptación que respondiendo a las características comunes compartidas por todos o muchos miembros de una cultura (características antropométricas, fisiológicas, ciclo de la composición familiar, propensión al mínimo esfuerzo en el desarrollo de las actividades, privacidad) determinan formas genéricas de conformación de la vivienda.

Distingue luego una adecuación particular y básica que él denomina adaptación particular o selecta, refiriéndose a aquella parte de la adaptación que respondiendo a las características individuales e idiosincrásicas de cada cual (actitud, conducta, sensibilidad, hábitos, preferencias, frente al cumplimiento de los roles familiares, sociales, laborales y frente a los objetos culturales) determina formas peculiares de conformación y uso del espacio de la vivienda.

Empleando aproximadamente la terminología de Chombart de Lauwe,[9] la adaptación masiva estaría constituida por el conjunto de atributos que posibilitan el cumplimiento de las necesidades obligaciones, en tanto la adaptación particular estaría constituida por aquellas condiciones que permiten satisfacer las necesidades aspiraciones.

En tanto la adaptación masiva puede ser dada por el proceso de diseño técnico arquitectónico, la adaptación particular inherente a la familia solo puede ser hecha por ella a través de un proceso de ajuste acumulativo a lo largo del tiempo. Alexander señala también que esta adaptación particular no se restringe solo al plano del sistema de los objetos que hacen el equipamiento y mobiliario doméstico, sino también a las características arquitectónicas.

En la concepción de Alexander el proceso generalizado de adecuación familia-vivienda se articula fundamentalmente en la adaptación por elección, la familia elige una vivienda que percibe como más ajustada a su situación y ello es coherente con un marco socioeconómico en que prevalecen una alta fluidez de la movilidad residencial y un mercado de oferta habitacional abundante. La adaptación particular que sucede a la adaptación masiva constituye, en este contexto, el mecanismo lógico a través del cual se produciría el repertorio de oferta.

En la concepción de vivienda dinámica que aquí se quiere desarrollar se presupone por el contrario una baja movilidad residencial y un mercado con condiciones de oferta fundamentalmente deficitaria.[10] En consecuencia, la vivienda dinámica, en este contexto, se concibe, en cuanto diseño, como un proceso en que:

1. La adaptación masiva no es dada en un solo acto de diseño como un repertorio fijo y complejo.

2. La adaptación masiva y la adaptación particular se dan simultáneamente.

Desde esta perspectiva se distinguirían los siguientes grupos de factores originadores de la aparición y cambio de las necesidades espaciales y ambientales del grupo familiar y de los correspondientes requerimientos de flexibilidad en el diseño de la **vivienda dinámica**:

9 Véase Chombart de Lauwe, Paul. «Le Evolution des Besoins et la conception dynamique de la famille. Revue Francaise de Sociologie». 1960; p. 403-425

10 Baja movilidad residencial y oferta deficitaria son características endémicas de nuestra realidad y constituyen un supuesto adoptado en el desarrollo de este estudio.

11 Véase: Osorio, J. *Las necesidades Familiares y la Vivienda Económica.* Seminario 1960. Instituto de Historia de la Arquitectura, Universidad de Chile. Flaño, H. Gramegna, E. y Munizaga, J. «Factores socio-culturales» en *La Determinación de estándares Mínimos Habitables.* Inst. de Vivienda, Universidad Católica de Chile, abril 1969.

A. Las variaciones de la composición del grupo familiar, propias de su ciclo genérico de orden biológico-cultural[11]

El aumento de números de hijos, sus diferentes edades y sexos, las diferencias de sus roles y requerimientos de privacidad, el éxodo de los hijos mayores, constituyen factores que suscitan cambios de las necesidades de espacio. Estos factores que surgen de determinaciones genéricas de orden biológico y pisco-físico, están influidos y mediatizados por determinaciones culturales.

B. La evolución del repertorio de metas culturales de la familia y sus prioridades, que implican actividad intradoméstica (generalmente vinculadas al progreso económico familiar)

La *vivienda dinámica* constituye el resultado de una sucesión de etapas que van desde situaciones provisoriamente incompletas a situaciones más estables y completas, el modo como se suceden estas etapas y la naturaleza de los espacios que en sus necesidades y aspiraciones dentro de un marco de disponibilidades. Tales prioridades están, por cierto influidas por las metas culturales que la sociedad propone a la institución familiar, pero dependen de las peculiaridades de la dinámica de cada familia.

Ellas se manifiestan en las tendencias del consumo, pero también suele asumir el carácter de tendencias productivas que ocasionan actividades laborales intradomésticas.

Todo esto se expresa, en un primer momento, en la configuración del equipamiento material doméstico, pero luego alcanza el plano arquitectónico de la vivienda. Por ejemplo: la opción de proporcionar un recinto individual a un hijo en edad escolar o disponer de una pieza para estar, construir un nuevo dormitorio o disponer de un recinto para trabajo artesanal, la compra de un televisor o un refrigerador, de una máquina de coser o una lavadora eléctrica.

C. La formación y evolución de las particularidades idiosincráticas de la personalidad individual

Los gustos y aficiones personales de cada individuo, por sí mismo o por sus relaciones con los demás miembros del grupo familiar, son factores que al consolidar gradualmente van determinando modificaciones del espacio familiar. Por ejemplo, el gusto por la música, la lectura o colecciones de objetos, los hábitos de sueño, ejercicio físico, alimentación, las particularidades de sensibilidad, irritabilidad.

2.2. Vivienda dinámica y política de vivienda

Dentro de las diversas modalidades instrumentales de programación de vivienda, resultantes de los estudios que efectúan diversas organizaciones que se abocan a los problemas de vivienda, tanto desde un ángulo técnico como financiero-administrativo[12] se encuentran frecuentemente ofrecidas soluciones basadas en el sistema de desarrollo progresivo, expresión que nomina una modalidad de la programación y diseño habitacional, consistente en un proceso por el cual la acción técnica organizada de las instituciones de vivienda, conducente a la materialización de grupos habitacionales, se efectúa de un modo conjunto e interdependiente con las acciones de ocupación y utilización por los pobladores, ajustándose recíprocamente de este modo las determinaciones técnico-arquitectónicas y las situaciones inherentes a la familia y la comunidad.

Los grupos de vivienda o conjuntos habitacionales que resultan en el sistema de desarrollo progresivo, no son un producto terminado, un producto completo o final, entregado posteriormente al consumo, sino el resultado acumulado de realizaciones materiales efectuadas gradualmente en etapas programadas hasta alcanzar un determinado estándar.

El esquema que se expone a continuación ilustra este tipo de proposición[13] en el cual se plantean alternativas de diseño correlacionando los niveles acumulativos del desarrollo físico arquitectónico con la forma de organización de su efectuación (figura 1).

Las proposiciones sobre vivienda dinámica que en este estudio se presenta corresponden, de acuerdo al esquema anteriormente expuesto, a los niveles a) y b) de efectuación. Escapa a las posibilidades de este estudio al análisis de las características estructurales y técnico-constructivas de las viviendas. Los diseños efectuados, aunque desarrollados sobre la base de un sistema estructural-constructivo tradicional de albañilería reforzada, que siguen siendo el de mayor viabilidad en las actuales condiciones de industrialización del país, pretenden tan solo señalar una pauta de composición arquitectónica que permite más adelante un reestudio de acuerdo a necesidades técnicas de dimensionamiento repetitivo, fabricación anticipada de partes, sistema de montaje, materiales de construcción existentes en las diversas áreas del país, condiciones de clima.

12 Por ejemplo: El Programa de Mejoramiento Urbano de la Corporación Venezolana de Guayana, algunos programas habitacionales del Inst. de Crédito Territorial de Colombia. La llamada operación sitio de la Corporación de la Vivienda en Chile.

13 Véase: *Bouwcentrum Boletin*. Van Ettinger.

		1	2	3	4	5	6
		Lote semi-urbanizado.	Lote urbanizado.	Lote urbanizado y recintos básicos.	Lote urbanizado. Vivienda primera etapa.	Lote urbanizado. Vivienda completa.	Equipamiento comunitario.
a)	Efectuación por empresa constructora.						
b)	Parte efectuada por empresa constructora y parte efectuada por autoconstrucción.						
c)	Efectuación por autoconstrucción dirigida (ayuda mutua).						
d)	Efectuación por autoconstrucción espon - tánea (esfuerzo propio).						

Fig. 1.

(Las zonas marcadas representa las situaciones respecto a las cuales se propone alternativas de diseño en este estudio).

La **vivienda dinámica**, como línea de diseño, considerada en cuanto respuesta técnico-arquitectónica de la acción habitacional, forma parte del concepto de desarrollo progresivo y representa por consiguiente una modalidad operacional dentro de una política de vivienda referida a un contexto socio-económico con una situación habitacional deficitaria.

El sistema de desarrollo progresivo y dentro de él, la vivienda dinámica, aplicado en una programación habitacional, responde por lo demás, bastante bien, dentro de la Política de Vivienda tradicional, al ortodoxo objetivo de compatibilizar el poder de compra de los sectores más desfavorecidos de la población, con los costos unitarios de la oferta habitacional, de tal modo de favorecer al máximo de familias, en el mínimo de tiempo.

Puesto que, por una parte, los sectores de bajos ingresos de la población urbana, en un determinado momento de su proceso de incorporación al consumo, no tienen el poder de compra necesario para adquirir en el mercado vivienda como un producto terminado y de condiciones materiales compatibles con su nivel de necesidades, a causa de los elevados costos de materialización, y por otra parte, la demanda de servicios habitacionales se incrementa a una velocidad superior al ritmo con que lo hace la oferta de viviendas para estos sectores de bajo ingreso (agravada por la falta de condiciones crediticias compatibles con los niveles de ingreso de estos sectores)[14], se tiene que las acciones programáticas de las instituciones de viviendas, frente a lo primero y para obtener una reducción del costo unitario inicial, tienden a obtener formas de fraccionamiento del proceso de construcción de poblaciones, en etapas, en las cuales sea posible incorporar como usuarios y protagonistas a las familias asignatarias y sus organizaciones.

Frente a lo segundo, se tiene que, como la incorporación de los pobladores ocurre en etapas incipientes de materialización que requieren relativamente poca inversión, se obtiene un saldo de recursos que permite ampliar la oferta del sistema habitacional público a un mayor número de familias.

Con ello se obtiene también mayor velocidad de operación en el proceso de incorporación de las familias al sistema, en la medida que las primeras etapas del desarrollo progresivo dependen menos del tiempo de construcción, generalmente muy irregular y fluctuante.

Por cierto, estos sistemas de oferta habitacional implican la aplicación de formas intensas de planificación social, pues requiere buenos niveles de organización de la comunidad, particularmente a nivel vecinal, pero ello constituye para la acción del gobierno una ventaja adicional, por cuanto posibilita el desarrollo paralelo de otros programas sociales.

2.3. Vivienda Dinámica y consolidación urbana

En una situación en que la mayor parte de la oferta habitacional proviene de la acción del sector público en materia de vivienda, resulta importante considerar el efecto que las condiciones del diseño pueden tener dentro del conjunto de factores que posibilitan la consolidación de nuevos barrios o áreas residenciales de la ciudad.

«La consolidación»[15] consiste en un proceso por el cual las condiciones de habitabilidad social y material de un área pasan de una situación incipiente, precaria o provisoria a una situación desarrollada más definitiva y estable y se mantienen en tal situación de un modo sostenido dentro de un ciclo de obsolescencia material-cultural.

«La consolidación» de un área residencial urbana depende, por cierto, del nivel inicial de habitabilidad con que ella se desarrolló. Puede haberse partido con la dotación arquitectónica, paisajista, de infraestructura y de servicios dada y en consecuencia, la consolidación consistiría en el ajuste de las actividades a las condiciones de accesibilidad con es resto de la ciudad y la oferta urbana. Puede haberse partido, por el contrario, tan solo con un área de subdivisión predial semi urbanizado y piezas provisorias, en cuyo caso el proceso de consolidación apenas si ha empezado, aunque a nivel de la organización de la comunidad, en cuanto integración social, pueda existir mayor desarrollo.

Pero otros factores determinan también el proceso de consolidación, lo que estaría indicando el hecho de que existen áreas que dentro de una relativa igualdad de condiciones iniciales alcancen niveles muy distintos de habitabilidad. En tanto algunos segmentos residenciales

14 Véase: O. Cabello. «Política de Vivienda en un país desarrollado». Seminario Plandes 1967. Se formulan tres hipótesis alternativas que explicarían la crisis habitacional Urbana. Véase también: E. Santos y S. Seelemberg, «Aspectos en un Diagnóstico de la Problemática Estructural del Sector Vivienda. Hipótesis C. y D», p. 129. CIDU. 1968.

15 Véase: Delgado, Carlos. *Tres planteamientos en torno a Problemas de Urbanización acelerada en Áreas Metropolitanas. El caso de Lima. Plan de Desarrollo Metropolitano Lima-Callao*, octubre, 1968.

16 Véase Pumarino, Gabriel, «Un marco Teórico para la investigación sobre Políticas de Desarrollo Metropolitano en Santiago», CIDU, documento de trabajo N°5, octubre 1969.

urbanos permanecen en *statu-quo* o entran en proceso de deterioro; otros segmentos logran avances graduales y significativos en su habitabilidad.

No se pretende formular y analizar aquí las razones de esta situación. Es interesante, sin embargo, mencionar la sugerencia de G. Pumarino[16] sobre esta materia: señala, que la consolidación de las áreas residenciales estaría condicionada por el carácter de la relación entre las actividades de los pobladores y el sistema de comunicaciones, en cuanto representa el conocimiento real que la familia puede tener de las ventajas de la metrópoli y el patrón de localización residencial en cuanto significa una determinada accesibilidad física y económica a lugares donde se generan las oportunidades urbanas. No se pretende aquí que en la consolidación de las áreas habitacionales urbanas aquellos factores que se originan en las características del diseño de la vivienda o aquellos que puedan ser influidos significativamente por tales características constituyen un aspecto determinante. Se afirma, sin embargo, que acumulativamente, pueden tener una importancia condicionante que no debe ser olvidada, puesto que, en condiciones favorables a la consolidación, malas condiciones de flexibilidad del diseño pueden tornarse verdaderamente obstaculizadoras.

Dentro de extensas poblaciones, la vivienda muy ceñida a un repertorio de recintos básicos dentro de superficies fijas de 35 a 60 metros cuadrados, sin posibilidades reales de ampliación, parece implicar casi una deliberada intención disuasiva para las familias que alcanzan la posibilidad de satisfacer sus necesidades y aspiraciones de mayor espacio, llegando a constituir impulsos emigratorios o formas de adaptación pasiva poco predispuestas a la integración comunitaria.

La rigidez del diseño determina, además, que la adecuación que las familias hacen de sus viviendas tenga un carácter tan heterogéneo que, acumulativamente, deviene en una situación ambiental perceptivamente caótica, constituyéndose en un factor de deterioro ambiental.

Por cierto, y aunque parezca innecesario, hay que precisar que la **vivienda dinámica** dentro del **desarrollo progresivo** implica optar por una consolidación urbana en extensión.

3. Análisis y Diagnóstico

3.1. Análisis del ajuste familia-vivienda

A. Análisis de la adecuación de la vivienda a la familia

De acuerdo a lo indicado precedentemente (cap. 1.3. y 2.1.), se analiza críticamente a continuación las condiciones de flexibilidad de diseño de las viviendas tipo 125-651-104 y 132-A.

Vivienda tipo 125

1. Características generales

Se trata de una vivienda para ser agrupada en adyacencia continua. Su diseño es cerrado y anucleado en dos niveles, sin expansiones de transición entre el interior y el exterior. Generalmente se disponen en la superficie predial sin antejardín.

Este diseño data del año 1950 y experimenta algunas modificaciones de especificación en los años posteriores:

- Fundaciones: cimiento corrido de hormigón
- Muros: albañilería de ladrillos y refuerzos de H.A.
- Techumbre: cercha de madera o tijeral sobre losa H.A.
- Cubierta: plancha asbesto cemento (a veces tejas)
- Cielo: plancha de yeso (a veces enyesado losa)
- Pavimentos: entablado sobre envigado o sobre radier.
- Revestimiento: estuco anteriores y exteriores (a veces exterior a la vista)

2. Expandibilidad

Los patrones espaciales y ordenamiento de los recintos de este diseño corresponden a una vivienda concebida con un estándar final (cercano a la pauta cultural vigente respecto a lo que es una vivienda adecuada), no susceptible de ulteriores expansiones.

Un nuevo recinto aislado en el patio posterior, con acceso a través de la cocina, no se vincula eficientemente con el diseño inicial, aparte de que se perturba la actividad de la cocina.

3. Convertibilidad

La distribución de los recintos muy definida y determinada para un tamaño familiar de seis personas no permite cambios interiores fáciles y eficientes; incluso por razones estructurales.

4. Versatilidad

No existe versatilidad en el uso de los espacios salvo las que se deriven de un tamaño familiar menor (eventual uso del dormitorio del primer piso como área habitable diurna: escritorio, comedor).

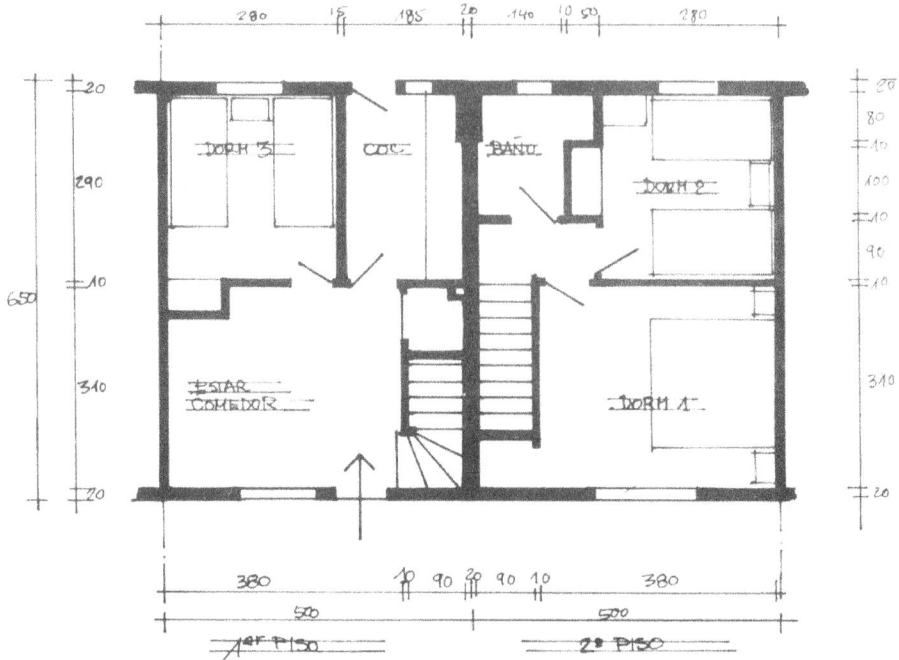

Vivienda tipo 651

1. Características generales

Este diseño fue utilizado experimentalmente en la población San Gregorio y se ejecutó según diversas modalidades técnico constructivas, siendo las más utilizadas las propuestas por Mosso Panel, Marchetti (ladrillos de madera) e IMASA (paneles de madera terciada). Las características de la proporción Mosso Panel son las siguientes:

- Caseta sanitaria albañilería bloques.
- Fundaciones: radier
- Muros: paneles Mosso.
- Techumbre: panel de pino, reticulado ortogonal 1 1/2x3».
- Cubierta: planchas de pizarreño
- Cielo: planchas de terciado
- Tabiques: paneles Mosso
- Piso: radier afinado.

2. Expandibilidad

El diseño de la vivienda tal cual está planteado no contempla la posibilidad de ampliaciones futuras. El estándar mínimo habitable aparece aquí como un recurso permanente. La fenestración de la zona común y la circulación que la cruza diagonalmente dificulta la eventual expansión longitudinal de la vivienda. Es posible, sin embargo, algunas ampliaciones. El carácter de los materiales y su armado permiten la eventual reubicación de la cocina (la dotación es únicamente una pileta de agua), ampliación de la zona común, reubicación del acceso posterior y del dormitorio 1 y cambios de fenestración cuando la orientación lo permite.

3. Convertibilidad

Dado el carácter elemental del repertorio de espacios consultados, las posibilidades de convertibilidad son pocas y poco significativas en el funcionamiento de la vivienda.

4. Versatilidad

El diseño carece de versatilidad en el uso de los recintos. La amplitud del área de acceso y de circulación frente a la caseta sanitaria resulta de ninguna utilidad.

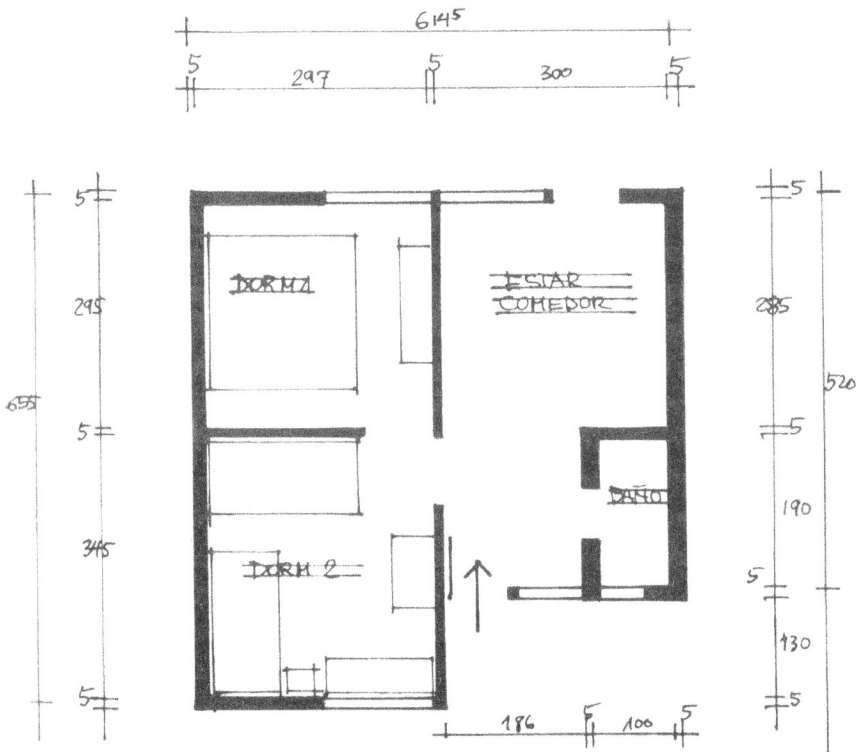

Vivienda tipo 104

1. Características generales

Esta vivienda ha sido diseñada a partir de una caseta sanitaria preexistente y consulta posibilidades de ampliación longitudinal hacia el patio posterior

El diseño corresponde a una especificación de albañilería de ladrillo como material predominante, pero existen también estudios para otras especificaciones.

- Fundaciones: cimiento corrido de hormigón
- Muros: albañilería de ladrillos y refuerzos de H.A.
- Techumbre: cercha de madera
- Cubierta: plancha asbesto cemento
- Cielo: plancha volcanita
- Tabiques:
- Pavimentos: baldosas (parquet madera prensada)
- Revestimiento: albañilería a la vista

2. Expandibilidad

Las posibilidades de ampliación de la vivienda consiste en la reubicación de la cocina, inicialmente considerada en la zona común, y en la agregación de un tercer dormitorio. El ordenamiento total de los espacios resultante no produce un funcionamiento eficiente por el carácter de la circulación y la ubicación de la caseta sanitaria.

3. Convertibilidad

El carácter elemental del ordenamiento y dimensionamiento de los recintos y la rigidez de su definición espacial no permiten transformaciones eficientes del espacio interior.

4. Versatilidad

La circulación en diagonal de la zona común dificulta la versatilidad en el uso de la zona común.

1ª ETAPA

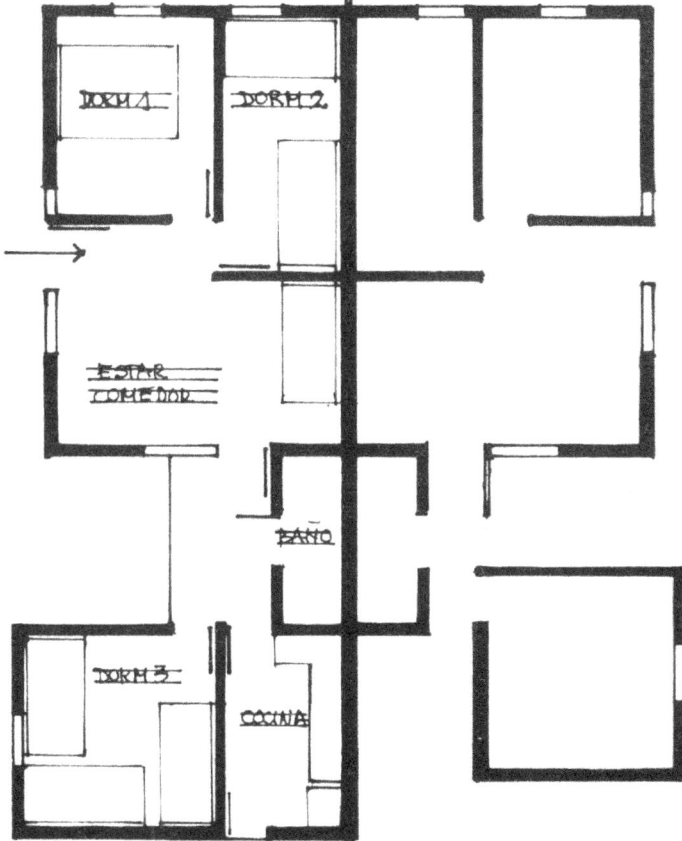

AMPLIACION

Vivienda tipo 132-A

1. Características generales

Se trata de un diseño cerrado y anucleado, sin transiciones entre el interior y el exterior y sin posibilidad de crear espacios semi-exteriores. El ordenamiento y dimensionamiento de los recintos resulta muy limitado, pues permite sólo la ubicación eficiente de tres camas en planta. El dimensionamiento general se subordina a la construcción de la techumbre y la cubierta (plancha de asbesto cemento de 3,66 m. a dos aguas, dando el ancho de 6,45 m. en planta, descontando los aleros).

Sus especificaciones son sintéticamente las siguientes:

- Fundaciones : cimiento corrido hormigón
- Muros : albañilería ladrillos y refuerzos de H.A.
- Techumbre : cercha de madera
- Cubierta : plancha asbesto cemento
- Tabiques : paneles volcanita
- Pavimentos : vinilo asbesto, baldosas
- Revestimiento : albañilería a la vista

2. Expandibilidad

El diseño permite una expansión exterior a través del dormitorio 2, pero ello implica circulación a través de él, creando inconvenientes para su uso. La agregación de un nuevo recinto adyacente al dormitorio 2 forma un espacio semi cerrado frente a la cocina y el baño, constituyendo un patio de servicio.

No existe otra posibilidad de expansión aceptable.

3. Convertibilidad

Es posible, en este diseño, transformar el dormitorio 2 y el comedor en un solo espacio continuo, eliminando el tabique que los separa (panel de volcanita) esta medida acompañada con la agregación de un recinto, según lo indicado en el punto 1, permite lograr una mayor holgura real de espacio.

4. Versatilidad

El diseño no favorece la posibilidad de versatilidad de los recintos que signifique un aporte de mayor utilización de los espacios.

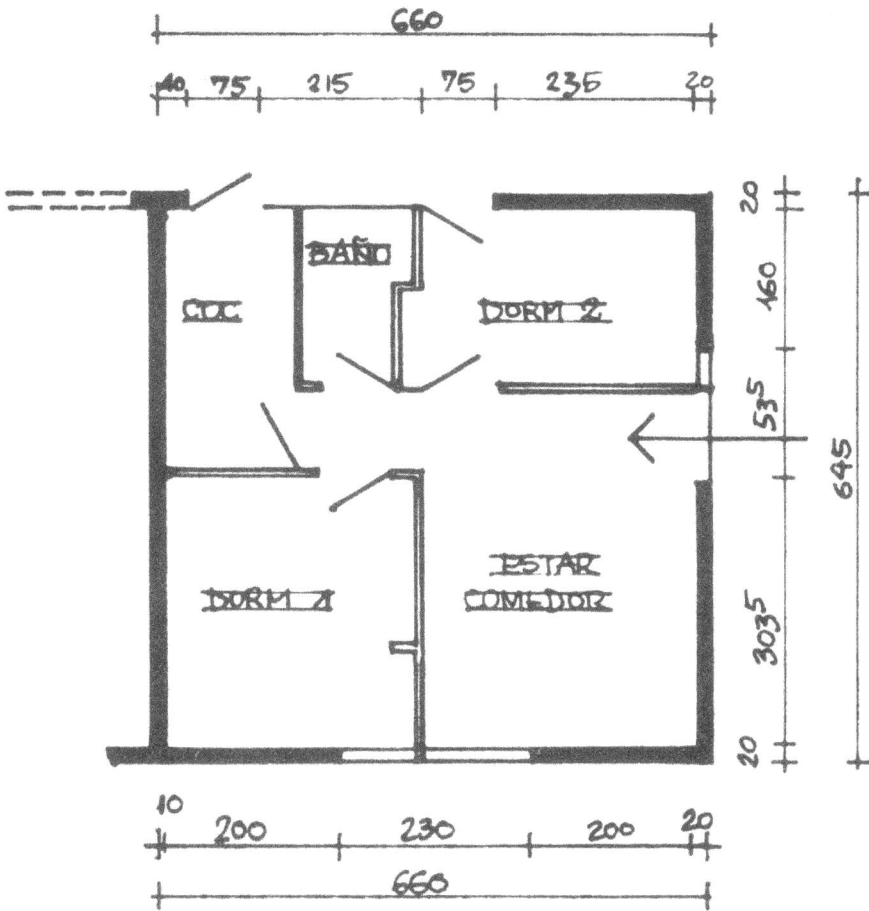

B. Análisis de la adecuación de la familia a la vivienda

Esta parte del análisis fue efectuada por los alumnos de arquitectura, señores Miguel Castillo y Jorge Salas, dentro de sus actividades de práctica profesional.

De acuerdo a lo indicado precedentemente en el capítulo 1.3. se analizan algunas transformaciones que experimentan las viviendas tipo 104, 651, 125 y operación sitio.

Tipos de crecimiento en poblacion San Rafael

Los casos que se presentan intentan ilustrar prototipos de las formas más frecuentes de disposición y desarrollo de la vivienda en la Población San Rafael. A partir de un terreno de 8 x 18 m. que se entregó provisto de caseta sanitaria, los pobladores desarrollaron espontáneamente su vivienda y ampliaciones ulteriores, haciéndolo, generalmente, sin apoyo institucional de orden técnico y financiero.

La consolidación del área es baja, tanto en lo referente a la configuración espacial y material de las viviendas como respecto a servicios de urbanización.

Vivienda primitiva.

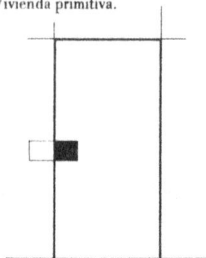

TIPOS DE CRECIMIENTO EN POBLACION SAN RAFAEL.

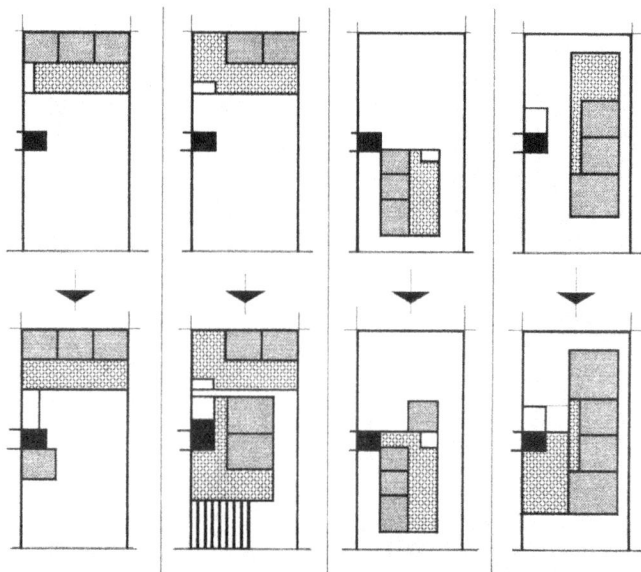

Los casos que se presentan intentan ilustrar prototipos de las formas más frecuentes de disposición y desarrollo de la vivienda en la Población San Rafael. A partir de un terreno de 8 x 18 m. que se entregó provisto de caseta sanitaria, los pobladores desarrollaron espontáneamente su vivienda y ampliaciones ulteriores, haciéndolo, generalmente, sin apoyo institucional de orden técnico y financiero.

La consolidación del área es baja, tanto en lo referente a la configuración espacial y material de las viviendas como respecto a servicios de urbanización.

0   5   10 m.

	Zona común.
	Dormitorios.
	Cocina.
	Baño.
	Local comercial, taller, etc.

CASO 1.
Sup. total edificada:
1a. etapa: 40,00 m2
2a. etapa: 52,00 m2

CASO 2.
Sup. total edificada:
1a. etapa: 38,00 m2
2a. etapa: 110,00 m2

CASO 3.
Sup. total edificada:
1a. etapa: 40,00 m2
2a. etapa: 51,00 m2

CASO 4.
Sup. total edificada:
1a. etapa: 60,00 m2
2a. etapa: 82,00 m2

Tipos de crecimiento en poblacion José María Caro

Vivienda primitiva.

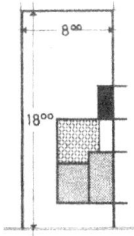

Los casos que se presentan ejemplifican la situación de desarrollo de las viviendas en un sector de la Población José María Caro, entregadas en el año 1966.

Los primeros casos corresponden a formas prototípicas de ampliación realizadas espontáneamente por las familias en la vivienda tipo 104 de la CORVI. El último es una de las soluciones de crecimiento propuesta por CORVI.

La vivienda tipo 104 tiene una superficie de 41,10 m2 en su primera etapa y en este caso fue dispuesta en unidades prediales de 144 m2.

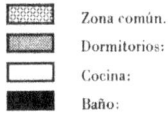

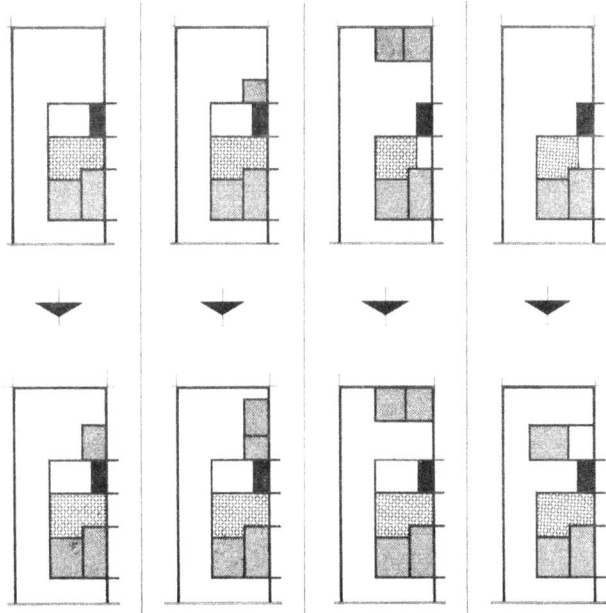

Zona común.
Dormitorios:
Cocina:
Baño:

0   5   10 m.

CASO 1.
Sup. total edificada:
1a. etapa: 49,50 m2
2a. etapa: 55,00 m2

CASO 2.
Sup. total edificada:
1a. etapa: 54,00 m2
2a. etapa: 60,00 m2

CASO 3.
Sup. total edificada:
1a. etapa: 54,20 m2
2a. etapa: 65,00 m2

CASO 4.
Sup. total edificada:
1a. etapa: 39,20 m2
2a. etapa: 56,50 m2

Vivienda primitiva.

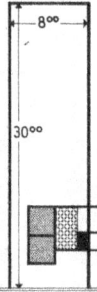

Los casos que se presentan ilustran prototipos de las formas de ampliación frecuentes en la vivienda tipo 651 de la CORVI en un sector de la Población San Gregorio.

Se trata de acciones espontáneas de las familias, sin apoyo institucional. Las viviendas con una superficie de 35,70 m2 están dispuestas en predios de 240 m2, fueron construidas según diversos sistemas constructivos y entregadas a los pobladores en el año 1960.

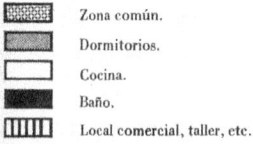

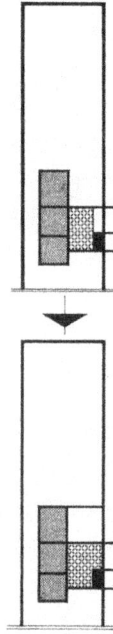

Zona común.

Dormitorios.

Cocina.

Baño.

Local comercial, taller, etc.

0   5   10m

CASO 1.
Sup. total edificada:
1a. etapa: 47,85 m2
2a. etapa: 61,50 m2

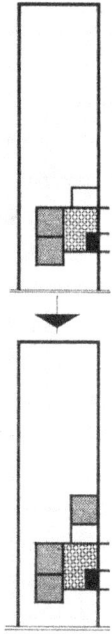

CASO 2.
Sup. total edificada:
1a. etapa: 42,35 m2
2a. etapa: 51,40 m2

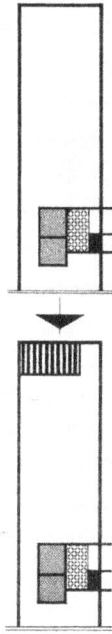

CASO 3.
Sup. total edificada:
1a. etapa: 45,45 m2.
2a. etapa: 56,50 m2

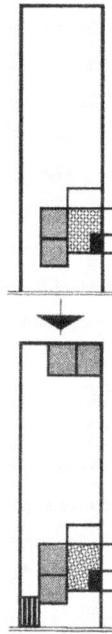

CASO 4.
Sup. total edificada:
1a. etapa: 43,40 m2
2a. etapa: 61,80 m2

Vivienda primitiva.

1er PISO

2º PISO

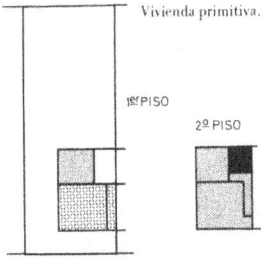

Se exponen algunos casos frecuentes de ampliación de la vivienda tipo 125 de la CORVI, observadas en la Población Dávila. Se trata, también, de ampliaciones efectuadas espontáneamente por las familias, sin apoyo institucional, aunque con más recursos.

Las viviendas, de dos pisos, dispuestas en forma pareada o continua, tienen una superficie de 64 m2 y se ubican en predios de 110 a 166 m2. Fueron entregadas a sus usuarios hace aproximadamente 15 años.

0   5   10 m.

Zona común.

Dormitorios.

Cocina.

Baño.

B   Local comercial, taller, etc.

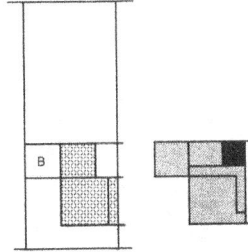

CASO 1.
Sup. total edificada:
1a. etapa: 69,00 m2
2a. etapa: 87,00 m2

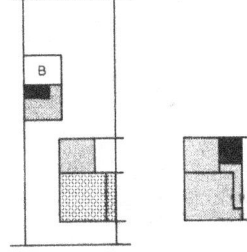

CASO 2.
Sup. total edificada:
1a. etapa: 69,00 m2
2a. etapa: 85,50 m2

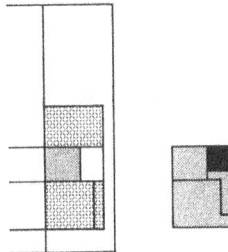

CASO 3.
Sup. total edificada:
1a. etapa: 69,00 m2
2a. etapa: 86,00 m2

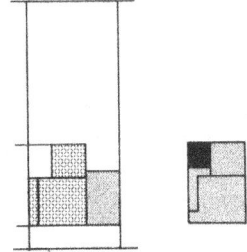

CASO 4.
Sup. total edificada:
1a. etapa: 69,00 m2
2a. etapa: 82,50 m2

Población San Rafael

Caso 1

Este caso ilustra un nivel primario de consolidación. La disposición inicial de los recintos provisorios en la parte posterior del predio se ha tornado permanente. La familia no ha conseguido realizar sus planes de edificación definitiva y tiende a consolidar el aparato material de que dispone, a pesar de su inadecuación. La caseta sanitaria condiciona la incorporación de nuevos recintos, aumentando la caoticidad del funcionamiento. Las condiciones de habitabilidad son bajas, tanto por calidad material como por la condición ambiental y de organización espacial. Las deficiencias ambientales de iluminación, asoleamiento, ventilación y vista son en general intensas e (insubsables). A ello debe añadirse situaciones generales de deterioro que a veces expresa, tanto la miseria de la familia como formas negativas de adaptación familia-vivienda.

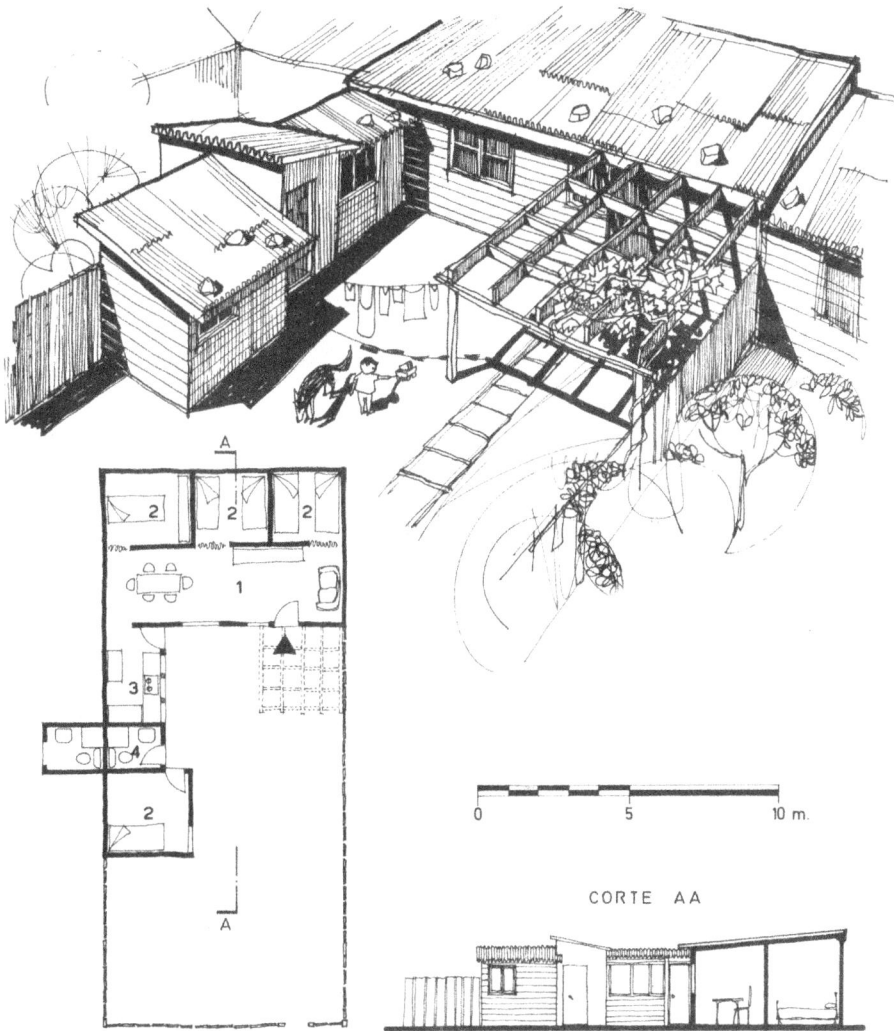

CORTE AA

Simbología para todos los casos:

1. Zona común
2. Dormitorio
3. Cocina
4. Baño
5. Sin destino definido, bodegas, gallinero, etc.
6. Local comercial

Caso 2

Este caso expresa un segundo momento del proceso de consolidación. A la disposición inicial de los recintos provisorios al fondo del patio ha sucedido la edificación de un grupo de recintos definitivos que incorpora la caseta sanitaria preexistente.

Coexisten, sin embargo, ambos grupos volumétricos en el área predial. La familia no puede prescindir de sus antiguas y precarias habitaciones. La llegada transitoria de familiares posterga indefinidamente su eliminación o reducción o la posibilidad económica de arriendo la consolida.

Generalmente en esta situación se observa buenos niveles de mantención que expresan, tanto una relativa prosperidad económica como formas positivas de adaptación familia-vivienda.

En otros casos, es ya el repertorio de espacios de la nueva edificación el que se concibe como complementario, del inicial.

Dadas las dimensiones restringidas del área predial, los dos grupos volumétricos resultantes, se obstaculizan mutuamente en desmedro de sus condiciones de habitabilidad, tanto internas en el orden ambiental y de funcionamiento, como externas, en la utilización del espacio exterior. El local comercial es un recinto que se presenta también recurrentemente.

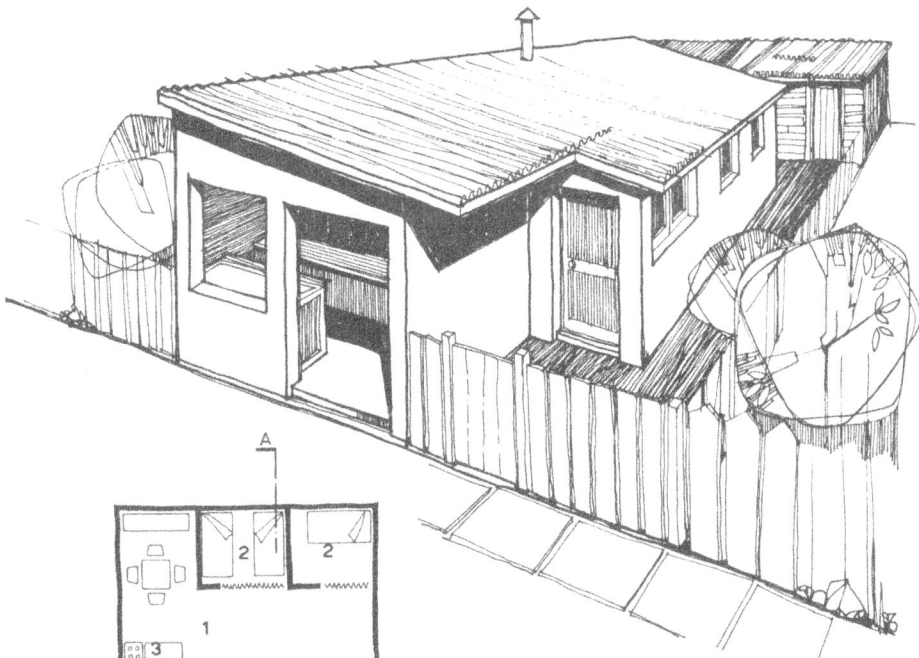

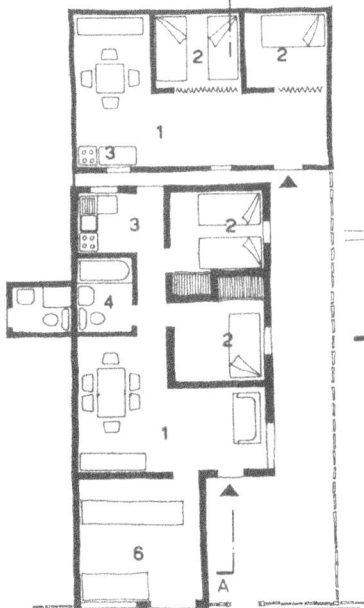

CORTE AA

0   5   10 m.

SIMBOLOGIA:

1. ZONA COMUN.
2. DORMITORIO.
3. COCINA.
4. BAÑO.
5. SIN DESTINO DEFINIDO, BODEGAS, GALLINEROS, ETC.
6. LOCAL COMERCIAL.

Caso 3

Este caso ejemplifica una situación de consolidación progresiva en que la edificación inicial no es concebido para ser sustituida, sino para ser complementada con la incorporación futura de nuevas habitaciones; por consiguiente, su disposición en el predio tiene un carácter definitivo.

La organización general de esta vivienda se presenta con frecuencia en pobladores de una situación económica de cierta estabilidad (no cesante). Supone un plan que integra la caseta sanitaria al conjunto en una zonificación definida, aunque no óptima. Se mantienen espacios exteriores pero malogrados en su utilización por la disposición insular del grupo volumétrico en el predio que fracciona el espacio exterior en dos franjas laterales poco susceptibles de usar como vistas o expansiones.

La construcción de este plan se efectúa generalmente con materias como albañilerías o maderas machiembradas de cierta calidad.

El crecimiento de este tipo de vivienda es obligadamente en sentido longitudinal y hacia el fondo del sitio.

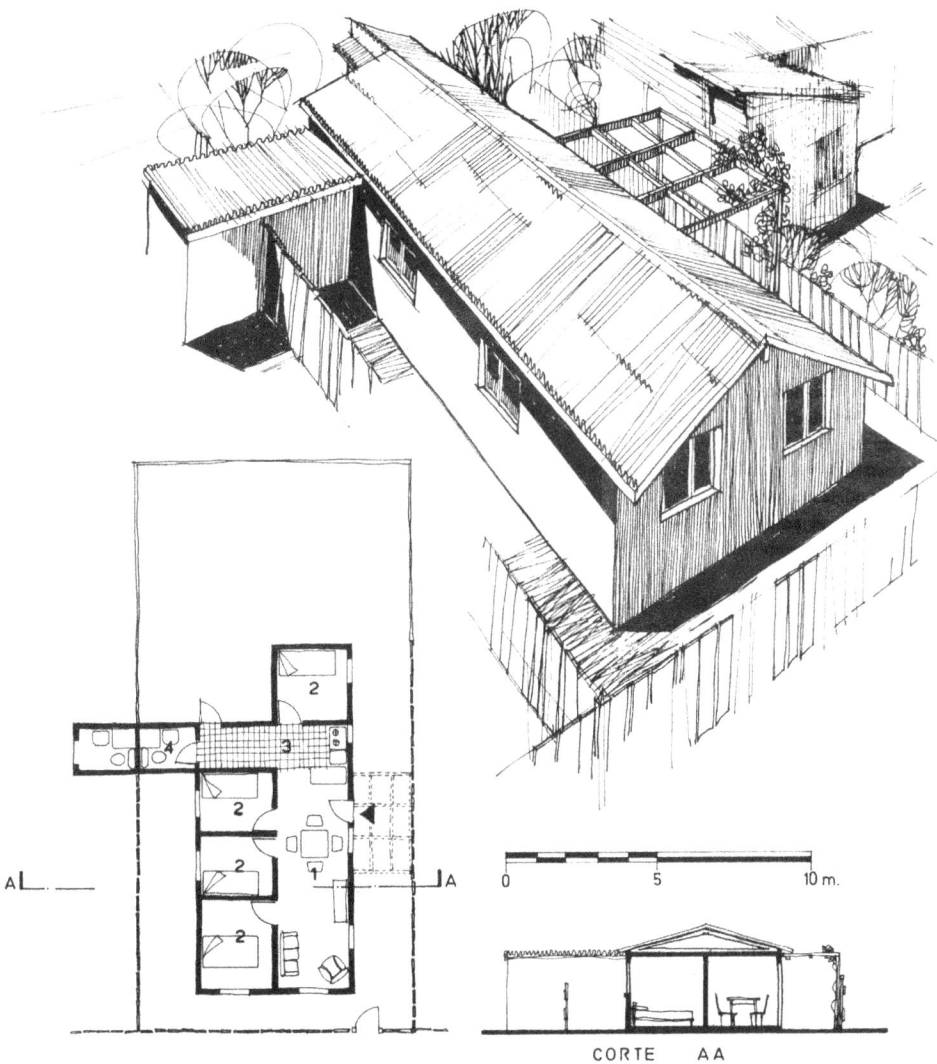

CORTE   AA

0   5   10 m.

Caso 4

Este caso ejemplifica una situación análoga a la anterior. La disposición de la edificación inicial concentrada hacia uno de los lados del predio favorece la posibilidad de ampliaciones futuras (en este caso la zona indicada con la letra P constituye una ampliación próxima a ser realizada por la familia para cambiar la ubicación de la zona común, destinando la actual a dormitorio).

La articulación del grupo de habitaciones con la caseta sanitaria es generalmente desafortunada y expresa tanto las dificultades de la familia para resolver adecuadamente, sin apoyo técnico, la organización de su vivienda, como la ausencia de consideraciones arquitectónicas definidas en la localización de la caseta.

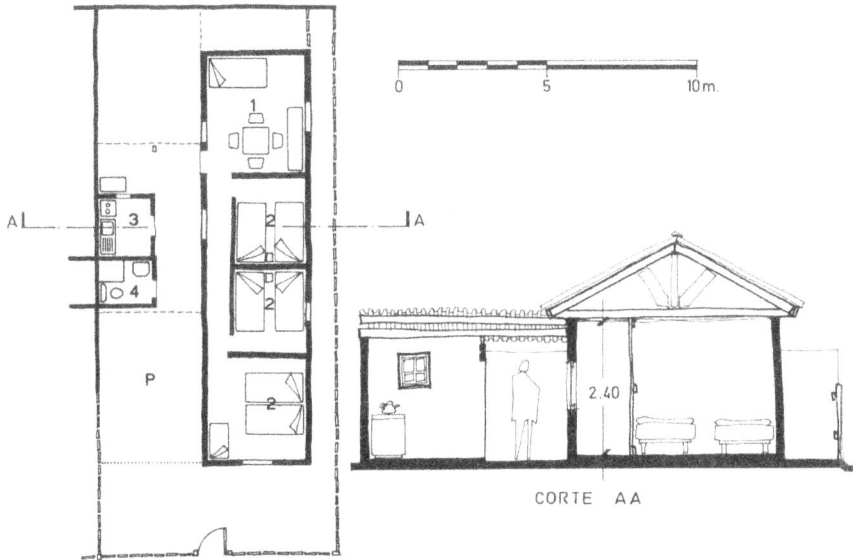

CORTE AA

Población Jose María Caro

Caso 1

Este caso ejemplifica las características de las ampliaciones que experimenta una vivienda tipo estándar mínimo habitable, como resultado de la conducta de adecuación de la familia respecto a su vivienda. Las ampliaciones tienden a complementar el repertorio de espacio dado inicialmente, en aquellos aspectos en que la insuficiencia es más aguda. En este tipo de vivienda ello ocurre principalmente en relación con los dormitorios y la cocina. Se crea un tercer dormitorio que contribuye a aliviar la densidad del área habitable nocturna y se relocaliza la cocina, mejorando la habitabilidad de la zona común. La ubicación de la caseta sanitaria resulta siempre conflictiva, por cuanto no tiene prevista ventilación adecuada y no se liga eficientemente al funcionamiento total.

La calidad material de las ampliaciones, son generalmente deficientes, aunque en este caso presenta cierto cuidado.

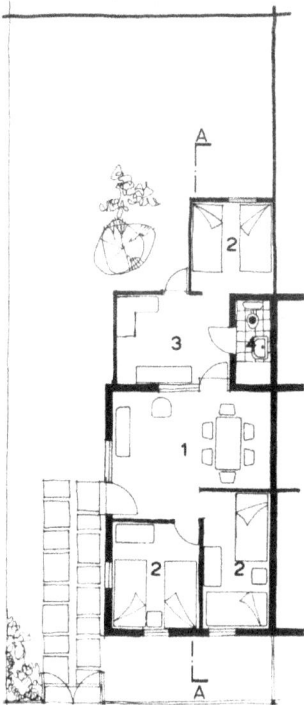

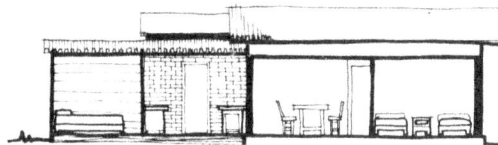

CORTE A A

Simbología para todos los casos:

1. Zona común
2. Dormitorio
3. Cocina
4. Baño
5. Sin destino definido, bodegas, gallinero, etc.
6. Local comercial

Caso 2

Se muestra en el esquema otra de las soluciones creadas para resolver los problemas de insuficiencia espacial del área habitable nocturna y la inadecuación de la cocina. Esta presenta más un carácter de emergencia, que definitivo, sus materiales son de baja calidad (madera de escombros y fonolita; no existe radier) y está directamente adosada a la vivienda original. El crecimiento de la vivienda no afecta gravemente los espacios exteriores, en que se presentan parrones y árboles. Se aprecia un deterioro en las terminaciones interiores y exteriores y en los cierros (no hay reemplazo de elementos destruidos como vidrios, pisos, etc.). Ello expresa, en este caso, más la situación económica desfavorecida de la familia que una situación negativa en la adaptación familia-vivienda.

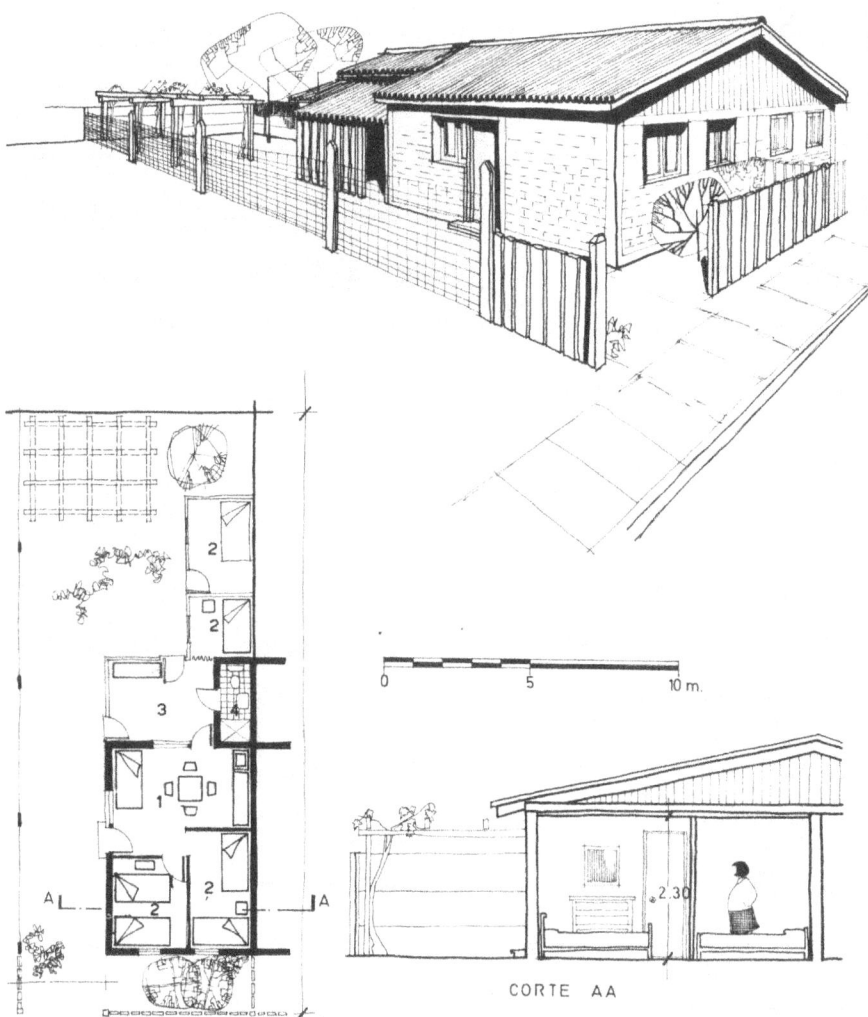

0   5   10 m.

CORTE AA

Caso 3

En este caso, se ejemplifica una forma de ampliación bastante frecuente. Consiste en la construcción de un grupo de recintos, generalmente de gran precariedad ubicados en la parte posterior del patio. Allí se ubica un dormitorio que alberga generalmente a algún familiar allegado y un recinto destinado a bodega. La cocina ha sido también reubicada, aliviando la concentración de actividades en la zona común. Como en los casos anteriores los cierres de los predios son ineficientes, se encuentran deteriorados y no favorecen la configuración de expansiones exteriores o semiexternas con privacidad adecuada.

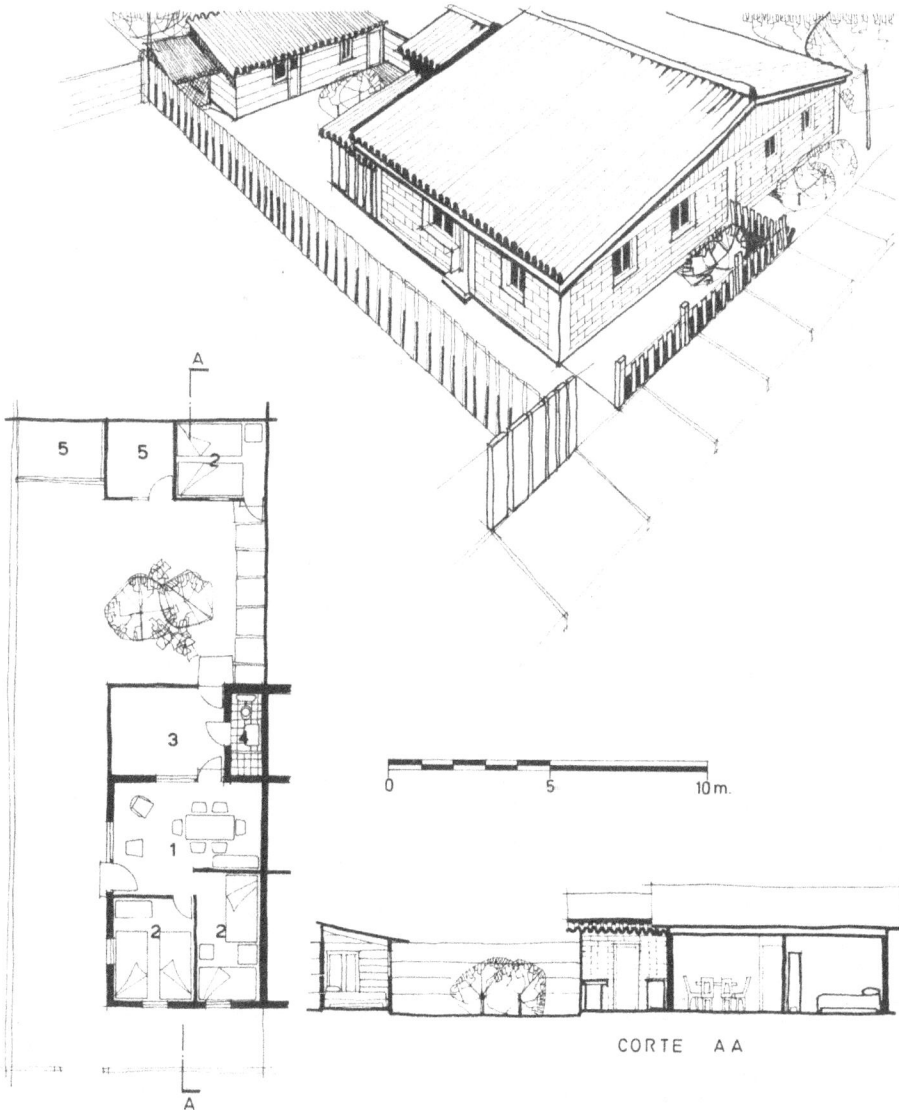

0   5   10 m.

CORTE   AA

Caso 4

La ampliación propuesta por CORVI (17,25 m2) como respuesta a los problemas planteados por las familias en diversas poblaciones provistas de la vivienda tipo 104, tiende a solucionar el problema de dormitorio y cocina en un núcleo que deja incorporado un patio de servicio semi-techado. Ello resuelve parcialmente el problema de iluminación y ventilación del baño.

La ampliación está concebida en los mismos materiales y calidad del núcleo original. La vivienda inicial consulta la ubicación de cuatro camas en planta, que en la práctica resulta insuficiente, dado el tamaño de la composición familiar. La ampliación mejora considerablemente las condiciones de habitabilidad, pero está pensada como etapa final que cierra la vivienda en una unidad sin posibilidades de mayor crecimiento. Él se hace necesario frecuentemente en el caso de familias más numerosas.

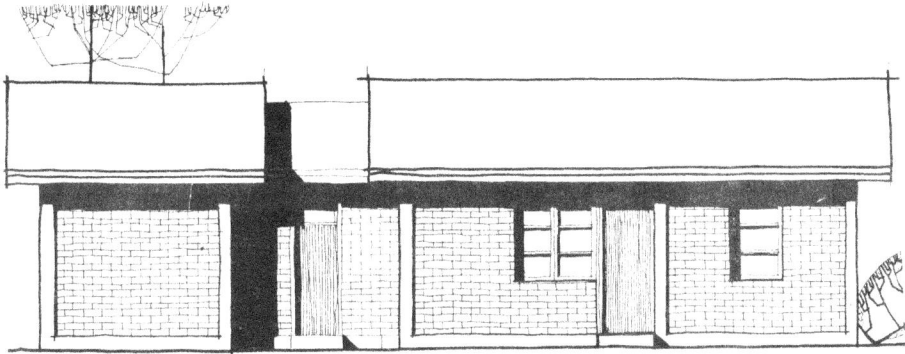

FACHADA LATERAL

10 m.

5

0

FACHADA FRONTAL

121

Población San Gregorio

Caso 1

La ampliación tiende a solucionar el problema que suscita la escasa superficie de dormitorio en la vivienda, en relación con el tamaño del grupo familiar. La familia crea un nuevo dormitorio adyacente a los dispuestos inicialmente, pero que queda, sin embargo, desligado de la zona común y los servicios; el tránsito hacia éstos se realiza por el exterior. La vivienda presenta un alto grado de deterioro y la ampliación es de muy baja calidad. No existen jardines, solo parrón, pocos árboles y en general se aprecia un descuido casi total de los espacios exteriores, que en periodos de lluvia se transforman en lodazales. Sin embargo, existen medianeros de material solido (pandereta).

Las dimensiones del área predial obedecieron al propósito de dar condiciones favorables a la familia para el cultivo de hortalizas y frutales. Este objetivo, en general no fue logrado.

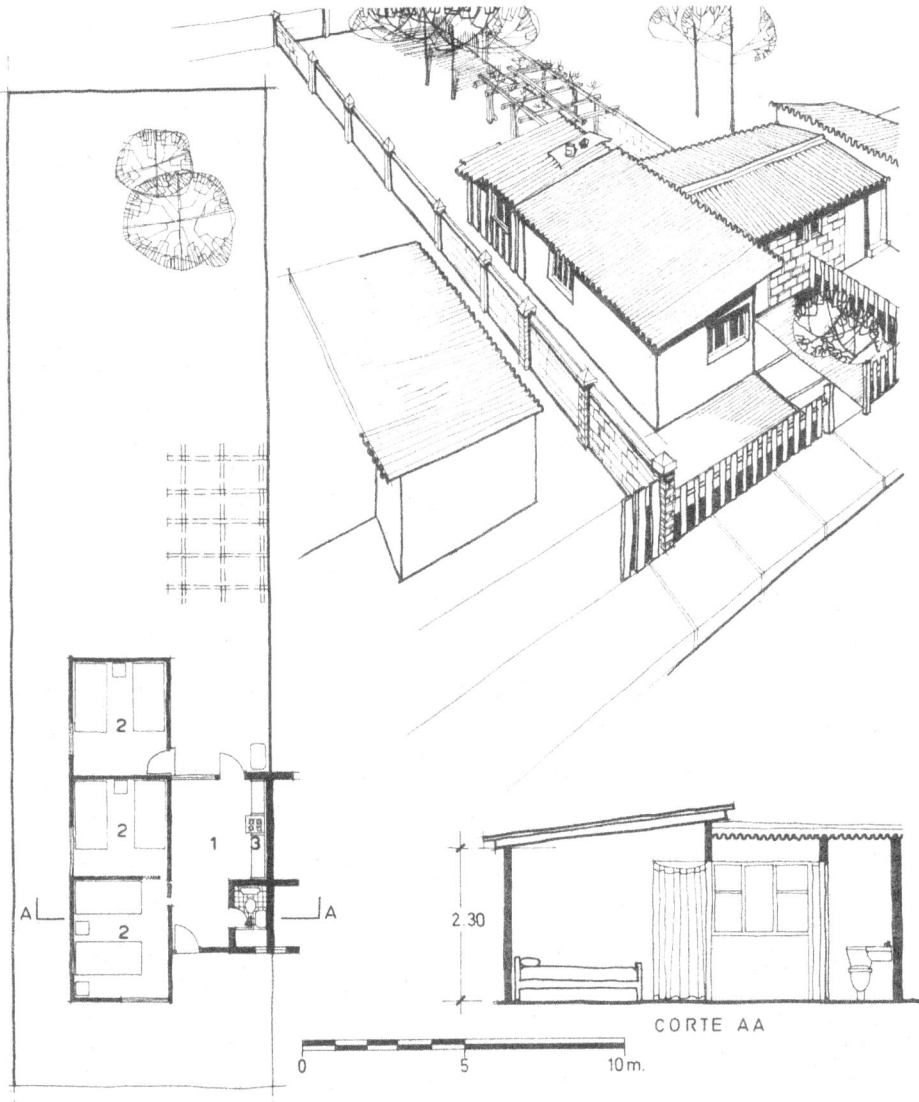

CORTE AA

Simbología para todos los casos:

1. Zona común
2. Dormitorio
3. Cocina
4. Baño
5. Sin destino definido, bodegas, gallinero, etc.
6. Local comercial

Caso 2

En este caso indica otra forma de ubicación de la ampliación. Se ha construido un tercer dormitorio y un recinto destinado a cocinar que mejora la habitabilidad de la zona común, en donde se ubicaba antes esta actividad.

Ambos recintos han sido hechos de material liviano y de calidad deficiente. Fueron incorporados por la familia, en momentos distintos, por simple agregación, obedeciendo a necesidades inmediatas y sin un plan deliberado; sin embargo, no se verifica una pérdida del ordenamiento funcional.

Como en la mayoría de las viviendas de este tipo, ésta también presenta un aspecto de gran deterioro y abandono. Ello expresa tanto la vulnerabilidad de los materiales utilizados, principalmente a los efectos de la humedad, como la falta de recursos de la familia para la mantención de su vivienda, en especial la reposición de pinturas.

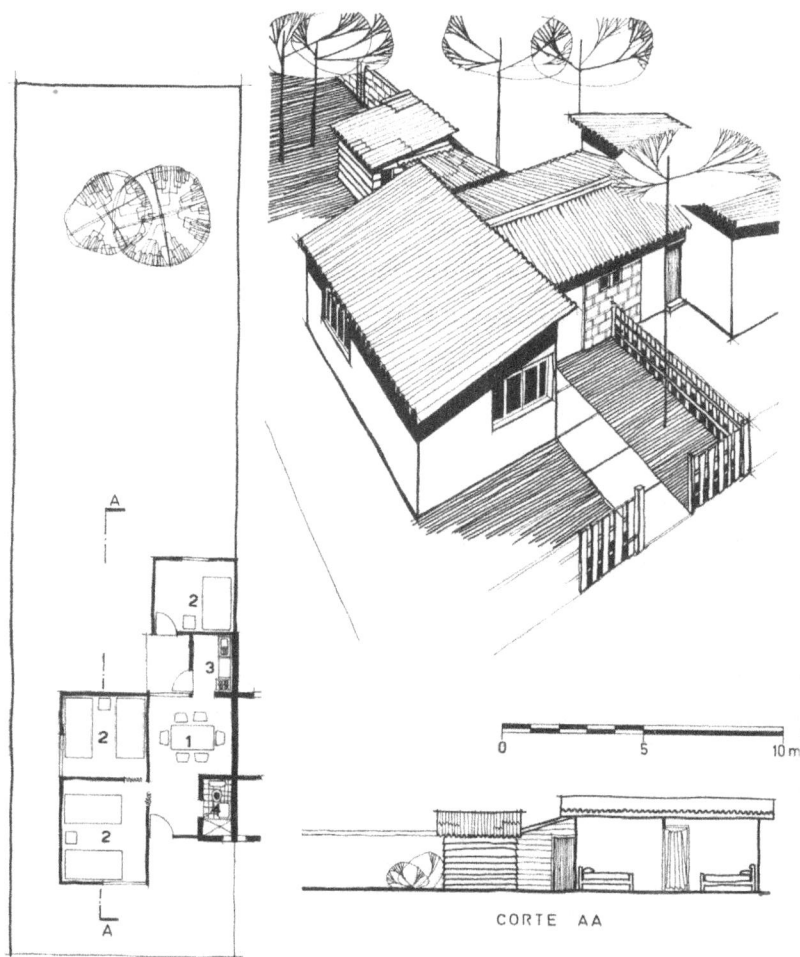

CORTE AA

Caso 3

La vivienda original no experimenta crecimiento, en cambio crea un nuevo núcleo destinado a taller de trabajo artesanal en la zona posterior del terreno, sin conexión con la vivienda. Como en la generalidad de los casos este núcleo es de muy pobre calidad.

En la vivienda original no aparecen innovaciones sustanciales y se verifica en ella un gran deterioro, también un descuido de los espacios exteriores. El estado de los cierros y del jardín anterior, unido al de la vivienda, dan un aspecto general de gran miseria.

La existencia de talleres es frecuente y se ubican en diversas situaciones dentro del terreno. Hay casos en parte de la vivienda original, generalmente la zona común, que es utilizada como taller o bodega.

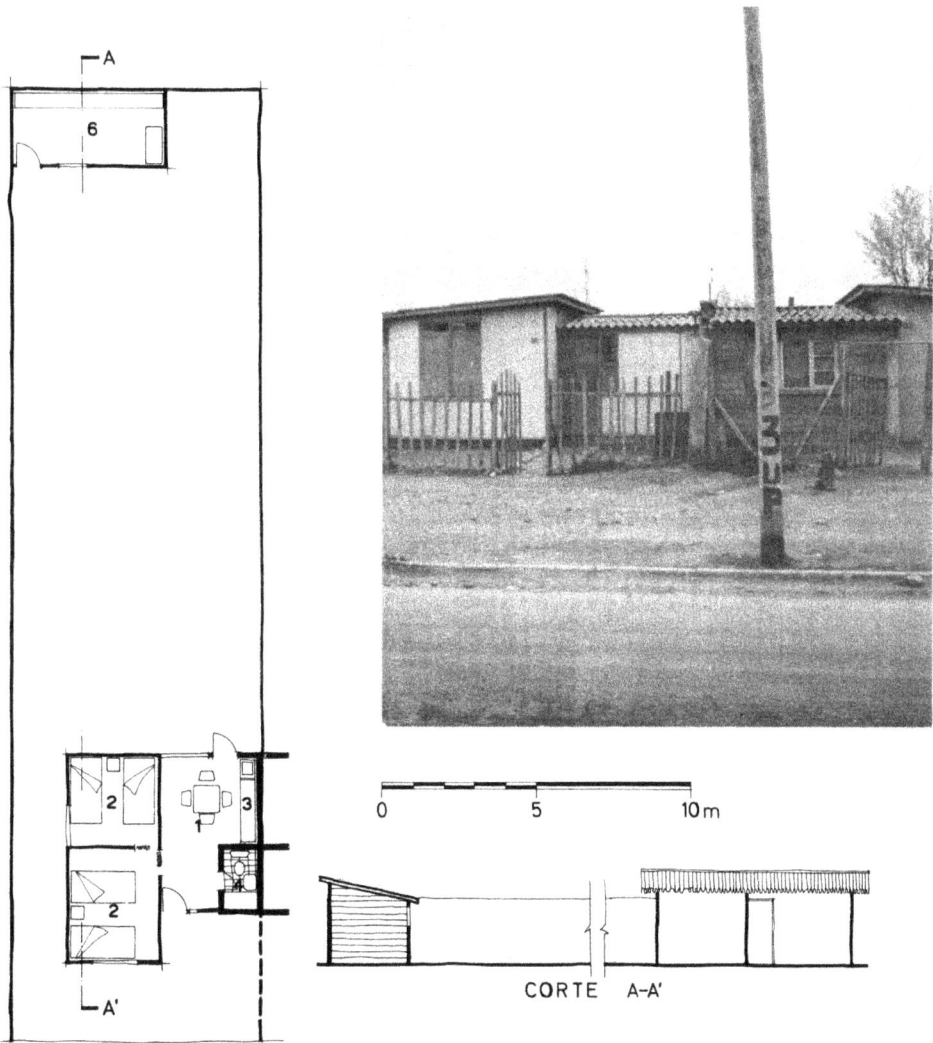

CORTE A-A'

Caso 4

Este caso muestra ampliaciones producidas en forma caprichosa en un crecimiento ajeno a todo plan: aparece una cocina que tiende a descongestionar la zona común, pero cuya construcción priva a esta zona de gran parte de su iluminación, también existe un núcleo independiente de dormitorio ubicado al fondo del predio y destinado a miembros desligados del núcleo familiar principal. Existen casos en que núcleos como este se destinan a arrendamiento.

Por último, hay creado un recinto destinado a trabajo y atención al público que queda inmediato a la vereda, rompiendo la línea de edificación.

El aspecto del conjunto es de gran deterioro, no existen cierres ni jardín anterior.

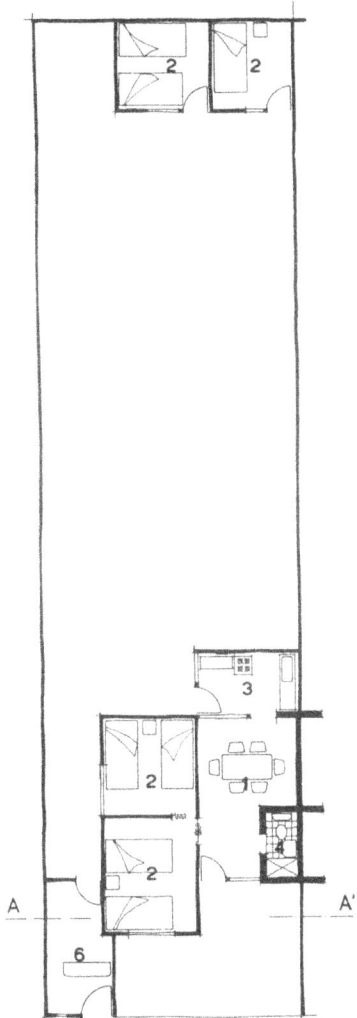

0   5   10 m

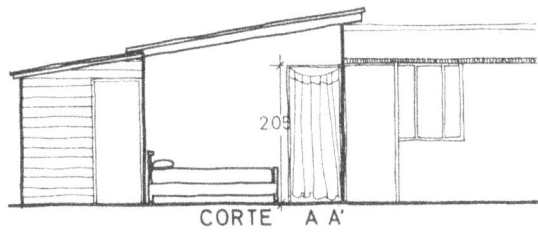

CORTE A A'

Población Dávila

Caso 1

Se muestra un tipo de ampliación en doble altura que varia las relaciones de uso de espacio de la vivienda primitiva (véase desarrollo en el esquema correspondiente), de este modo se define la planta alta como zona de dormitorios y baño, dando lugar a una ampliación de la zona común al definir un estar y comedor independiente; este último a partir del antiguo dormitorio de la planta baja. El primer piso de la ampliación ha sido destinado a guardar (es frecuente en este tipo de ampliaciones dejar este recinto para local comercial).

En general, tanto la vivienda original como la ampliación presentan un buen estado; los materiales usados le dan la misma estructura sólida que la vivienda primitiva.

La ampliación ha roto una relación entre espacios exteriores, anterior y posterior.

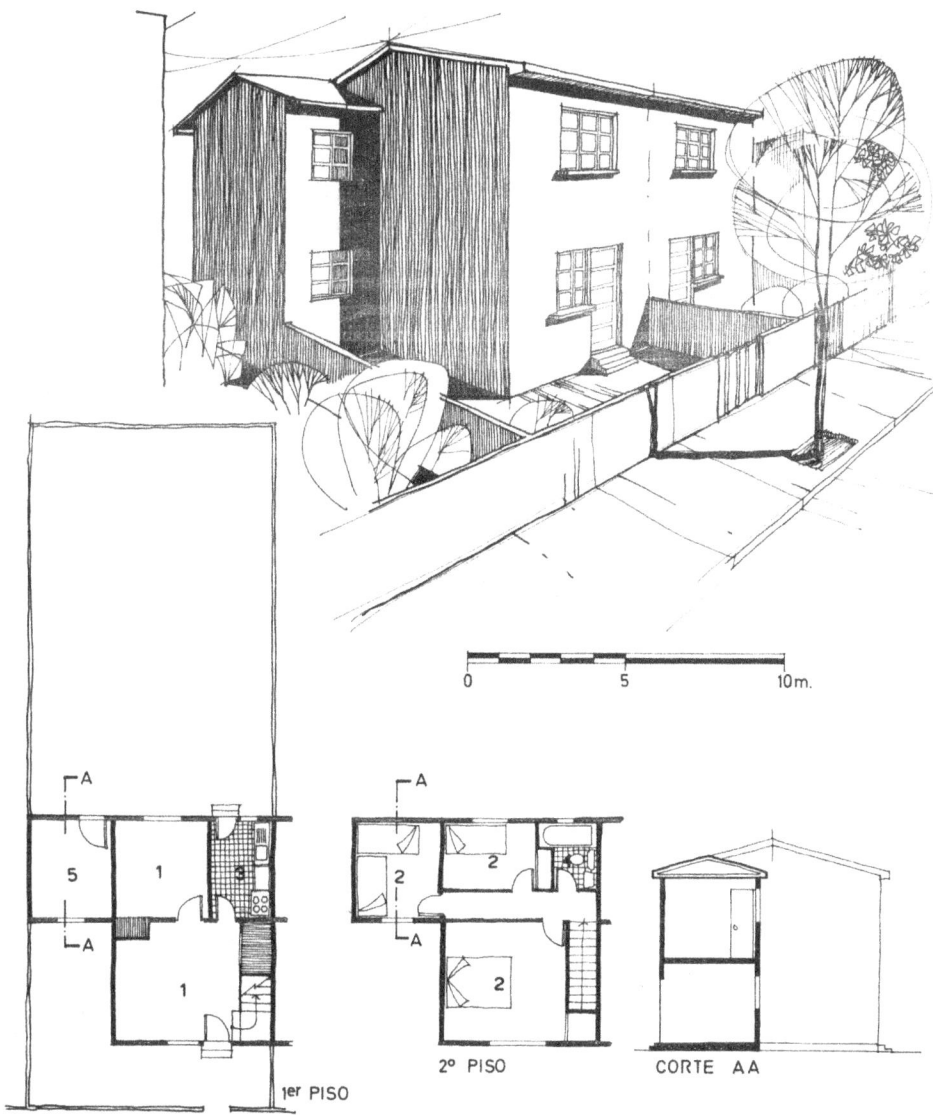

0　　　　　5　　　　　10m.

1er PISO

2º PISO

CORTE A A

Simbología para todos los casos:

1. Zona común
2. Dormitorio
3. Cocina
4. Baño
5. Sin destino definido, bodegas, gallinero, etc.
6. Local comercial

Caso 2

En este caso la ampliación efectuada no modifica sustancialmente a la vivienda original; tiene las características de una construcción independiente y con carácter de servicio, consta de un dormitorio con baño y un recinto para guardar. Está construido con albañilería de ladrillo reforzada y presenta buen aspecto. Respecto a la vivienda primitiva, se aprecia un cierto deterioro de terminaciones (pinturas, marcos de ventanas, etc.). Solo existe un jardín posterior y falta el cierro anterior.

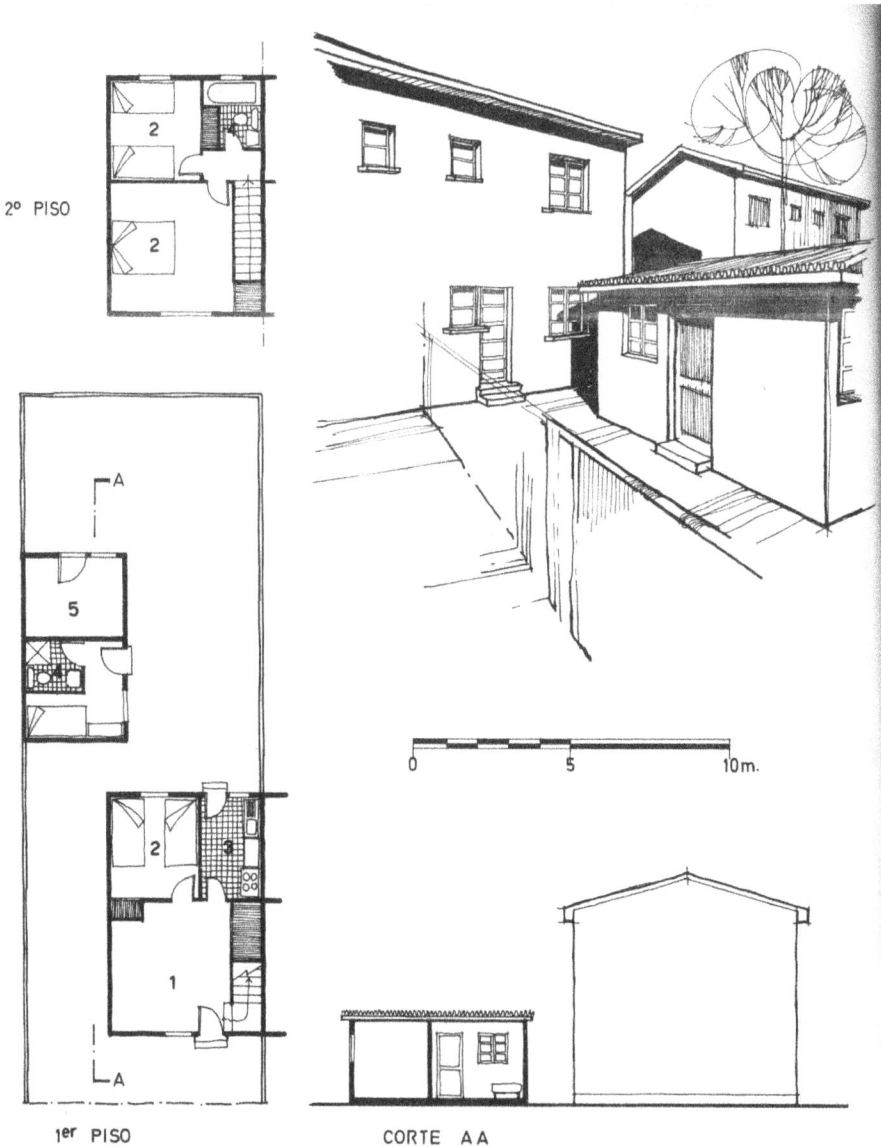

2° PISO

1er PISO

CORTE AA

0   5   10m.

Caso 3

En este caso, a la vivienda le ha sido creada una galería en toda la extensión de su parte posterior; se trata de un espacio intermedio entre la vivienda y el jardín, de aspecto agradable. Sin embargo, esta galería resta luz y ventilación al dormitorio y la cocina, frente a los cuales se encuentra. El uso de la galería es variado, donde se desarrollan actividades como el comer, estar, labores domésticas de la dueña de casa. Los materiales de esta ampliación son madera, vidrio y cubierta metálica en una estructura liviana. El estado general de la vivienda es bueno.

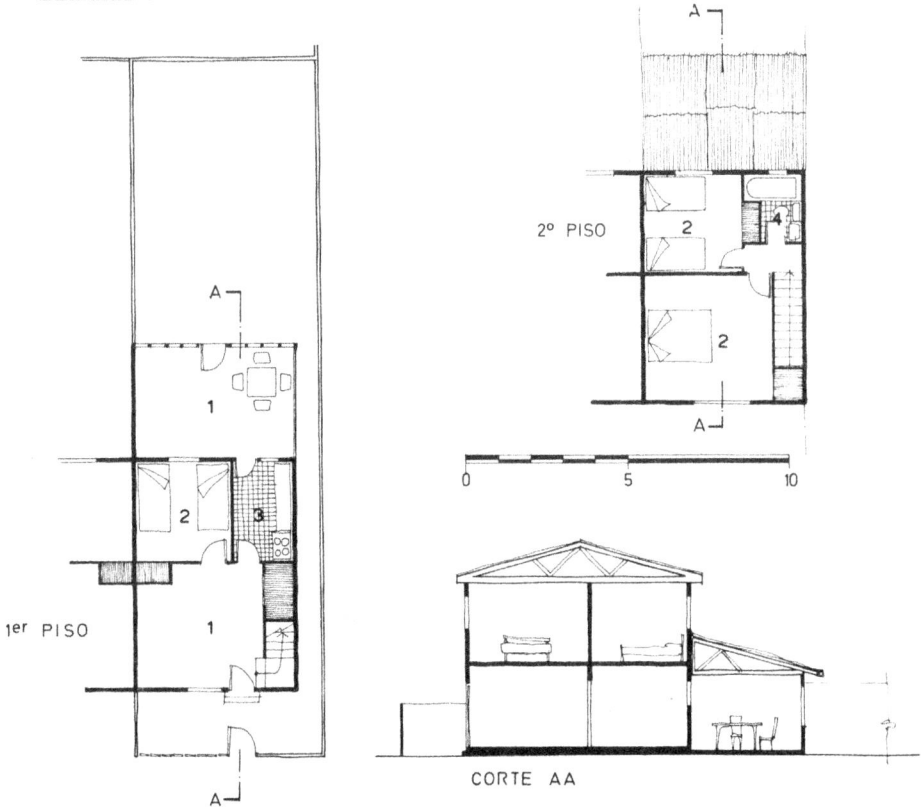

2º PISO

1er PISO

CORTE AA

Caso 4

La ampliación que se muestra en esta página es la que se presenta con mayor frecuencia en el lado libre del tipo de vivienda pareada.Se trata de un recinto de dormitorio con acceso independiente e interior. La creación de este dormitorio posibilita la ampliación de la zona de estar y comedor (este último ocupa el lugar del dormitorio en la vivienda primitiva). En la construcción del nuevo recinto hay un intento de mantener una unidad formal siguiendo línea de edificación, elementos arquitectónicos y materiales similares a la vivienda. No existe jardín ni cierro anterior.

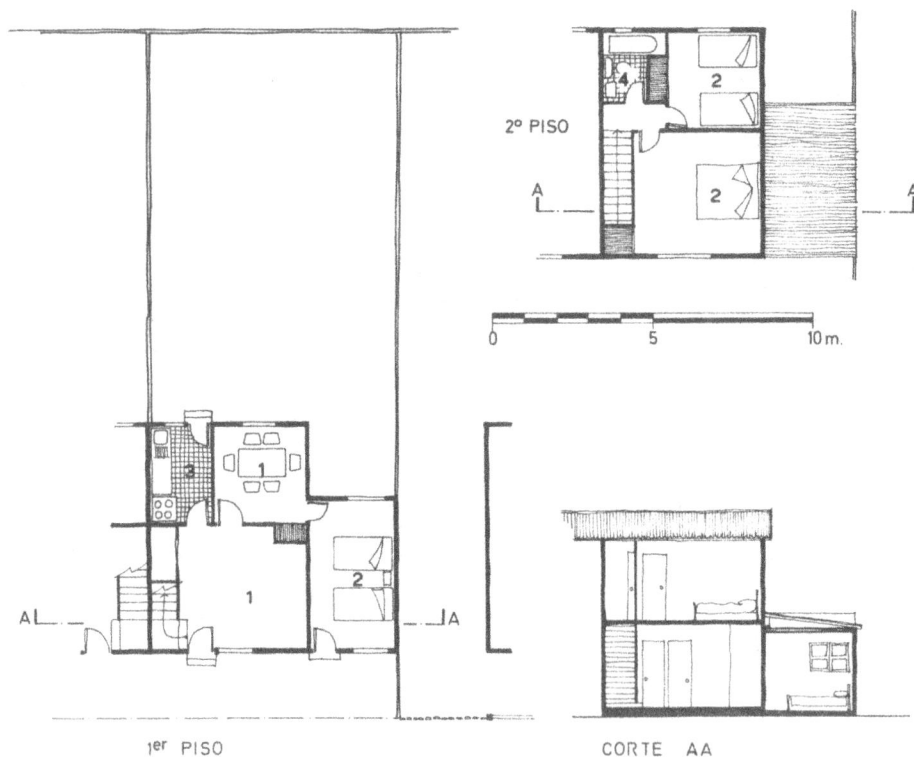

2º PISO

0   5   10 m.

1er PISO

CORTE AA

3.2. Diagnóstico y determinantes de diseño

Del análisis precedente es posible establecer algunas generalizaciones a modo de diagnóstico:

–En las áreas residenciales urbanas que emergen a partir del lote semi-urbanizado y vivienda mínima como situación inicial, se observa que las viviendas experimentan un proceso de crecimiento a través del tiempo, como resultado de la conducta de las familias al intentar satisfacer sus necesidades básicas de espacio. Ello ocurre aproximadamente durante los primeros seis años de residencia.

En los casos analizados, que dan una pauta de lo que sucede en este sentido en la mayor parte de las poblaciones, la unidad primaria tiene una superficie entre 35 a 50 m2 y llega a obtener, a través de la agregación de otros recintos de construcción espontánea, entre 55 y 85 m2.

En general, se puede apreciar que el crecimiento es considerablemente alto y alcanza en algunos casos a más del 100% de la construcción inicial.

En las áreas residenciales a partir del lote semi-urbanizado, con o sin caseta sanitaria y rancho o mejora, el proceso es similar, aunque llega a superficies menores. La consolidación a más bajo estándar y más heterogénea toma aproximadamente los diez primeros años de residencia.

En las viviendas medias de poblaciones con un estándar final terminado, también acontece la agregación de recintos de construcción espontánea. Aunque las agregaciones son de menor cuantía, resultan más recurrentes, además de notorias, por el contraste que ofrecen con la construcción hecha por empresa constructora.

–Los modelos tipos de vivienda mínima y media ofertados por el sector público tienen, en general, un diseño estático, cerrado prácticamente a toda flexibilidad planimétrica, y sobre todo no están concebidas para aceptar un crecimiento por adición de la envergadura anotada anteriormente.

Los diseños se caracterizan por ser anucleados en un periodo cerrado, sin elementos arquitectónicos de transición entre interior y exterior, limitando así la habitabilidad y posibilidades de expansión y crecimiento.

El diseño anucleado, si bien es cierto significa una ventaja económica por el menor perímetro de muro resultante, tiene sin embargo la desventaja importante de que los patios, dadas las dimensiones necesariamente restringidas de los predios, configuran un cinturón neutro de terreno en torno a la vivienda poco susceptible de definir y constituir en espacios habitables que compensen las restricciones del espacio interior y asegure una superficie privacidad.

En general, la superficie predial no es utilizada como un recurso arquitectónico configurador de habitabilidad, sino que se la considera como el área donde no hay más remedio que dejar puesta la vivienda.

- La situación general del crecimiento de las viviendas señala, por una parte, la existencia de características dinámicas de gran vigor en la conducta familiar frente a sus necesidades habitacionales, y por otra, que ellas se desenvuelven principalmente, sin el apoyo de los recursos institucionales; económicos, normativos y formales de la organización social. Ello es lamentable, puesto que los esfuerzos de construcciones espontáneas de los pobladores, generalmente realizadas con ínfimos medios económicos y sin ninguna orientación técnica, adolecen de falta de consideraciones mínimas arquitectónicas en sus aspectos sanitarios y ambientales.

Se construyen los nuevos cubículos obstaculizando las habitaciones existentes. Se tapan ventanas perjudicando iluminación y ventilación. Se reduce a penumbra habitaciones que necesitan sol. Se eliminan vistas y se anulan expansiones hacia el exterior, se destruyen las pocas plantas y se ocupan patios necesarios para la vida exterior.

Se puede aseverar que el crecimiento inorgánico de la vivienda atenta contra su valor intrínseco. Mientras más ampliaciones inorgánicas se realizan, más se desvaloriza la habitabilidad de la vivienda, conclusión lamentable si se considera que una inmensa cantidad de viviendas a través del país sufre este proceso deteriorante.

- El conjunto habitacional en su conjunto sufre también un proceso de deterioro a causa del crecimiento inorgánico de cada una de sus viviendas. El ocupamiento no programado del terreno libre de cada uno de los predios, por el crecimiento inorgánico de las viviendas, conduce al casi desaparecimiento del área exterior no construida, lo que constituye un problema serio, ya que las poblaciones han sido diseñadas con reducidas áreas de expansión libre colectiva, produciendo un déficit de ellas.

La agregación de volúmenes inorgánica provoca una desarticulación de la ordenación del conjunto urbano, destruyendo la unidad general con que fue concebida.

En periodo breve, diversas poblaciones terminadas sufren el impacto de volúmenes inconsecuentes con la construcción inicial en los aspectos funcionales y estéticos, que desvalorizan y destruyen el conjunto.

En algunos casos, de la sola diversidad de expresiones de la individualidad familiar en los antejardines y fachadas, resulta un conflicto con la expresión arquitectónica de forma y color lograda por el arquitecto; por ejemplo: en los bloques de viviendas continuas.

Sobre la base de estas conclusiones y los análisis precedentes se exponen a continuación algunas formulaciones que se postulan como determinantes generales del diseño de la vivienda dinámica y que sirven de orientación a los proyectos que se presentan en este estudio:

- Dada una baja movilidad residencial, la expresión formal-material del diseño de la vivienda deber ser percibida por los habitantes como susceptibles de adecuarse a sus necesidades, de tal modo que las restricciones materiales al desarrollo de la vida familiar constituyan y sean sentidas por la familia como una situación de verdadera transitoriedad (se supone que se estaría desarrollando globalmente una programación habitacional eficiente de desarrollo progresivo).

- El atributo principal del diseño de vivienda debe ser el de flexibilidad, particularmente de expandibilidad ordenada a partir de una unidad primaria.

- La unidad primaria debe dar los espacios necesarios para que se desarrollen las actividades básicas, (dormir, comer, cocinar, estar e higiene), preservando los requisitos fisiológicos y socioculturales mínimos.

- Las posibilidades de crecimiento de la vivienda deben ser lo suficientemente flexibles como para posibilitar la satisfacción de necesidades según el orden que dicten las urgencias y prioridades de cada familia, y convenientemente definidas para evitar situaciones inorgánicas en el ordenamiento del espacio interior y exterior.

- Las actividades de la vida familiar intradoméstica deben ser acogidas por la vivienda, en sus diferentes etapas de desarrollo, no sólo en los espacios interiores, sino también en los espacios exteriores y semiexternos, de modo que estos complementen a aquel en diversas actividades, en épocas convenientes (comedor de verano bajo un emparronado, estar semiexterno, etc.) incorporando elementos del ambiente natural.

- El crecimiento de la vivienda debe considerar paralelamente, tanto la ordenación del espacio interior como la transformación del espacio exterior, de modo que la construcción de nuevos recintos no se contraponga o disminuya la eficiente posibilidad de uso del área externa.

- El espacio externo no debe ser entendido solo como un área periférica indiferenciada en torno al espacio interior del grupo volumétrico, sino que es posible considerarlo como núcleo organizador del área construida, sus vistas, asoleamientos, aireación, etc., y debe ser diversificada para diferentes actividades (patio de servicio, patio del estar, antejardín, de dormitorios de los hijos y los padres, etc.).

- La vivienda debe constituir un conjunto logrado desde un punto de vista funcional, estético y constructivo, tanto en su fase de unidad primaria como en su desarrollo ulterior. Ello se refiere no solo al grupo volumétrico, sino también a sus espacios exteriores (patios, jardines) y espacios semiexternos (emparronados, galerías, corredores).

- El diseño debe contener una variedad planimétrica y volumétrica principalmente en sus alzados exteriores a la calle, mediante entrantes y salientes vinculadas con antejardines y patios, de tal modo que las diversas expresiones de la individualidad familiar encuentren recursos formal-materiales para configurarse sin conflicto con la concepción estético-arquitectónica.

- En el ordenamiento del espacio interior de la vivienda debe procurarse crear zonas de transición (mediante puertas y compartimentos flexibles), entre actividades poco compatibles de modo que se logre adecuada privacidad, aislación de ruidos y de otras interferencias. Ello es importante en el acceso en relación con el espacio público y entre los recintos de área habitable diurna y nocturna particularmente respecto a las actividades de dormir y estudio, estar y juego de los niños y la vida matrimonial de los padres.

- El diseño de la vivienda en general debe posibilitar la máxima intensidad de uso de cada recinto con actividades diversas, sea en secuencia o simultáneamente cuando se trata de actividades susceptibles de compatibilizarse.

- En los recintos de mayor concentración de actividades debe procurarse la diversificación ambiental y segmentación arquitectónica necesaria para producir la máxima posibilidad de utilización simultánea. Ello es particularmente necesario para el recinto baño, en el cual convergen diversas actividades de higiene, o el recinto estar-comedor, en que se concentran también frecuentemente diversas labores y actividades domésticas (costura, planchado, entretenimiento, estudio y juego de los niños).

- En el ordenamiento de los recintos y espacios externos es importante la relación adecuada con los lugares de mayor permanencia de la madre, de modo que pueda ella tanto vigilar el desarrollo de las actividades como participar de la vida familiar.

4. Proposiciones

Las proposiciones que aquí se expresan tienen carácter meramente informativo e indicativo. Se pretende, por una parte, dar algunas nociones básicas respecto al crecimientos de la vivienda que puedan ser comprendidas de un modo práctico por el poblador, y por otra parte, se procura exponer los lineamientos generales de un enfoque de diseño de vivienda que pueda ser profundizado y completado posteriormente a nivel técnico arquitectónico.

Los anteproyectos de vivienda desarrollados intentan solo ejemplificar nuestro enfoque de vivienda dinámica y verificar su factibilidad. Ellos han sido realizados con ese fin.

Era nuestro propósito haber desarrollado un repertorio más amplio de anteproyecto, pero frente a la necesidad de ofrecer oportunamente las ideas matrices, solo hemos desarrollado algunos ejemplos (casa A – casa B y casa C).

4.1. Proposición tipológica del desarrollo progresivo (Fig. 1)

Se examinan las posibilidades generales de configuración de la vivienda en sus primeras etapas y desarrollo ulterior, a partir de condicionantes morfológicas de orden geométrico, y se indica sumariamente las características básicas que adquieren las soluciones planimétricas, así como sus aptitudes de flexibilidad y adecuación. Se ha considerado:

A. Desarrollo a lo largo de un eje	A.1. a un lado del eje A.2. a los dos lados del eje
B. Desarrollo entre dos ejes paralelos	
C. Desarrollo en relación a un patio	C.1. en torno a un patio C.2. dentro de un patio circundante
D. Desarrollo por agrupación libre	

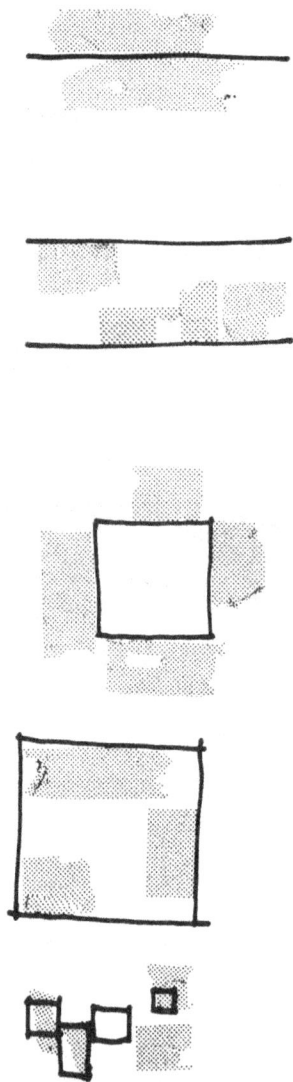

Figura 1

A. Desarrollo a lo largo de un eje (Fig. 2)

Se identifica como eje aquel elemento lineal que separa claramente zonas espaciales y que por ubicación y preponderancia dentro del complejo constructivo constituye la línea geométrica fundamental. En muchos casos ella constituye la línea constructiva básica. En el caso de la vivienda, el eje puede ser (fig. 2)

–Viga maestra   (dibujo 1)
–Muro sólido   (dibujo 2)
–Sistema mixto (dibujos 3 y 4)

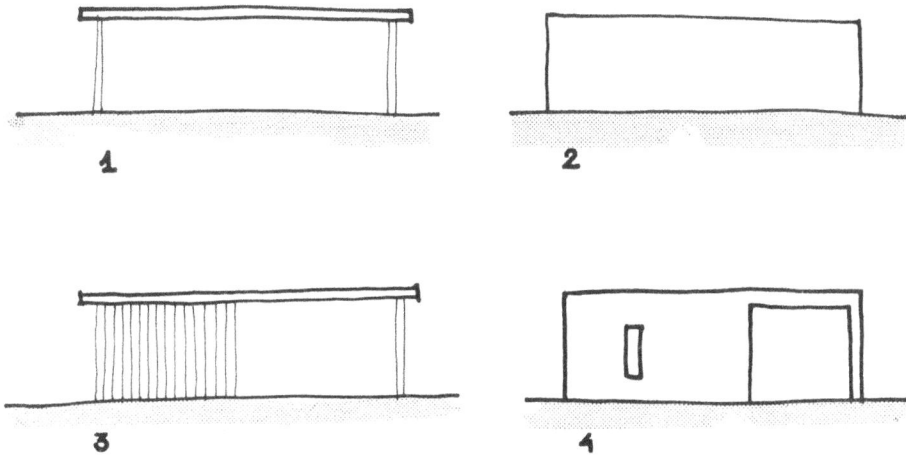

Figura 2

A.1. Desarrollo a lo largo de un eje (Fig. 3)

El crecimiento dispuesto en esta forma presenta las siguientes características:

- El eje está constituido por un muro sólido que sirve de apoyo estructural al mismo tiempo que define lateralmente el predio.

- La configuración espacial es sencilla. Los recintos se disponen linealmente y se crea una circulación longitudinal de una sola crujía.

- Las características estructurales y constructivas son simples y favorecen el dimensionamiento repetitivo de los elementos (pilares, vigas, planchas y paneles).

- La vivienda se puede desarrollar en terrenos de frente reducido (7 a 8 mts.) favoreciendo la disminución de los costos de urbanización.

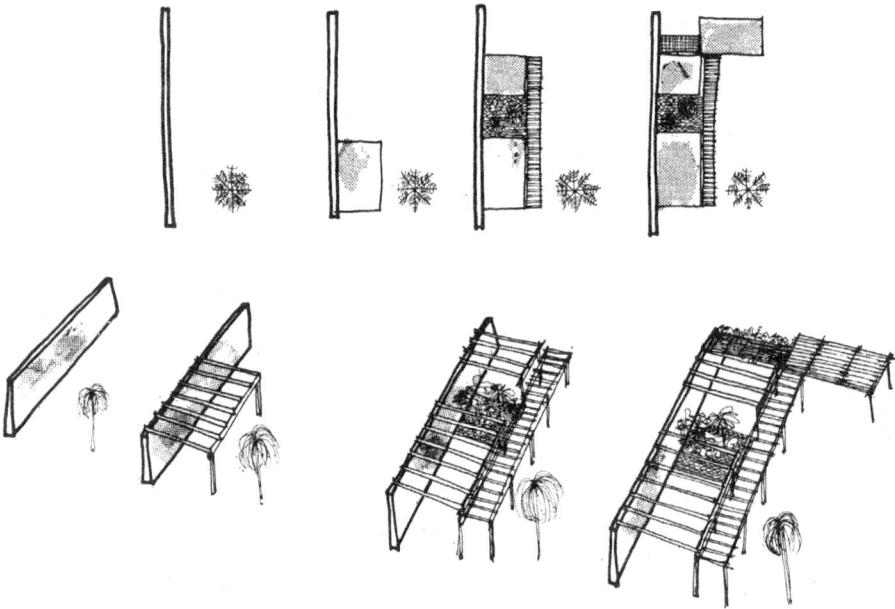

Figura 3

A.2. Desarrollo a lo largo de los dos lados del eje (Fig. 4)

Presenta las siguientes características:

- Se obtiene mayor aprovechamiento de las cualidades del eje, tanto como referencia geométrico-fomal en el ordenamiento de los espacios, como también en cuanto elemento constructivo, constituyendo el apoyo principal de la estructura de cubierta.

- Las posibilidades de configuración espacial son más variadas. El crecimiento lineal a ambos lados del eje crea una circulación longitudinal de dos crujías.

- La vivienda, dispuesta de este modo, se desarrolla bien, en predios holgados (15 mts. de frente). No es recomendable, por lo tanto, como sistema para poblaciones de relativa densidad en que se requiere frentes reducidos.

- Se puede utilizar este tipo de vivienda en soluciones urbanas más libres, en las cuales no exista subdivisión predial (medianeras, cercos, etc.), de modo que la disposición de los grupos volumétricos constituya de por sí los límites entre un predio y otro.

- Se ha desarrollado en calidad de anteproyecto una vivienda con estas características (casa tipo A).

Figura 4

B. Desarrollo entre dos ejes paralelos (Fig. 5)

Sus características principales son las siguientes:

- Los ejes paralelos están constituidos por muros sólidos que definen claramente el espacio sobre el cual se desarrolla la vivienda. Constituyen los límites geométrico-formales que determinan el ordenamiento de los recintos y sirven de apoyo a la estructura de cubierta.

- El crecimiento de las unidades espaciales es longitudinal en cada uno de los ejes, crea principalmente una circulación lineal de dos crujías y permite otorgar variedad a la configuración espacial.

- En la disposición agrupada de este tipo de viviendas los ejes definen las áreas prediales obteniéndose frentes de terreno de 8 a 9 mts.

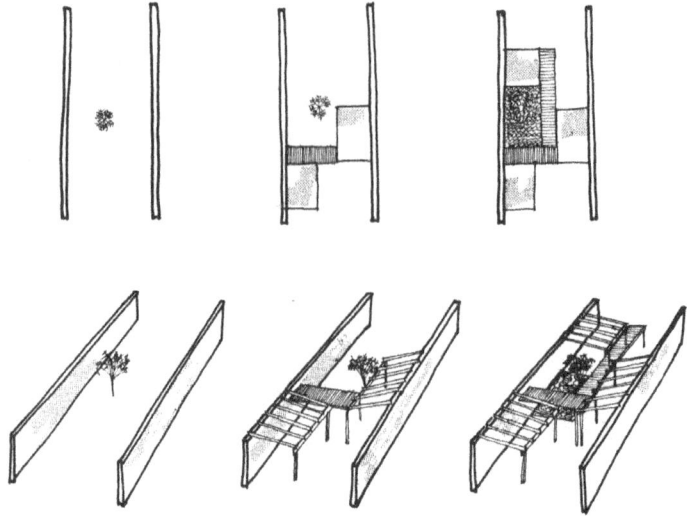

Figura 5

C. Desarrollo en relación a un patio (Fig. 6)

Dadas las restricciones del espacio en la vivienda, es importante para el desenvolvimiento de la vida familiar disponer de espacio exterior privado, no cubierto o semicubierto, pero delimitado arquitectónicamente. Convenientemente dispuesto él puede constituir un centro de convivencia familiar en el que se desarrollen simultáneamente o alternativamente actividades diversas (estar exterior, juego de los niños, comedor semi-externo, trabajo manual, etc.). Constituye un centro de relación con el ambiente natural (árboles, plantas, pájaros) y de expansión visual de la vivienda dentro de un conjunto de habitaciones generalmente pequeñas, organizando sus requisitos de luz, sol y aire. La delimitación del patio puede ser muy variada. En los dibujos del 1 al 5 se indican algunas posibilidades. Los dibujos 6 y 7 señalan la creación de subzonas dentro del patio, conformando diferentes calidades espaciales: espacio interior, semiexterno y exterior dentro de una sola unidad espacial.

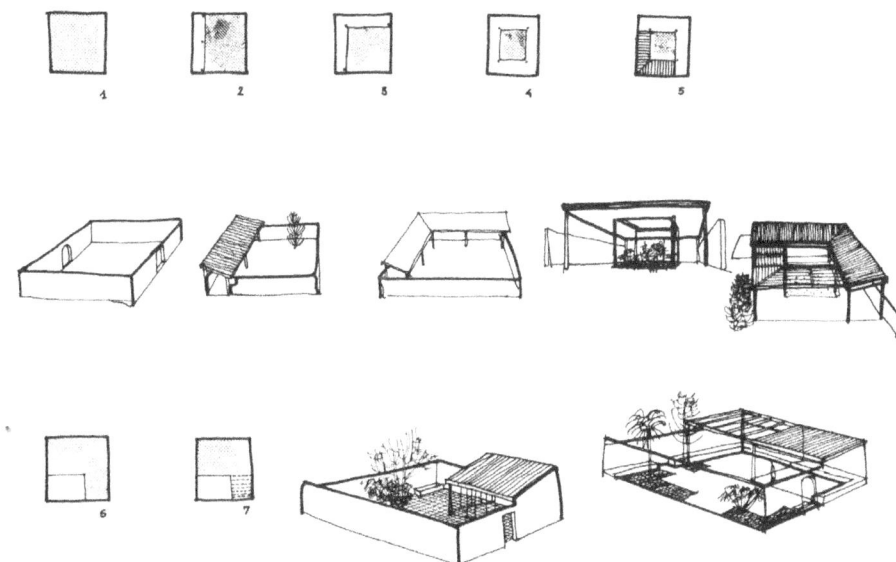

Figura 6

C.1. Desarrollo en torno a un patio (Fig. 7)

Características principales:

- El crecimiento es envolvente en torno a un patio que se constituye como centro de luz, vista, ventilación, asoleamiento, expansión, etc., de los recintos que se van agregando.

- El patio permite a través de él una circulación expedita entre las habitaciones circundantes.

- Se puede prever una gran variedad de agrupaciones diversas de los recintos en torno al patio. Ello da una flexibilidad al diseño del crecimiento de la vivienda (fig. 8).

Se ha desarrollado un anteproyecto de vivienda con estas características, (casa tipo B), concebido en un terreno pequeño (8 metros de frente por 18 de largo) para mostrar su factibilidad en casos extremos.

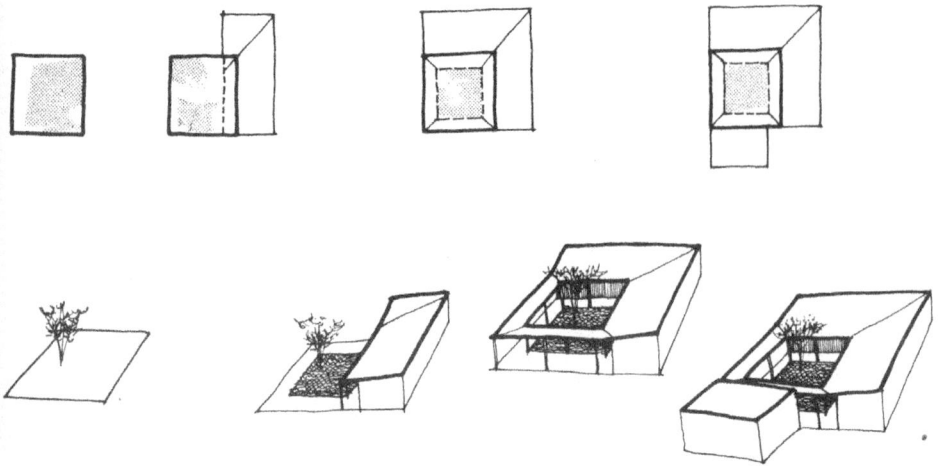

Figura 7

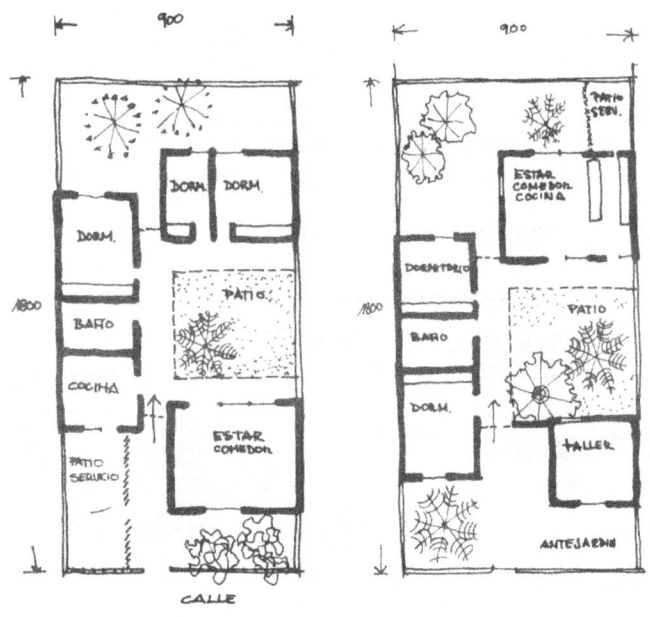

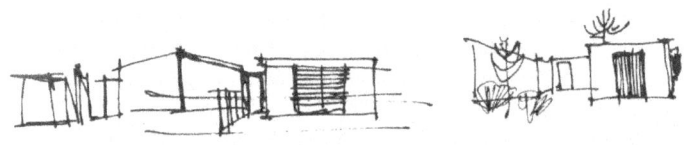

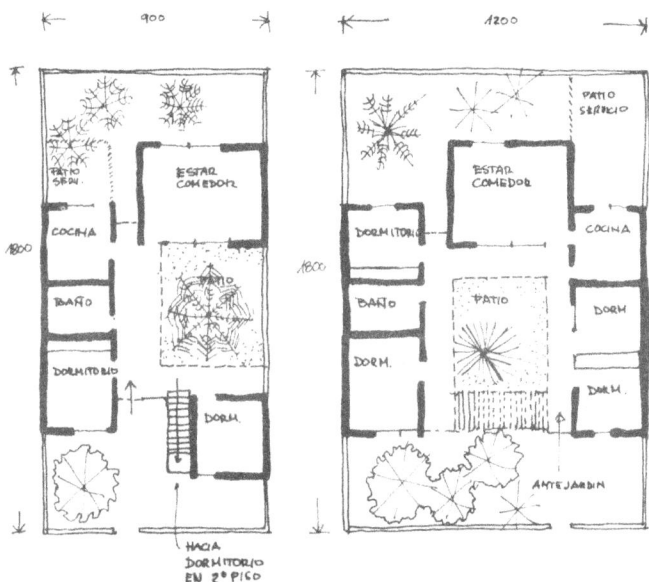

Figura 8

El desarrollo alrededor de un patio puede incluir algunos recintos dentro o parcialmente dentro de él. En este caso, debe procurarse que el tratamiento de los elementos constructivos (muros, cielos, pavimentos) no distorsionen la unidad espacial del patio. Los bosquejos de la Fig. 9 ilustran esta posibilidad.

Se ha desarrollado un anteproyecto de vivienda (casa tipo C) en el que se manifiesta este problema. El estar ha sido diseñado incluido en el patio. Con el objeto de mantener su unidad espacial se ha dado características especiales a los parámetros verticales del estar, tratando dos de ellos con elementos vidriados; los otros dos parámetros mantienen la continuidad de los muros del patio. Con ello se logra preservar sensorialmente la unidad del espacio exterior y diversificarlo en iluminación, clima y funcionamiento.

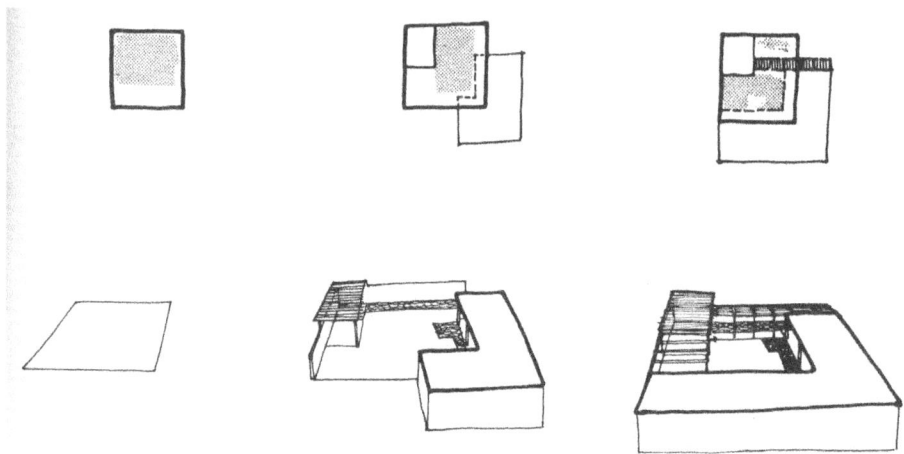

Figura 9

C.2. Desarrollo dentro de un patio circundante (Fig. 10)

La superficie interior del patio debe ser lo suficientemente amplia para que se desarrolle en ella la vivienda. Esta se desenvuelve fundamentalmente apoyada en el perímetro del patio. La variedad de posibilidades de ordenación de las unidades espaciales es múltiple y se van limitando en la medida que se reduce la superficie interior del patio. En la zona de mesetas de Arequipa a Puno existe un proceso de crecimiento espontáneo de la vivienda que podríamos identificar con este tipo.

Las viviendas se desarrollan en un paisaje plano de grandes dimensiones.

Las comunidades indígenas del lugar han construido dentro de muros perimetrales sus viviendas. En ella se desarrolla la vivienda propiamente tal, los establos de animales y pequeños cultivos caseros. Cada uno de estos patios circundantes está aislado de los otros a una relativa distancia, semejando pequeños oasis.

No se ha penetrado en el análisis de este tipo de crecimiento, pero se sugiere el perímetro del patio como un muro soportante, dentro del cual se agregan unidades espaciales articulando siempre los espacios exteriores con los semiexternos e interiores.

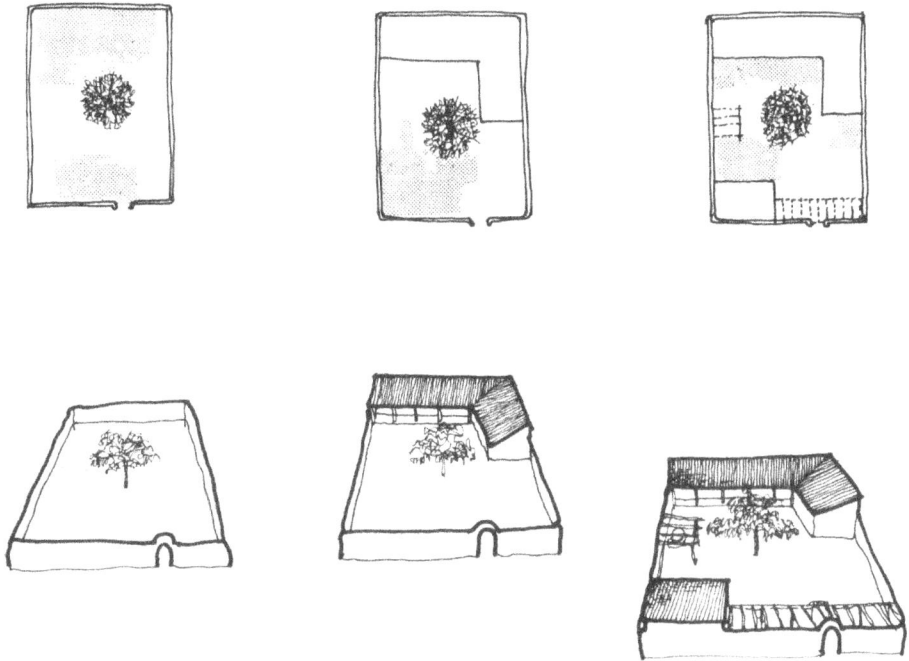

Figura 10

D. Desarrollo por agrupación libre (Fig. 11)

- Las unidades espaciales crecen en una orientación libre orientadas por las necesidades de nuevas habitaciones. Ellas se van agrupando adyacentes entre sí, de acuerdo a las vinculaciones entre las actividades y las características y posibilidades del terreno.

- Las posibilidades de ordenación son aparentemente ilimitadas; sin embargo, se reducen por problemas físicos de construcción: encaje de un volumen a otro, problemas de techumbre, estructuras, etc.

- En terreno libre, sus posibilidades de combinación son mayores que en terrenos limitados por medianeras.
  En cierto modo, se puede decir que, en la actualidad, este es el tipo de crecimiento que se practica comúnmente en las viviendas de las poblaciones urbanas espontáneas, pero de un modo inorgánico, con todos los inconvenientes que esto acarrea.

- En la zona litoral del Mediterráneo, este tipo de crecimiento es realizado en forma espontánea por sus habitantes. Lo realizan con sabiduría innata y los resultados físicos son una conjunción de volúmenes de gran belleza y funcionalidad. Ej.: Ibiza, Costa Brava, España, Costa de Italia, Grecia.

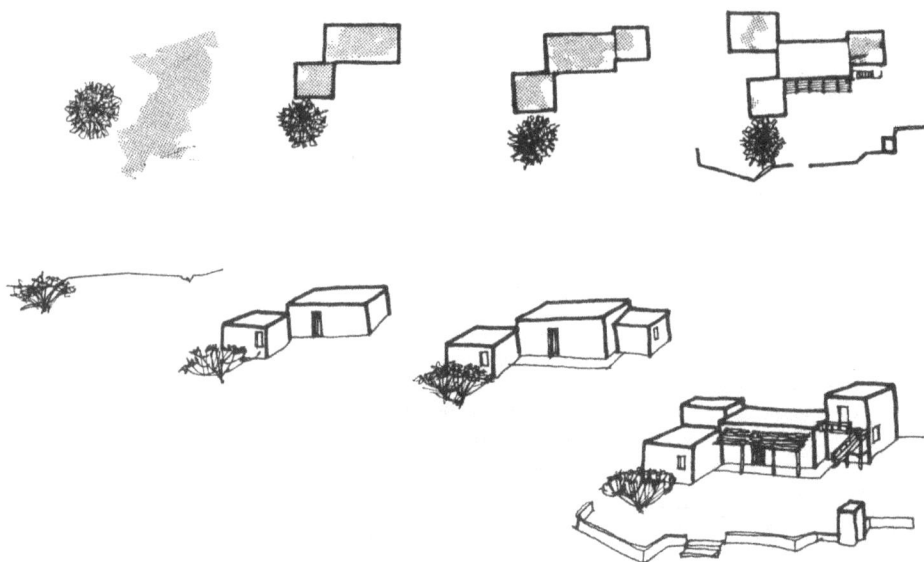

Figura 11

4.2. Proposición de alternativas de diseño

Se presentan tres proyectos que ejemplifican alternativas de diseño de vivienda dinámica. Casa tipo A, B y C.

Como se expone en la introducción de este trabajo, las viviendas diseñadas intentan formalizar la imagen de una vivienda adecuada de vigencia general para todas las familias.

Tal vivienda, partiendo desde una primera etapa que representa una situación material básica común, de características similares en todos los casos, se desarrolla, dentro de un marco organizacional de equidistribución de las posibilidades, de acuerdo a las particularidades psicosociales y culturales de la familia individual.

Los anteproyectos que se exponen muestran distintas posibilidades y grados de desarrollo también diversos.

Tal diversidad en el grado de desarrollo (casas A y C) intentan expresar no imágenes diferentes por nivel socioeconómico en este presente, sino diversos estados evolutivos de la vivienda en el futuro previsible. En este sentido constituyen una postulación de un futuro estado de cosas necesario y plausible que debe comenzar a esbozarse ya.

Creemos que ello no es pensar utópicamente, sino consecuentemente; si la vivienda ha de ser un bien duradero existente en las próximas décadas y si ha de completarse la transformación del sistema vigente y de sus condicionamientos y limitaciones inherentes.

VIVIENDA DE DESARROLLO PROGRESIVO EN TORNO A UN EJE "A"

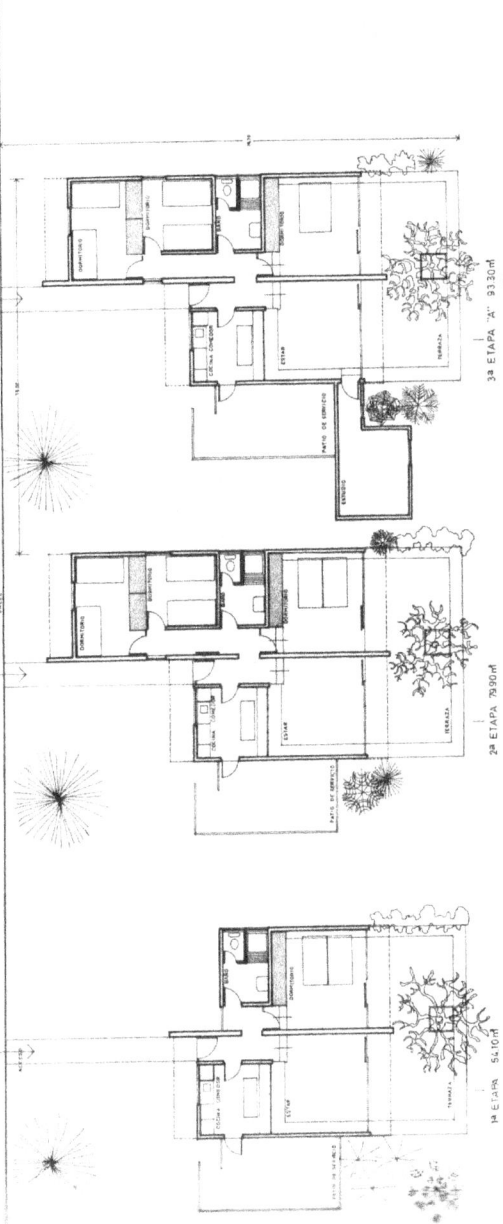

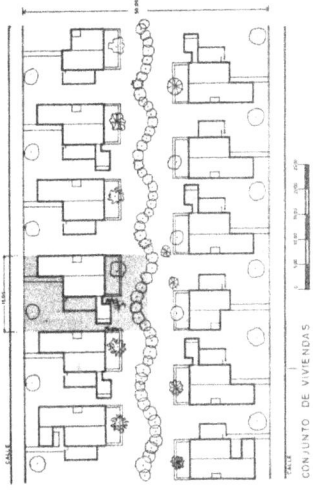

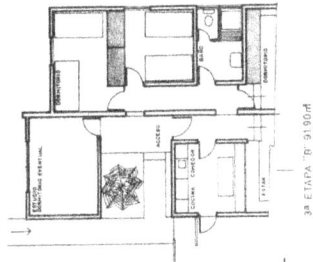

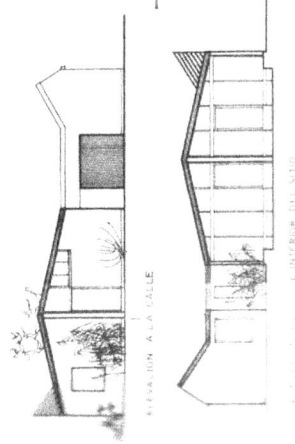

1ª ETAPA 54.10 m²

2ª ETAPA 78.90 m²

3ª ETAPA "A" 93.30 m²

3ª ETAPA "B" 91.90 m²

CONJUNTO DE VIVIENDAS

ELEVACIÓN A LA CALLE

INTERIOR DEL SITIO

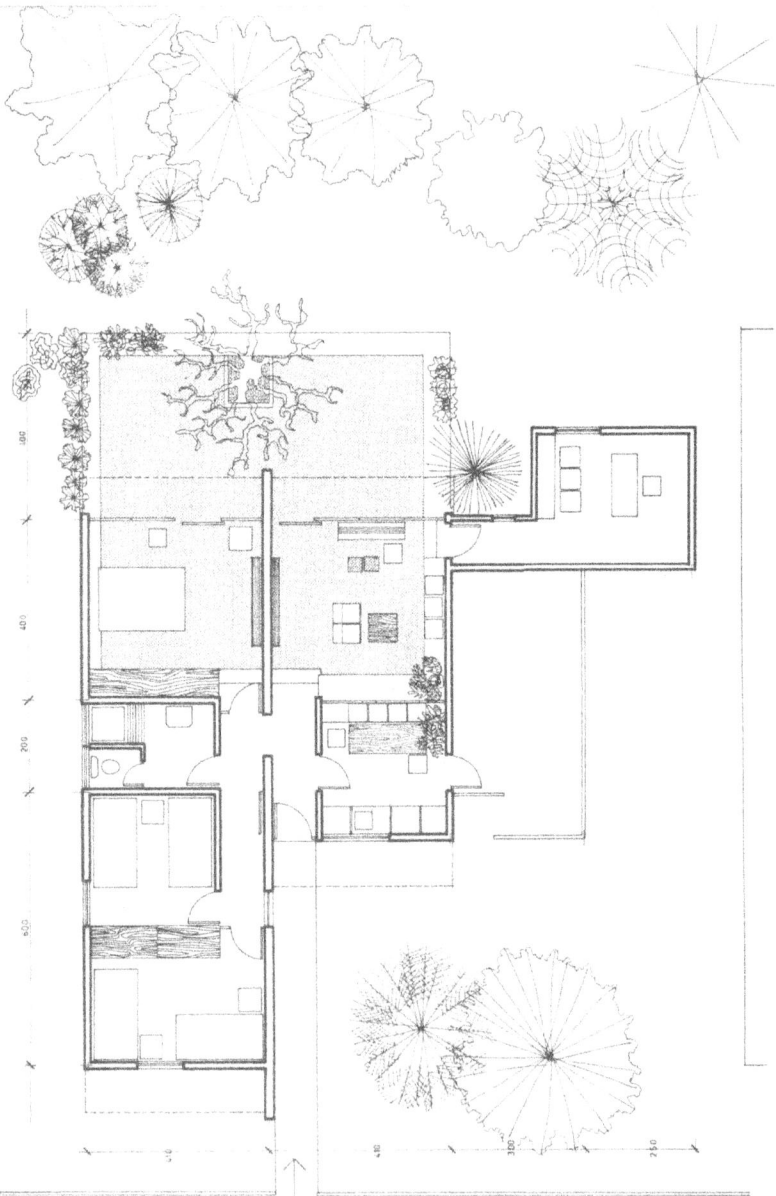

VIVIENDA DE DESARROLLO PROGRESIVO EN TORNO A UN EJE. CASA "A".

VIVIENDA DE DESARROLLO PROGRESIVO EN TORNO A UN PATIO. CASA "B"

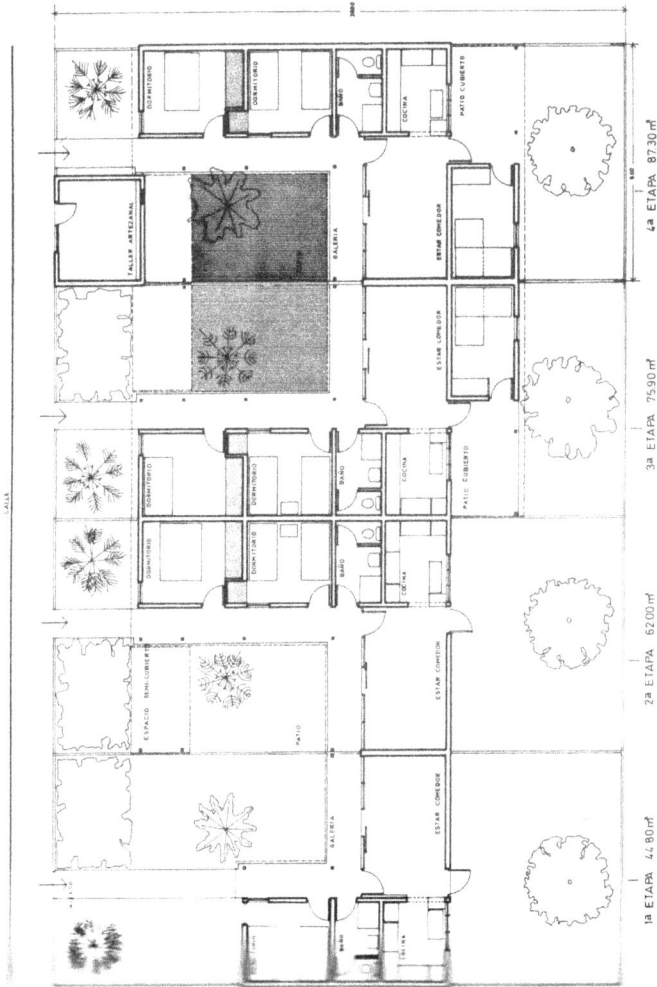

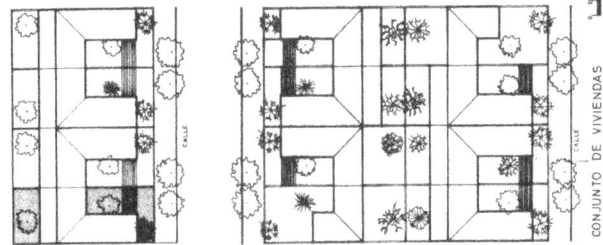

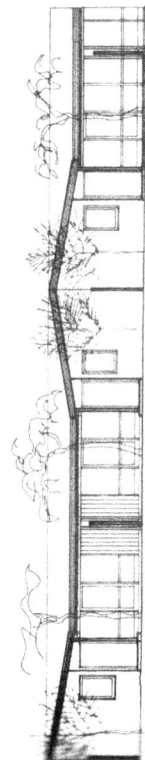

CONJUNTO DE VIVIENDAS

1ª ETAPA 44.80 m²   2ª ETAPA 62.00 m²   3ª ETAPA 75.90 m²   4ª ETAPA 87.30 m²

ELEVACIONES FRONTALES

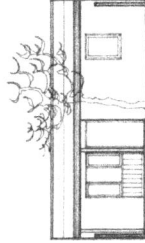

ELEVACION POSTERIOR

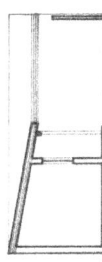

CORTE TRANSVERSAL

153

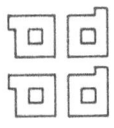

VIVIENDA DE DESARROLLO PROGRESIVO EN TORNO A UN PATIO CASA "B"

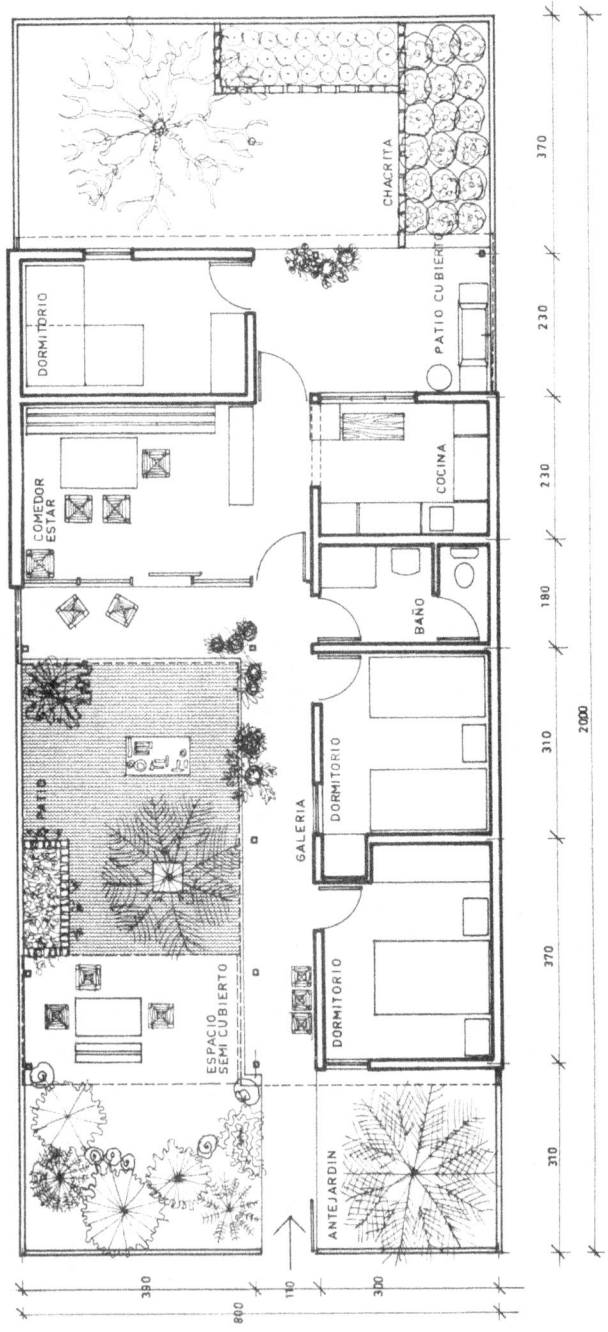

VIVIENDA DE DESARROLLO PROGRESIVO EN TORNO A UN PATIO   CASA "C"

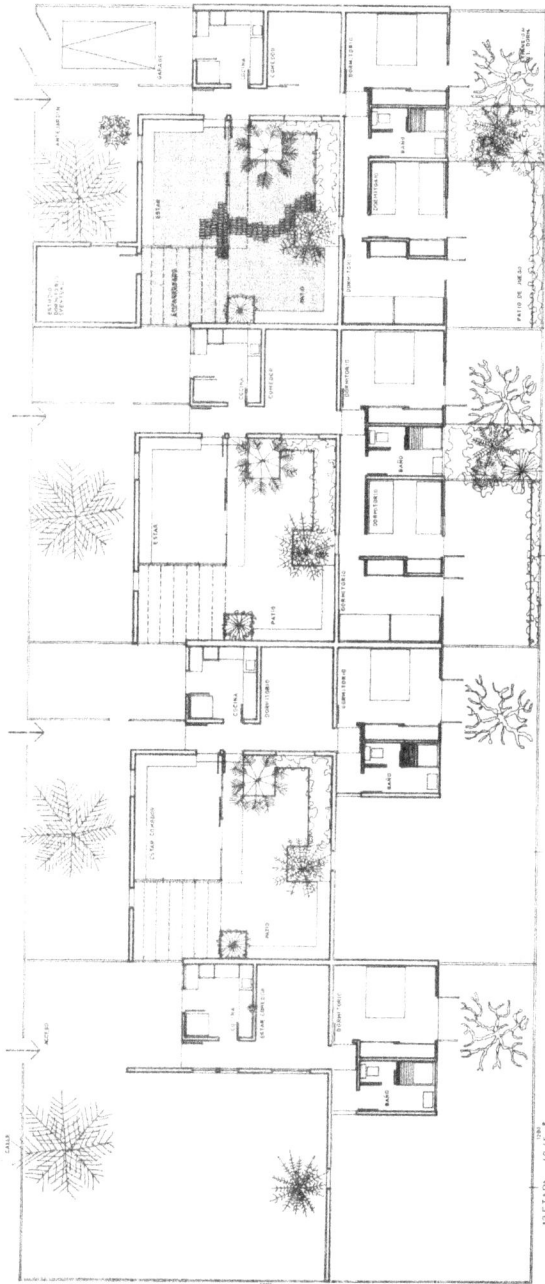

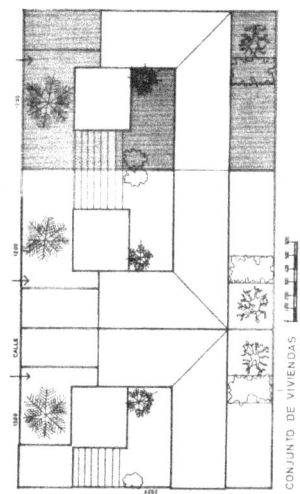

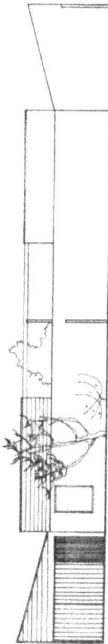

1ª ETAPA 49.45 m²

2ª ETAPA 57.45 m²

3ª ETAPA 101.42 m²

4ª ETAPA 115.18 m²

CONJUNTO DE VIVIENDAS

ELEVACION FRONTAL

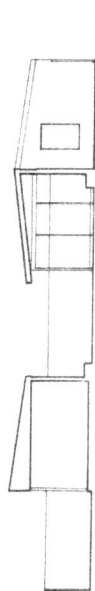

CORTE LONGITUDINAL

VIVIENDA DE DESARROLLO PROGRESIVO EN TORNO A UN PATIO CASA "C"

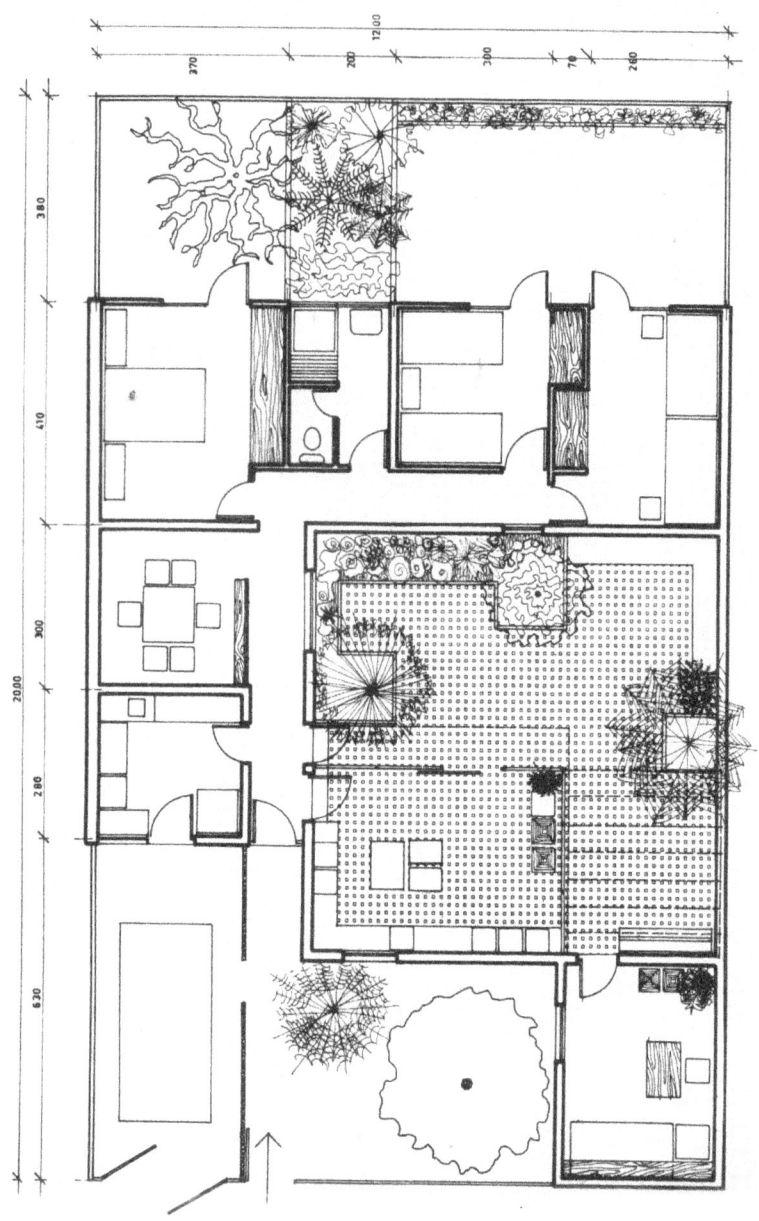

La política de vivienda: un ensayo de prospección temática (1975)[1]

1. Introducción

James Q. Wilson, en su artículo «Los problemas Urbanos en Perspectiva»[2], señala que «no es muy exagerado decir que el principal problema urbano reside en los distintos e inciertos significados que se atribuye a la expresión problemas urbanos». De modo más específico, el autor señala que esta dificultad emana del hecho de que hemos adquirido «el hábito de utilizar la expresión, problemas urbanos, para referirnos a una diversidad de asuntos a menudo inconexos, algunos de los cuales no son en absoluto, estrictamente hablando, de carácter urbano y otros no son ni siquiera problemas en sentido significativo. La expresión problemas urbanos transmite una falsa y engañosa sensación de especificidad y cosa concreta y extraña para los políticos, un consenso serio pero espurio».

Es posible sostener que las observaciones efectuadas por Wilson, respecto de la expresión «problemas urbanos», son igualmente aplicables para la expresión «problema habitacional» o su equivalencia «problema de la vivienda» (que, en nuestra realidad, es uno de los principales «problemas urbanos»). En efecto, es ya difícil reunir y ordenar la gran variedad de acepciones que esta expresión, de tanto consenso, posee tanto en las interpretaciones ideológicas como en los análisis científicos del «problema habitacional». Parecería ser que esta variedad corresponde tanto a la diversidad de posiciones de los actores sociales en los diversos sistemas de polarización de intereses[3] como a los diversos niveles de realidad en que la reflexión se desenvuelve[4]. En el primer caso, por ejemplo, dentro de un juego de oposiciones entre intereses público y privado, la discusión de la autoridad, del representante o del habitante, en cuanto organización de intereses, pueden proveer un tipo bastante frecuente de acepciones a la expresión «problema habitacional». En el segundo caso, por ejemplo, lo más frecuente es la alusión a la superficie morfológica de la realidad, al hecho patente y visible de una trama residencial urbana deficitaria (que observamos habitualmente constituida por conventillos, casas de inquilinaje, deterioradas y sin instalaciones, en las cuales las familias sufren el hacinamiento y la promiscuidad, o bien grupos de tugurios o suburbios con grandes extensiones de ranchos o sitios a medio urbanizar) o bien a la simple experiencia generalizada de las familias que se frustran

1   Publicado por el Departamento de Planificación Urbano-Regional de la Facultad de Arquitectura y Urbanismo de la U. de Chile como documento de trabajo DEPUR de circulación restringida. Laboratorio de Imprenta y Reproducciones LIR. Santiago, octubre de 1975.

2   Wilson Q., James. «Los problemas Urbanos en Perspectiva». En *El Enigma Metropolitano*. Ediciones Infinito, Buenos Aires, 1970.

3   Véase por ejemplo: Sorokin, Pitirim. En: *Sociedad, Cultura y Personalidad*. Aguilar, Madrid 1969. Cap. XI. Diferenciación de la Población Humana en grupos Socio-Culturales. Puntos V y VI, p. 335-348. Diferenciación en grupos laborales y grupos de interés económico. Véase también Castells, Manuel. En: "Problemas de Investigación en Sociología Urbana", p. 69. Se propone la distinción de grupos de actores sociales en tres sistemas de intereses opuestos: oposición entre autoridad (interés público) y organización (interés privado). Oposición entre producción y consumo y oposición entre intereses locales e intereses globales. En esta misma perspectiva, Atria, Raúl; En: "Apuntes para una teoría macro sociológica de los intereses sociales" Doc. de Trabajo N°23. Instituto de Sociología U.C. Santiago 1974. Propone las siguientes "brechas estructurales": polaridad empleadores-trabajadores, polaridad sector primario-sector secundario, polaridad cultura dominante-cultura dominada y polaridad Estado-Corporaciones.

4 Véase por ejemplo. Gurtvitch, Georges. En *Tratado de Sociología*. Ed. Kapelusz B.A., 1962, Sociología profunda, p. 177-194. A partir de una superficie morfológica se proponen diversos niveles de realidad social en grados de complejidad crecientes.

5 Estadísticas habitacionales. Instituto Nacional de Estadísticas.

en su búsqueda por encontrar, dentro de sus posibilidades, un lugar mejor donde vivir.

En relación al discurso científico, la situación no parece mejor. No resulta fácil encontrar el correlato de esclarecimiento teórico capaz de insumir los significados que la expresión tiene en el discurso ideológico. Podría afirmarse (y nada sería mejor que ser desmentido en este aspecto), que no se dispone de un sistema problemático estructurado dentro del cual sea posible ubicar y reformular el contenido problemático, difuso, del discurso ideológico. La mayor parte de la literatura disponible sobre el «problema de la vivienda» es sólo una representación técnico-operacional de las principales acepciones que esta expresión tiene en el discurso ideológico. Su carácter distintivo reside en el hecho de que constituye una manifestación de las interpretaciones que se realizan dentro del marco institucional y jurídico, definido por un determinado modelo socio-político, el cual se mantiene subyacente al proceso reflexivo.

No es la pretensión de estas notas llenar el vacío conceptual en el discurso científico ni establecer bases para la desagregación analítica de la temática habitacional. Se quiere tan solo señalar algunas sugerencias que, se estima, pueden tener algún valor como orientaciones en una prospección temática. En este sentido, se intenta delimitar un marco conceptual para abordar el tratamiento de esta materia en un contexto problemático más amplio.

Una de las formas globales de visualizar el problema habitacional, quizás sea la de ubicarlos en el contexto del proceso de producción social, por el cual una sociedad va construyendo sus condiciones de vida material y estableciendo estados de bienestar. Este proceso es complejo y está compuesto de diversos sistemas de acción, uno de los cuales es la construcción del habitar material. Dentro de este sistema, es posible distinguir un particular conjunto de acciones, orientados a la construcción del espacio adaptado para las actividades de permanencia. Este conjunto de acciones constituye el proceso de edificación, esto es, la construcción del elemento más perceptible del aparato material de la sociedad, que satisface la necesidad básica del «dónde» de la acción habitar. Dentro de la edificación, la distinción pertinente al tema que nos ocupa es la edificación residencial o habitacional y la de edificación no habitacional.

Un rápido examen al proceso de edificación chileno permite advertir que la naturaleza del problema habitacional, requiere de un marco de referencias más amplio que aquel que sólo se restringe a «metas» o déficit numéricos.

Es así, por ejemplo, como en el período 1960-70 se inició la construcción de nuevas obras que en conjunto totalizaron la cantidad de 32.925.000 m2. De ellos, 25.665.000 m2 corresponden a construcción habitacional y 7.159.000 m2 a edificación no residencial[5]. Esto supone que, como promedio, la capacidad productiva del país ha permitido la iniciación de aproximadamente 3 millones de m2 anuales de construcción en obras nuevas. Sin embargo puede sostenerse que la capacidad de producción era aun mayor porque, en el mismo periodo, se ampliaron edificaciones ya existentes, lo que significó una cantidad adicional de m2 de edificación que representa aproximadamente un 3% del monto de edificación total en nuevas obras y se realizaron aportes privados que no fueron controlados ni procesados por el aparato de información pertinente. Todo esto proporciona una imagen de la potencialidad del equipo de producción nacional en materia de construcción que pudiera ser comparado con las expectativas formalizadas por las instancias político-administrativas.

Una de las primeras aproximaciones globales al desarrollo del país fue el Plan Decenal de Desarrollo elaborado por CORFO para el decenio 1961-70. De acuerdo con este plan, era necesario construir en el decenio 29.570.000 m2 de edificación habitacional, para mantener constante la cantidad de stock físico, atendidas las demandas inherentes al incremento poblacional y a la reposición. En la práctica sólo pudieron construirse 23.928.000 m2, es decir, un 9% menos de lo previsto como necesario, que se distribuyeron entre 370.000 unidades de vivienda, frente a las 530.700 previstas por el Plan. En otros términos, se alcanzó el 91% de la meta fijada para superficie a construir y tan solo el 70% de las unidades residenciales.

Las cifras precedentes indicarían que el «problema habitacional» en el decenio se distinguió no tanto por limitaciones y estrecheces de la capacidad y potencialidad de la estructura productiva, sino principalmente por la forma en que esta potencialidad se adjudica al final, a través de la naturaleza de la estructura de intercambio (Fig. 1). De esta rápida consideración se inferiría que, en el marco del proceso social de construcción del hábitat residencial, «el problema habitacional» se suscita cuando, en relación a la magnitud del cuerpo habitacional y a la complejidad de los sistemas de acción, la práctica social total no logra mejorar e incrementar la disponibilidad de hábitat residencial[6], tanto en términos de producción física cuanto en relación a los patrones de transferencia, apropiación, sanción y uso.

6 Hábitat residencial quiere significar aquí el conjunto del aparato material necesario para el desenvolvimiento de la vida familiar y su articulación con el resto del funcionamiento urbano.

FIG. 1: Esquema de análisis de la estructura social

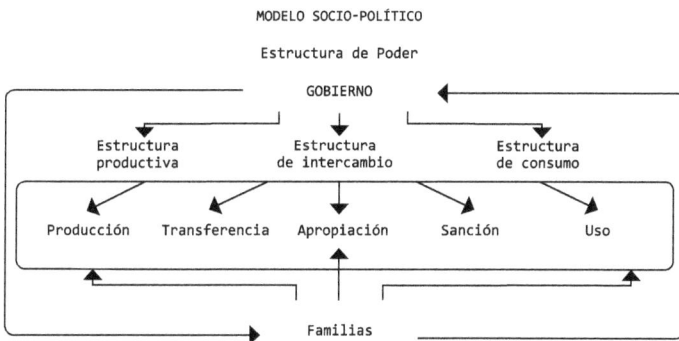

MODELO SOCIO-POLÍTICO

Estructura de Poder

GOBIERNO

Estructura productiva · Estructura de intercambio · Estructura de consumo

Producción · Transferencia · Apropiación · Sanción · Uso

Familias

Los efectos del problema identificado derivarían principalmente en la generación de formas de adaptación del uso social del hábitat que implican, para vastos segmentos sociales, descensos relativos en los niveles de adecuación del hábitat residencial disponible hasta condiciones que se tornan obstaculizantes e incluso lesivas al desenvolvimiento de los roles socialmente asignados a la vida familiar y a la de sus integrantes. Estas consecuencias superan las dimensiones puramente psico-físicas o psico-sociales y llegan a adquirir significado en la dimensión social-política del acontecer social.

En efecto, las implicaciones de la declinación de los niveles de adecuación del hábitat residencial, alcanzan su correlato en el desarrollo de una percepción generalizada de situaciones deficitarias y desiguales en relación a los fines, normas y objetivos, asociados a los valores de bienestar en la estructura cultural. Complementariamente, se produce la percepción generalizada de situaciones obstaculizantes y desiguales en relación a los valores de crecimiento y desarrollo social. Tales percepciones sociales promueven presiones reivindicantes que pueden alcanzar contenidos altos de impugnación, gravitando así, sobre las instancias de conducción social, forzándolas a suspender tales conductas contestatarias o restablecer y reafirmar las bases de racionalidad y legitimidad de su acción en el campo de los designios de bienestar social. En este sentido la acción habitacional puede devenir en un instrumento de gratificación para las bases sociales de apoyo.

La incapacidad del sistema social para proveer a su población las condiciones de habitabilidad mínimas compatibles con sus propias metas culturales no es por cierto una situación que se produce en la actualidad del sistema, sino un producto histórico. En este sentido «el problema de la vivienda» tiene una consistencia problemática que incorpora el devenir histórico social, no en el sentido limitado de ubicar en el pasado las causas o la génesis de un problema que nos persigue desde entonces, sino en el sentido de encontrar en el proceso del cambio social las condiciones estructurales de reproducción del problema. En este sentido cobra vigencia el problema de si en el proceso de estructuración socio-económica debe controlarse conscientemente las formas de incorporación de la vivienda, en cuanto bien de uso a la circulación de mercancías en el mercado.

En este contexto general, así representado, el «problema de la vivienda» se expresaría en tres preguntas sucesivas de carácter global, que podrían constituir tres grandes orientaciones temáticas:

1º-¿Por qué en una sociedad determinada llega a producirse escasez en la disponibilidad de hábitat residencial?

2º-¿Por qué en una sociedad los sistemas de acción en su conjunto no logran mejorar o incrementar la disponibilidad del hábitat residencial?

3º-¿Qué hacer para lograr asegurar la disponibilidad social de un hábitat residencial mínimo operante?

La primera pregunta puede ser ubicada plenamente en el marco de las perspectivas sociopolíticas y socioeconómicas, de los problemas del desarrollo/subdesarrollo. Los problemas globales del cambio o transformación social y dentro de ellos los rasgos que asume el proceso de urbanización en términos de crecimiento urbano, concentración metropolitana, modernización, terciarización, etc. proveen un marco dentro del cual es posible advertir las relaciones específicas de hechos y circunstancias relativas a la disponibilidad residencial.

El procurar una respuesta a la segunda interrogante supone un examen histórico que permite identificar en la estructura social cuáles han sido los sistemas de acción puestos en juego en la configuración de la disponibilidad residencial, cuáles han sido los sistemas de actores sociales que han participado en ellos y de qué modo. Esto requiere una mayor explicación. Por ejemplo, el mercado habitacional, en su conjunto, puede ser comprendido como un sistema de acción global, en cuyo interior los diversos submercados constituidos por los distintos estratos socioeconómicos de la demanda y sus correspondientes órdenes de oferta podrían ser considerados como entes o sistemas de acción constituyentes. En cualquiera de estos entes es posible reconocer la participación de diversos sistemas de actores sociales. Por ejemplo, en el ordenamiento de la oferta, el sector privado puede ser entendido como un sistema de actores sociales, dentro del cual, a su vez, puede advertirse diversos subsistemas. Pueden distinguirse aquellos actores que conforman organizaciones sin fines de lucro y cuyas acciones se han traducido en inversiones habitacionales ligadas a propósitos filantrópicos, en el marco de la cuestión social, respecto de aquellos actores que conforman el sector empresarial y cuyas acciones se han traducido en inversiones para el alojamiento de la fuerza de trabajo, en el marco de la inversión industrial. Del mismo modo, pueden distinguirse entre aquellos actores que conforman grupos de inversión ligados al marco de la renta inmobiliaria residencial, sea orientado al mercado de la renta inmobiliaria residencial, sea orientada al mercado de transferencia o al mercado de arrendamiento y aquellos actores que participan con inversiones en el marco del proceso productivo de materiales de construcción o del proceso de edificación. La forma como estos y otros actores sociales han llegado a participar en las diversas circunstancias históricas del proceso socioeconómico nacional, las formas de articulación de intereses que ellos han desarrollado entre sí y con otros sistemas en la estructura de poder, las formas de polarización y oposición que ellos han llegado a adoptar, constituyen el trasfondo con que puede ser históricamente analizada la lógica resolutiva y las modalidades operativas en que desemboca la acción social al enfrentar el «problema de la vivienda».

La tercera pregunta puede ser enfocada con dos ópticas diferentes: una que se concentra en la articulación de una modalidad operativa de optimización, con una lógica resolutiva encuadrada en una estructuración tecno-social dada y con un modelo sociopolítico dado, sin implicar transformación social. Otra, que intenta desprender una modalidad operativa a partir de una lógica de resolución que no excluye las transformaciones de la estructura tecno-social.

2. Breve anatomía del problema

Como señala J.Q. Wilson, tal vez una de las primeras dificultades que se presentan al discutir sobre este tema sea la de discernir el carácter problemático que está implícito en la expresión «problema habitacional», cuando se emplea en el lenguaje corriente.

En términos generales, para que un problema exista, al menos como discurso o formulación, tiene que estar referido a nociones previas ya existentes en la memoria social y además estar constituido específicamente por algunos supuestos que son afirmaciones implícitas, en primera instancia no cuestionables, con las que se construye la formulación del problema.

En este sentido, por ejemplo, una de las situaciones más manifiestas en el uso de la expresión «problema habitacional» en el lenguaje corriente es que ella nomina, más que un problema, a un conjunto de problemas interrelacionados, cuya cuantía y complejidad, para su resolución, requiere un conjunto de acciones gestionadas y coordinadas colectivamente, circunscribiendo, el marco de la acción privada individual. En otros términos, la expresión se emplea sobre un fondo y presupuesto de que se trata de un problema social, cuya resolución implica la adopción de decisiones y el desarrollo de acciones gestionadas a nivel de las instancias de conducción social, esto es, desde el ámbito gubernamental, representado por el aparato de gestión del Estado. Tales acciones y decisiones proveen un repertorio amplio de medios institucionales que canalizan la formulación de la demanda y controlan su generación. Dentro de presupuestos de este orden es que se trazan los diversos contenidos problemáticos nominados por el uso de la expresión en el lenguaje corriente.

Estos contenidos pueden ser mejor comprendidos cuando se observan en la constitución interna de un problema. En términos abstractos y generales (aunque más no sea a nivel de diccionario), podría decirse que un problema se suscita para un determinado actor social, cuando no se perspectivisa un curso de acción (incluyendo la reflexión en que se fundamenta) para resolver o aclarar las relaciones entre medios y condiciones en un conjunto de circunstancias que dificultan la consecución de un objetivo. En otros términos, un problema supone la percepción de tres elementos: un objetivo, una dificultad en su consecución y la tentativa de un curso resolutivo por establecer.

Naturalmente, las diversas respuestas a la pregunta ¿qué hacer?, para disolver las dificultades y obstáculos al logro del objetivo, constituyen las alternativas de solución parcial o total del problema en un lapso dado.

La verificación objetiva de la persistencia de las circunstancias obstaculizantes y del agotamiento de las posibilidades de acción para su disolución en el proceso de consecución de un objetivo significa que está frente a un problema sin aparente solución.

Esto requiere un mayor examen. Llegar a concluir que un problema carece de solución cuando se posee una formulación plenamente coherente de un objetivo, una identificación plena de los hechos y circunstancias que hacen la dificultad, así como la verificación objetiva del agotamiento de las perspectivas resolutivas, significa que no se encuentra manera de establecer una relación efectiva entre el objetivo y las condiciones de posibilidad del ambiente tecno-social; es decir, se ha estado considerando un objetivo que está más allá del límite de la efectividad de la acción actual o potencial del aparato tecno-social disponible. Esto es, se ha tenido un objetivo fuera del horizonte de acciones posibles de una sociedad. En otras palabras, se ha estado aplicando un esfuerzo resolutivo supersticioso a un problema impertinente.

Ello no tiene nada de desdoroso; por el contrario, es un oficio incluso prestigioso. De hecho, la mayor parte de las acciones desarrolladas para vencer los obstáculos al desarrollo económico-social en Latinoamérica han tenido este carácter.

El que un problema sea impertinente significa simplemente que no ha lugar a una solución al problema, dentro de las delimitaciones estructurantes con que fue formulado. Por consiguiente, el obstáculo advertido no era en realidad un obstáculo sino un impedimento.

La constitución de este impedimento reside en el encuadramiento de presupuestos con que el problema fue formulado. Tal encuadramiento no es un dato fijo inamovible, sino parte de un proceso más general, que también puede ser problematizado. Naturalmente la reformulación de un problema, incluyendo transformaciones del marco estructural del que originalmente proviene, no es siempre políticamente viable y a veces puede colindar con la utopía.

Por cierto es difícil verificar que un problema «carece de solución», particularmente cuando no es posible explicarlo en términos de una sistematización teórica de los procesos sociales y, desde luego, mucho más difícil probarlo, en el sentido de que sea socialmente aprehendido por la conciencia colectiva.

Los valores, fines y objetivos sociales constituyen un universo difuso y ambiguo en la conciencia colectiva. La mayor parte de la conducta social en su realidad cotidiana se desenvuelve en relación a los medios y no a los fines, en tanto ellos se visualizan como fines inmediatos. En tales condiciones, la explicación de objetivos sociales constituye un esfuerzo en gran medida formal.

Por otra parte, la identificación de los hechos y circunstancias obstaculizantes, así como de los cursos de acción resolutivos, implican llegar a disponer de un modelo de funcionamiento capaz de relacionar causas y efectos. Los diversos actores sociales no están, por cierto, carentes de alguna noción al respecto, pero ella está fuertemente orientada a las manifestaciones concretas en su sintomatología presente, y por consiguiente no contempla una percepción de las causas en su estructura subyacente a nivel de los procesos de transformación económica, social y política.

3. El problema como presupuesto

No obstante, la diversidad de posiciones de los actores sociales en los diversos sistemas de polarización de intereses de una sociedad, es posible encontrar y delimitar al menos en sus rasgos generales, una noción predominante de «el problema habitacional».

Los presupuestos de la formulación de un problema de naturaleza social son elementos que hacen parte de la estructura cultural de la comunidad, tanto a nivel de los medios y condiciones materiales, el nivel de la conducta social, como el nivel ideológico. En la medida que prevalezca un cierto grado de integración de la estructura cultural, será posible encontrar algunos presupuestos generalizados, con los que se ha construido la noción del problema, en la opinión pública. En la medida que prevalezcan los intereses de un determinado grupo o segmento social, en las instancias de conducción social, la noción del problema se hace más predominante.

En una situación en que las instancias de conducción social, a través de los aparatos de control social, logran canalizar la mayor parte de las necesidades sociales, en un cuadro prescrito de metas culturales y medios institucionales, o al menos suspender la acción contestataria, reivindicante o impugnante, la noción predominante del problema y de sus presupuestos, en el lenguaje corriente de la opinión pública, se hace más coincidente con la que emerge de los medios oficiales gubernamentales y los medios técnicos que los sectores especializados del aparato de gestión, y con la que se difunde a través de los medios de comunicación social.

A título de ejemplo y en términos de una generalización muy gruesa, es posible señalar algunos de los siguientes presupuestos ya seculares que pueden detectarse a nivel de las representaciones políticas del «problema habitacional»; en nuestra realidad, principalmente desde principios de la década de los sesenta.

En términos generales, la formulación del problema se presenta como una representación de validez general para toda la sociedad. En ella se reconoce la situación desfavorecida de segmentos relativamente amplios, que en grado diverso están directamente afectados al confrontar obstáculos en la consecución de la disponibilidad de hábitat residencial.

En tanto, se reconoce que otros segmentos, ya habrían logrado su solución o no tendrían obstáculos para lograrlo.

Esta formulación del problema presupone así un alto grado de integración de la estructura cultural en la que los diversos grupos y segmentos sociales, en sus estructuras de intereses, perspectivizan los mismos objetivos, los mismos obstáculos y la misma lógica resolutiva, existiendo sólo variaciones de carácter operativo, que corresponden a la estratificación social, como si todo el espectro de fines y valores sociales se encontrara expresado, en términos de objetivos, en la versión oficial del problema.

Esta forma de representación presupone también que el problema es, básicamente por naturaleza, propio de la esfera privada de cada familia, una dificultad que hace parte del desenvolvimiento de la biografía de cada hogar y que sólo por extensión adquiere complejidad y se proyecta en la dimensión de la esfera social, generando en ella un conjunto de problemas interrelacionados que precisan, para su resolución, la intermediación de la gestión gubernamental.

Así presupuestada, esta intermediación no debe trastocar la naturaleza originaria del problema e inhibir la responsabilidad de las familias. Por ello el rol gubernamental, en la lógica resolutiva, es proporcionar medios institucionales que faciliten, coadyuven y canalicen los intereses y esfuerzos familiares, sin suplantarlos.

Otro presupuesto importante en la formulación del problema, es su presentación y delimitación como fenómeno relativamente aislable y reconocible por sus características manifiestas y en el cual los aspectos explicativos tienden a revestir el carácter de una constatación que no alcanza a implicar el sistema social en que se presenta, de tal suerte que el fenómeno parece contener en sí su propia patología. El correlato de estos presupuestos a nivel de la componente resolutiva, es que ésta se enfoca circunscribiéndose a la revisión de las modalidades operativas, en términos de coordinación, ajuste y regulación, eficiencia y productividad.

Esto se hace más nítido en algunos presupuestos de carácter retrospectivo del problema, en que éste se presenta como un desajuste acumulativo en gran medida resultado de la ineficiencia y desacierto en el proceso de gestión de etapas gubernamentales pasadas.

El presupuesto implícito en esta presentación del problema es el modelo socio-político, en el cual se sustenta la modalidad operativa, que se propone o se examina; por ello parece conveniente trazar una breve perspectiva de los principales rasgos del modelo socio-político.

3.1. El modelo socio-político, esquema de análisis

En términos generales, la caracterización de los principales rasgos de un modelo socio-político puede ser expresado en términos de la imagen objetivo, que se plantea respecto de las transformaciones de

7   Véase. Quijano, A. "La Urbanización de la Sociedad en América Latina", en *Boletín Económico de América Latina*. Vol. XIII Nº2 Nov. 1968. p. 211-229.

8   Véase. Pumarino, G.: «Nuevo enfoque para la planificación en áreas metropolitanas: hacia un modelo alternativo». En *EURE*, Vol. III, Dic. 1973, Nº8, p. 27.

la estructura social, cuyo correlato es la idea-diagnóstico respecto del estado en que ella se encuentra en un determinado momento histórico. Ambos componentes: idea-diagnóstico, respecto del estado en que ella se encuentra en un determinado momento histórico. Ambas componentes: idea-diagnóstico e imagen-objetivo, pueden ser advertidas en su referencia a las diferentes partes que, en términos analíticos, constituyen la estructura social.

Diversos autores han desarrollado diversos enfoques analíticos sobre la constitución de la estructura social. Por ejemplo, A. Quijano sugiere como criterio analítico la distinción de órdenes institucionales en la estructura social: económico, ecológico-demográfico, social, cultural y político[7].

M. Castell sugiere considerar la estructura social como compuesta de diversos sistemas (en otros autores: estructuras o instancias) en interacción: sistema económico, sistema político-jurídico, sistema ideológico y otros que pudiesen ser considerados y propone, haciendo una distinción entre este nivel estructural y el nivel de la práctica social, advertir en esta última el desenvolvimiento de procesos sociales específicos. Habida consideración del carácter dominante y determinante del sistema económico en la estructura social, Castell propone distinguir los siguientes procesos: proceso productivo, proceso de intercambio, proceso de consumo y proceso de gestión o proceso político.

Este criterio parece haber sido seguido por G. Pumarino, quien concibe, para propósitos analíticos, la estructura societal, como compuesta por tres estructuras análogas a los procesos sugeridos por Castells, excluyendo una referencia específica al proceso de intercambio[8].

Para los propósitos de estas notas y con fines puramente instrumentales en orden a describir el modelo socio-político, hemos asumido provisionalmente considerar el esquema propuesto por G. Pumarino.

Consideramos, pues, la estructura de poder, especialmente el poder político, como constituido principalmente por el rol del Estado (particularmente en el caso chileno), en el cual se concentran las fuerzas sociales dominantes y el control del proceso decisorio sobre la totalidad social y cada una de sus partes estructurales. Dentro de un determinado encuadramiento socio-político, el Estado desarrolla su acción a través de su aparato de gestión financiera y administrativa y a veces planificación, definiendo las oposiciones en los sistemas de polarización de intereses, controlando estos a través de la regularización de las formas de participación social y las formas de apropiación y sanción, en el proceso de intercambio.

Para efectos de una caracterización general de una particular perspectiva socio-política, se han considerado los siguientes aspectos: 1) Objetivos de transformación social; 2) bases sociales; 3) formas de organización participativa; 4) formas de organización política; y 5) rol del Estado en el proceso.

La estructura productiva es considerada como formada por el conjunto de entidades y organizaciones que articulan su acción para producir los bienes y servicios que se ofertan y demandan en el proceso de intercambio. Este proceso está en gran parte regulado desde la estructura de poder a través de la política económica y su implementación en términos de localización del gasto y la inversión pública, asignación sectorial de recursos, política cambiaria, crediticia, etc. Pero los rasgos generales de la estructura están dadas por la particular concepción del desarrollo en que la política económica se cuadra, por el régimen de propiedad y la modalidad de gestión económica que componen el modelo general.

La estructura de consumo está constituida principalmente por las formas de uso social, individual-familiar y colectivo, que el cuerpo social hace de la disponibilidad de bienes y servicios en el proceso de intercambio.

Esta estructura está fuertemente condicionada por las gravitaciones que resultan de la toma de decisiones en la estructura política, particularmente, por la naturaleza de las resoluciones en la polarización de intereses entre agrupamiento empresarial y asalariado. Ellas condicionan ciertos aspectos de la política económica que inciden en la distribución del ingreso. Otro factor que incide en la estructura del consumo es la orientación de la inversión social y de la política tributaria.

3.2. El modelo socio-político, esquema descriptivo

El esquema descriptivo que se presenta a título de mera ejemplificación, no pretende ser un análisis de significaciones. Se han tomado de algunas de las más importantes declaraciones públicas de las instancias del actual gobierno[9] algunos fragmentos relevantes en cuanto enuncian circunstancias sociales centrales y se ha procurado componer en ellos una caracterización sintética de las realidades y propósitos a que se refieren. Ello implica algún grado de reducción y esquematismo necesario de tener presente. De acuerdo con el esquema de análisis descrito anteriormente, resulta el siguiente cuadro:

1. Idea diagnóstico (caracterización general)

Desintegración moral, social y económica. Antagonismo de clases y desquiciamiento por irrupción de ideologías foráneas. Destrucción de la convivencia y consenso social. Violencia espiritual y material. Politiquería, demagogia y corrupción. Expansión partidista anarco-populista y marxista. Hiperpolitización y descomposición sindical y del poder legislativo. Administración pública, caótico-ineficiente y obstaculizadora de la acción privada. Destrucción de la fuerza, dinámica y espíritu de empresa.

9 Véase *El Mercurio*, Santiago de Chile, jueves 12 de septiembre de 1974. «El Gobierno de Chile avanza con seguridad y sin vacilaciones», p. 2 y 34. «Un año de construcción», p. 21-24.

2. Imagen Objetivo (caracterización general por estructura)

2.1. Estructura de poder

a) Transformación social.

Proceso de reintegración social por la restitución del orden natural, el restablecimiento de los valores tradicionales y de nacionalidad, de las normas morales de mérito y esfuerzo personal, del principio de autoridad, del consenso y convivencia social.

b) Organización de base y participación social.

Integración de los diversos grupos y segmentos sociales que acepten una democracia funcional sin intermediaciones políticas. Participación formal delimitada funcional y jerárquicamente.

c) Organización Política

Control y Limitaciones de las fuerzas políticas y del régimen de partidos. Restricción a la organización político-sindical anticapitalista y el partidismo marxista.

d) Rol y carácter de Estado

Estado capitalista y marco de democracia formal-funcional con fuerte control ejecutivo y primacía del sector privado. Conformación del Estado con contextura orgánica antimarxista.

2.2. Estructura productiva

a) Estado y concepción del desarrollo

Revitalización de la dinámica capitalista interna y de la integración al sistema regional, subregional y mundial.
Promoción de las inversiones de capital externo.

b) Modalidad de gestión económica

Retracción de la intervención estatal en el proceso económico. Revitalización de libre iniciativa y libre competencia en el mecanismo de mercado interno y externo.
Primacía de la comercialización privada con precios liberados de controles públicos. Rol del Estado limitado a árbitro regulador y orientador que asegura la igualdad de oportunidades.

c) Régimen de propiedad

Primacía de la propiedad privada y del sector privado en el sistema económico. Retracción del Estado en la apropiación social de la empresa económica.

2.3. Estructura de Consumo

a) Política Social

Inversión social en armonía con el desarrollo económico.
Transferencia al sector privado de responsabilidades en los servicios sociales.

b) Política Salarial

Orientación a la recuperación del poder adquisitivo, pero subordinada al nivel del proceso productivo en un marco de austeridad y sacrificio.

4. El problema como objetivo

Los objetivos en torno a los cuales se trama el problema habitacional, es posible encontrarlos manifestados en órdenes de expresiones diversos:

a) En la formulación de objetivos sociales que se efectúan desde el ámbito gubernamental en sus expresiones político-ideológicas nacionales o transnacionales.

b) En las expresiones técnico-normativas del aparato de gestión técnica, administrativa y financiera del gobierno; y

c) En las expresiones diversas de las familias y grupos sociales en su práctica urbana cotidiana;

d) En las expresiones de las instituciones representativas del sector empresarial privado ligado al sector construcción.

En el primer caso, a nivel transnacional, es frecuente encontrar algunas formulaciones sobre objetivos en materia habitacional, inmersos en declaraciones de carácter más amplio sobre el bienestar social. Ejemplo de este tipo de expresiones pueden ser encontradas en la Declaración Universal de los Derechos Humanos de las Naciones Unidas[10] o la Declaración de Derechos de los Trabajadores de la Organización Internacional del Trabajo. (O.I.T.)[11].

En términos más regionales puede señalarse algunas formulaciones de la Carta del Este, en que se suscribe la Alianza para el Progreso[12].

4.1. El objetivo político-ideológico

A nivel intranacional, las formulaciones sobre objetivos de vivienda pueden ser encontradas, en términos generales, como fundamentos o principios dentro del marco de los enunciados de la política social, y en términos específicos, en los planteamientos mismos de la política de vivienda. Un ejemplo reciente puede ser visto en la política social del actual gobierno. En ella, entre otros objetivos, se señala:

10 Naciones Unidas. «Declaración Universal de los Derechos Humanos. Aprobada y proclamada por la Asamblea General el 10 de diciembre de 1948». "Artículo 25.- 1º. Toda persona tiene derecho a un nivel de vida adecuado que le asegure, así como a su familia, la salud y el bienestar y en especial la alimentación el vestido, la vivienda, la asistencia médica y los servicios sociales necesarios;...".

11 O.I.T. T «La vivienda de los trabajadores». Cuadragésima cuarta Reunión, Ginebra 1964. Entre las conclusiones propuestas se señala: 3º. La política nacional debería tener como objetivo el fomento de la construcción de viviendas e instalaciones conexas, a fin de garantizar que se ponga al alcance de todos los trabajadores y de sus familias un alojamiento decoroso.

12 O.E.A. Alianza para el Progreso: «La carta del Este».

13 «Un año de construcción. Informe al país del Jefe de Estado», 11 de septiembre de 1974, en Diario *El Mercurio* del 12 de septiembre 1974, p. 23, 4ª columna.

14 Entrevista concedida a *El Mercurio* por el ministro de la Vivienda, dando a conocer los fundamentos de la Política habitacional del gobierno. *El Mercurio*, 4 de agosto de 1974, p. 34, 1ª columna.

15 Texto del discurso del ministro de Obras Públicas, dando a conocer del Plan de Vivienda aprobado por el Gobierno. *El Mercurio*, 6 de diciembre de 1964. Santiago.

Proporcionar una vivienda familiar digna, dándose especial apoyo y estímulo al esfuerzo propio y a las organizaciones que se conformen para ello[13].

Esta formulación puede ser mejor comprendida con algunas explicitaciones más específicas de la política de vivienda:

Las premisas en que se funda la nueva política habitacional son, en términos menos generales, tres: primera, la vivienda tiene prioridad social en la asignación estable de recursos; segunda, la vivienda es un derecho que los ciudadanos deben ganarse con su trabajo y ahorro y no como fruto de una gratuidad de un Estado paternalista; y tercera, dicha vivienda propia; es una etapa final lo normal deber ser que la etapa inicial de todo ciudadano sea la de arrendatario»[14].

Como ejemplo de otras formulaciones de objetivos habitacionales a nivel de principios generales, puede señalarse las expresadas por el gobierno Demócrata Cristiano en 1964[15]:

1º La vivienda es un bien de primera necesidad al que tiene derecho toda familia. En consecuencia, la vivienda debe estar al alcance de todo grupo familiar, cualquiera sea su nivel socio-económico.

2º El Estado atenderá preferentemente a los grupos humanos de escasos recursos en la solución de su problema de vivienda.

3º La vivienda debe reunir condiciones mínimas aceptables en cuanto superficie inicial, calidad y crecimiento futuro que permitan el desarrollo normal de la familia.

4º La vivienda deberá contar con el equipamiento circundante indispensable para completar la vida familiar y para promover el desarrollo comunitario.

5º La solución del problema habitacional deberá contar con la iniciativa y participación de los sectores afectados. El Estado fomentará esta participación de la comunidad estimulando y dando cauce a todos los recursos sociales, técnicos y económicos que permitan aprovechar el potencial humano disponible.

6º La vivienda deberá ser pagada total o parcialmente por el adquiriente en su valor real, según su situación económica y en ningún caso regalada. El Estado suplirá la falta de capacidad de pago de ciertos sectores, haciéndose cargo de la diferencia. En aquellos casos de sectores de muy bajos ingresos el aporte de los interesados podrá ser de mano de obra organizada y promovida a través de sistemas de autoconstrucción.

El interés de examinar la formulación de objetivos desde la esfera gubernamental, radica en que tales objetivos enunciados, como principios, postulados o fundamentos, constituyen una perspectiva y aplicación específica del modelo socio-político global y permiten definir más nítidamente su fisonomía. Pero principalmente estos objetivos constituyen el referente político-ideológico, dentro del cual se encuadra y puede ser comprendida la lógica resolutiva de una modalidad de operación específica.

Esta situación podría ser advertida al examinar sistemática y retrospectivamente los objetivos formulados en otros momentos de la historia del problema habitacional en nuestro país. Esto, correlacionado con el examen del proceso jurídico político en sus manifestaciones normativas y con el proceso económico-social constituye una orientación temática, que podría promover algunas referencias sobre el desarrollo de las acciones resolutivas sobre el problema habitacional en nuestro país.

4.2. Retrospectiva

Hacia fines de 1936, la preocupación por los temas habitacionales en la esfera del proceso jurídico-político llevó a la constitución de mecanismos institucionales y normativos, cual fue la creación de la Caja de la Habitación Popular, la primera institución central de vivienda con una fisonomía orgánica y la más cercana precursora de nuestras actuales instituciones. Aunque parezca anecdótico, vale la pena señalar algunos objetivos formulados en las declaraciones públicas de entonces:

> …dar impulso a la adquisición de la habitación higiénica y confortable, al alcance de nuestras clases asalariadas… alcanzar la formación del hogar chileno, o sea, la familia, cédula primera en la cual descansan como granítica base, las sociedades y los pueblos: sin casa no hay hogar; sin hogar no hay familia y sin familia no hay nación. Ahora bien, la familia tiene derecho a poseer, conviene al Estado facilitarle la adquisición de un bien raíz, o sea, el dominio familiar, especialmente la cultura de un pedazo de tierra del suelo nacional, por pequeño que sea[16].

En otras partes del discurso ideológico de entonces, se decía:

> En la historia de la humanidad, la edad de piedra marca la época de la civilización incipiente; en la de nuestra nacionalidad podrá hablarse más tarde, cuando se trace la ruta de su progreso, de la edad del conventillo y del rancho, que equivale a insalubridad e incultura; a mortalidad vergonzosa; al alcoholismo y miseria; causas y efectos de un Estado deplorable que ha mantenido al pueblo en este estado de semi-civilización.

> Tenemos derecho a esperar que la aplicación cuidadosa de la ley en cuestión marque el comienzo de una nueva era, que cambie radicalmente, mejorándolas en forma sensible, las condiciones de vida del pueblo y de las personas de escasos recursos, ya que ésta extenderá también su acción, la Caja… creada para propender al fomento de las viviendas salubres y de bajo precio, huertos obreros y familiares.

> Señores, nos une la más notable de las causas, aquella que inspirada en cristianos sentimientos de solidaridad social, anhela vivamente el

16 Del discurso del Consejero don Carlos Vergara Leyton a nombre de la Junta Central de la Habitación Popular, 24 de noviembre de 1936. «Exposición de la Habitación Económica. Conferencias y Estudios. Santiago». Gutenberg, 1937.

17 Del discurso del senador, Alejo Lira Infante, autor de la ley que crea la Caja de la Habitación. 26 de noviembre de 1936. «Exposición de la Habitación Económica. Conferencias y Estudios. Santiago». Gutenberg, 1937.

bienestar de las clases desheredadas de la fortuna y el mejoramiento efectivo de sus condiciones de vida hasta donde las posibilidades económicas por desgracia harto limitadas, lo permitan..., dotar al pueblo de viviendas sanas; de hacer propietario al obrero de su casa habitación llena de luz, de sol, de aire puro, donde pueda feliz constituir su hogar, tranquilo, descansar de las fatigas del trabajo diario; amante de su patria, contribuir a su engrandecimiento, cumplidor de las leyes divinas y humanas, bendecir la mano de la Providencia que lo llamó a la vida en una tierra fértil y venturosa, cuyos hijos depositarios de honrosas tradiciones aman el orden, la libertad y el progreso[17].

Paralelamente, en el sector institucional educacional, el discurso ideológico, postulaba un conjunto de objetivos que complementan la lógica resolutiva predominante.

Las escuelas Técnicas Femeninas, por la variedad de las enseñanzas especializadas que imparten y que están llamadas a la práctica personal y directa por sus alumnas en el taller multiforme del hogar y de la vida industrial y comercial, tienen un enorme concurso que aportar en la realización de la aspiración nacional de «casa propia» para el «hogar popular»... Nuestras Escuelas Técnicas Femeninas, con sus hermanas las Vocacionales del grado primario, entregan directamente a la sociedad, sin otros traspasos, a su alumnado... Es en el hogar, donde se gestan las grandes virtudes ciudadanas de la madre, del padre, del ciudadano honesto y de los hijos virtuosos. En los hogares debe tener significación real y expresión de vida concreta el trabajo, ora en el huerto familiar, ora en el taller casero.

Primeramente debemos preparar a las niñas que concurren a las aulas y talleres de nuestras Escuelas Técnicas, para que puedan reconstruir el taller familiar... En seguida debemos enseñar la práctica real de profesiones que no sea posible, ni conveniente seguir ejerciendo en el recatado tallercito hogareño, junto al corazón tierno de la madre y bajo la mirada celosa del padre... Bajo el título de Economía Doméstica del Programa Educacional, que desarrolla el Plan de Estudios de la Enseñanza Técnica Especializada, caben las más variadas actividades del Huerto Familiar, en la floricultura, en la avicultura, en la horticultura, en la cunicultura, etc.

Si el jefe del hogar, por la voluntad de factores extraños a su iniciativa de trabajo, no consigue hacer frente a las necesidades más vitales de la familia, debe pues ésta coadyuvar a la economía doméstica contribuyendo con su esfuerzo y desprejuiciamiento social a mantener el bienestar general de su propia existencia. Este es el propósito fundamental que persiguen las escuelas Vocacionales masculinas y femeninas del país... La casa del obrero y del empleado, debe ser una colmena de acción disciplinada en el trabajo económico... En Chile, solucionado en su primera etapa el problema de la habitación, de la casa propia, higiénica y confortable, queda en seguida la misión de formar la capacidad de la producción industrial casera, la que por su propia naturaleza y simplicidad de costo y dominio de técnica, puede tener una fácil colocación en el mercado[18].

Finalmente puede señalarse, completando este cuadro, una de las formas instrumentales propuestas para la consecución de los objetivos y que llega a tener fuerte impacto como inspiración de varias realizaciones habitacionales de entonces.

¿Cómo ir en ayuda del obrero, poniendo a su alcance la suma que se le reclama para realizar la codiciada aspiración de tener casa propia? Este fue el problema que se presentó con intensidad a dos hombres de gran espíritu social que vivían en Bruselas». El Abate francés Gonel y el belga Goemaere.

Goemaere reconoció en el acto, la importancia de convertir a los obreros en hortelanos, durante sus horas libres, pero tuvo la concepción original de cambiar sustancialmente el punto de partida. En vez de que el jardín fuera el galardón de la economía ya realizada, sería la fuente que llegaría a producir el ahorro. Se invertirían los términos fijándolos en este orden: jardín primero; economía después; para llegar finalmente al desiderátum de la casa propia[19].

La implementación de esta idea, dio origen en Bélgica a la formación de la Liga Nacional del Rincón de Tierra y del Hogar. Durante las tres primeras décadas, el desarrollo de esta iniciativa en Europa dio origen a la constitución de la Oficina Internacional del Rincón de Tierra y los Jardines Obreros.

Valdría pues la pena designar una comisión que elaborara un anteproyecto de estudio sobre la implantación del huerto obrero, adaptando a la realidad chilena las normas europeas. Y con la cooperación de los técnicos, de la iniciativa privada, del municipio y del gobierno, podría Chile hacer suya y valorizar, en la práctica, la conclusión por M. Daubry en los Estados generales de la Familia Francesa en mayo de 1923: La familia tiene derecho de habitar casa decente y cultivar una parcela del suelo nacional[20].

La apreciación de estas formulaciones podría ser mejor realizada analizando el proceso sociopolítico y socioeconómico en la situación de entonces. Habría que situar la lógica resolutiva y sus modalidades operacionales en el contexto de un período en que las condiciones de vida habían alcanzado niveles críticos y se desplegaban amplios movimientos en el plano de las reivindicaciones laborales, las organizaciones sindicales en búsqueda de una unidad orgánica nacional y el sistema político-partidario en el montaje de una estrategia frente-populista.

Desde la perspectiva socioeconómica, se iniciaba en Chile el proceso de industrialización sustitutiva y comenzaba a diluirse las condiciones de posibilidad de la industria artesanal frente a las empresas fabriles.

18 Del discurso de don Héctor Álvarez, jefe del Departamento de Enseñanza Técnica del Ministerio de la Habitación. 26 de noviembre de 1936. «Exposición de la Habitación Económica. Conferencias y Estudios. Santiago». Gutenberg, 1937.

19 Del discurso de don José María Narbona, Jefe de Sección Escuelas Vocacionales del Ministerio de Educación. «Exposición de la Habitación Económica. Conferencias y Estudios. Santiago». Gutenberg, 1937.

20 Ibíd.

Con esta retrospección se ha querido sólo señalar una posibilidad de orientación temática en el campo del problema habitacional chileno.

4.3. El objetivo técnico

Los objetivos formulados en el discurso político-ideológico por el estamento de la autoridad adquieren una naturaleza diversa al ser traducidos a formalizaciones técnicas en las instancias de gestión técnico-administrativas. En este ámbito los objetivos adquieren el ordenamiento que le imprime la racionalidad tecno-social predominante, llegando a configurar ciertas ortodoxias en las perspectivas analíticas y a establecer ciertas rutinas en los procedimientos.

El objetivo técnico llega así a construir su propia objetividad y su propia racionalidad en un plan abstracto, revistiéndose de cierta neutralidad y autonomía respecto de los objetivos político-ideológicos.

En algunos momentos del proceso gubernamental, los objetivos técnicos sirven para acotar y definir las formulaciones de los objetivos políticos. En otros momentos la explicación del análisis técnico resulta disfuncional y contradictorio al discurso político-ideológico. Pero el marco de referencia abstracto en que opera el análisis técnico excluye toda lógica de impugnación, constituyendo así un campo de manipulación capaz de proveer bases de justificación a la acción política.

El problema de las relaciones entre objetivos políticos y objetivaciones técnicas, constituye una temática importante a dilucidar en relación al problema habitacional.

En el contexto de los objetivos técnicos sobre materias habitacionales, podría distinguirse un objetivo central, característico de la realidad de nuestras últimas décadas, cual es el de lograr un nivel de producción habitacional que impida el agravamiento de las condiciones deficitarias imperantes. Este nivel de producción se expresa en metas anuales de edificación en torno a las cuales se desarrolla la programación de vivienda.

El reconocimiento de «limitaciones estructurales», en la realidad socioeconómica del país, ha llevado al aparato de gestión técnica a considerar las condiciones habitacionales del país como una situación deficitaria de arrastre, producto de un proceso acumulativo en el tiempo, cuya resolución sólo podrá ser abordada a largo plazo a través de un proceso gradual. Entre tanto, el grueso de los esfuerzos resolutivos se concentra en satisfacer las nuevas necesidades que se van generando anualmente, a objeto de no incrementar el déficit de arrastre.

Algunos análisis de la necesidad anual de construcción de nuevas viviendas (demanda normativa) establecen una meta de 62.000 viviendas como promedio anual para el decenio 1970-1980 (42 mil viviendas por concepto de crecimiento vegetativo vinculado al incremento en la formación de nuevos hogares y 20 mil por reposición de las pérdidas del stock).

Dentro del mismo análisis se señala que si se pretendiese eliminar el déficit de arrastre en un periodo de 30 años, sería necesario construir adicionalmente 20.000 nuevas viviendas como promedio, y en tal caso la meta anual alcanzaría la magnitud de 82.000 viviendas como promedio[21].

Actualmente, según algunos análisis recientes de la demanda normativa, se establece que la necesidad de construcción habitacional es de 44.269 unidades (32.518 por crecimiento demográfico; 11.751 por reposición stock).

En relación al déficit de arrastre, se estima que alcanza la magnitud de 600 mil viviendas, lo que significa una tasa de deficiencia aproximada de 60 viviendas cada mil habitantes. Si se pretendiese reducir esta cifra a 50 viviendas por cada mil habitantes, en un plazo de 10 años sería necesario establecer una meta 54.269 viviendas como promedio anual[22].

Estas discrepancias cuantitativas en la formulación de los objetivos técnicos en materia habitacional son bastante frecuentes y se originan por la variación de la información y de los procedimientos utilizados en el análisis, particularmente aquellos referentes a estimaciones futuras sobre la base de métodos proyectivos.

Pero también existen otras razones: a pesar del carácter puramente cuantitativo de estas formulaciones, hay en los elementos de definición de los objetivos técnicos un plano de consideraciones valóricas normativas. Por ejemplo, la estimación cuantitativa del déficit habitacional supone la definición de aquello que se considera como «vivienda aceptable» y «vivienda no aceptable», lo cual a su vez supone la adopción de ciertos criterios y precisiones sobre lo que se entenderá por «vivienda».

Este tipo de estimaciones y precisiones constituye en sí un problema básico de evaluación en las técnicas de análisis y de medición, como por ejemplo los censos de población y vivienda.

Otras orientaciones analíticas para la definición del objetivo técnico ponen su atención no tanto en la demanda normativa, sino en la denominada demanda real o efectiva o demanda canalizada.

En términos esquemáticos, el enfoque de la demanda efectiva, plantea la posibilidad de definir la necesidad de construcción de nuevas viviendas, en términos de las solicitaciones específicamente manifestadas como demanda, a través de un conjunto de canales institucionales. Estos canales están estructurados de modo de producir una estratificación económica del mercado (submercados). El elemento estructurador de esta estratificación es la capacidad de pago censurada por la relación ingreso-ahorro.

A esto corresponde, en cuanto oferta, un repertorio de viviendas ordenado según una codificación de estándar, escalonados en tramos de acuerdo a la estratificación de la capacidad de pago.

Complementariamente, suele introducirse algunos matices de estructuración social de la demanda, en términos de prioridad calificada

21 Servicio de Cooperación y Técnica y Caja Central de Ahorro y Préstamo. *El mercado de la vivienda en Chile.* Santiago, enero de 1970.

22 D.P.D.U. y MINVU. *Recomendaciones para el sector Vivienda y urbanismo. Resumen compatibilizado,* Santiago, febrero de 1974.

según diversos factores, tales como: tamaño familiar, familias afectadas por situaciones de erradicación, demolición, etc.

En términos de objetivo técnico, una referencia importante en nuestro país la constituye el Programa Decenal de Vivienda, dentro del Programa Nacional de Desarrollo Económico 1961-1970, preparado por CORFO.

Este programa estableció como meta para cubrir la demanda normativa, la construcción de 538.000 nuevas viviendas en el decenio 1961-1970 (395.000 viviendas por crecimiento de la población, 85.000 por reposición y 58.700 por construcción de viviendas destruidas por los sismos de 1960).

Este monto se desagregaba del siguiente modo[23]:

23 Rosemblüth, G.«La oferta en la Política de Vivienda en Chile». CEPAL, marzo 1966.

Viviendas urbanas:	444.500	Viviendas rurales:	94.200
Obreras	321.090	Obreras	85.630
Medias	86.070	Medias	1.980
Altas	37.340	Altas	6.590

Los patrones o estándares habitacionales adoptados para la construcción de estas viviendas fueron los siguientes:

	Superficie Vivienda		Superficie promedio por persona (5.5 habit.)
Obrera	40.0 m2	Obrera	7.3 m2
Media	82.5 m2	Media	15.0 m2
Alta	137.5 m2	Alta	25.0 m2

Estos dos últimos aspectos anotados: las magnitudes de la desagregación en la meta de edificación habitacional, según estratos socioeconómicos, y los estándares o patrones habitacionales que definen las características de habitabilidad de las viviendas y del ambiente residencial a construir, constituyen dos elementos de fuerte carácter valórico-normativo en la definición del objetivo técnico. Estos aspectos, dentro del marco de las condiciones de la inversión sectorial y de las condiciones financieras que definen la magnitud de la acción, constituyen factores básicos en la orientación de la acción, en cuanto interpretación de los objetivos políticos.

En relación al primero de estos aspectos puede señalarse como ejemplo algunas formulaciones en otros momentos de la historia de los esfuerzos resolutivos:

Forma también parte importante de nuestra política habitacional, la decisión de alterar las actuales proporciones en que se reparten los niveles de viviendas que se construyen entre los distintos sectores socio-económicos que integran nuestra comunidad. Hasta ahora, sólo un tercio de las viviendas que se levantan, tanto por el sector público, como por el sector privado, está dirigido hacia los grupos de menores ingresos, mientras que los dos tercios restantes sólo pueden ser adquiridos por los sectores medio altos. Es evidente que ello no puede llamarse una política popular. Nuestra intención hacia la cual destinaremos nuestros mayores y mejores esfuerzos, es invertir tales proporciones, de manera que, los sectores socio-económicos de más bajos ingresos se vean favorecidos con las dos terceras partes del total de edificación»[24].

Este planteamiento de objetivo político significó, en términos de objetivo técnico, la formulación de las siguientes metas físicas por tipo de vivienda para el sexenio 64-70 en labor directa CORVI.

Vivienda	Número de Viviendas
Mínima	143.200
Media	17.300
Superior	3.400
Total	163.900

Sin embargo, en la práctica, sólo en el año 1965, CORVI contrató obras en viviendas superiores por cerca de 5.000 unidades, excediendo a las 3.400 asignadas para todo el sexenio[25].

En relación a los patrones habitacionales, también suele formularse algunas explicitaciones al expresar objetivos políticos.

Se considera, como se ha dicho antes, que una vivienda de menos de 50 metros cuadrados constituye una solución que en modo alguno es aceptable para el desarrollo normal de la familia. Esta vivienda «parche» se deteriora con rapidez y en definitiva debe tomarse como una base, dentro del sistema de ampliación modular de la construcción moderna, para ampliaciones a una superficie mayor de 50 metros cuadrados. El Ministerio no favorecerá la construcción y venta de este tipo de viviendas por bajo el mínimo social que requiere una familia[26].

4.4. Los patrones habitacionales

Este aspecto de los patrones o estándares habitacionales, dentro de los elementos de formulación del objetivo técnico, constituye uno de los temas centrales en la reflexión arquitectónica y urbanística sobre el problema habitacional.

El objetivo político frecuentemente expresado de una «vivienda digna» y el condicionamiento de la vivienda como bien final, en términos de las posibilidades de inversión y las condiciones financieras del mercado consumidor y mercado productor, han conducido a lo que en la retórica oficial suele llamarse «la vivienda de interés social». Esto es, el repertorio de oferta habitacional efectuado por la esfera gubernamental para apoyar y acoger la demanda no solvente.

24 Texto del discurso del ministro de Obras Públicas y Transportes, señor Modesto Collados. Domingo 6 diciembre de 1964. *El Mercurio*, p. 51.

25 CEPAL. División de Asuntos Sociales. «El plan sexenal de Viviendas en Chile 1965-1970». Agosto 1966.

26 En entrevista concedida a *El Mercurio* por el ministro de la Vivienda. 4 de agosto de 1974, p. 39, refiriéndose a vivienda mínima.

Las limitaciones financieras y de inversión con que esta oferta se genera y la percepción de la magnitud de la penuria de vivienda, gravitan sobre las características físicas del hábitat material, particularmente de la edificación, como resultado de la orientación que asume la acción técnica en su búsqueda de la minimización de los costos. De ello resulta que el concepto de «vivienda de interés social» tiende a ser substituido por el concepto de «vivienda mínima», en la medida que los estándares de habitabilidad se definen en los límites inferiores de las condiciones de posibilidad de la vida familiar.

Los estándares de la acción habitacional oficial constituyen una formulación técnico-operacional de las condiciones y requisitos que debe cumplir la materialización y el ordenamiento del hábitat residencial, a fin de asegurar un grado de habitabilidad determinado.

La definición de un grado determinado de habitabilidad, expresado en estándares mínimos, implica la consideración de muchos factores interdependientes que se presentan en el análisis, en estratos más o menos inmediatos, de acuerdo a su grado de complejidad.

En términos generales y esquemáticos, los factores más inmediatos que definen las condiciones de edificación mínima operantes para sustentar un determinado grado de habitabilidad, pueden ser agrupadas en los siguientes complejos de variables:

a) Las características ecológico-demográficas de la necesidad social de vivienda.

b) Las condiciones del desarrollo del patrimonio inmobiliario urbano.

c) Las características tecnológicas y de la estructura productiva.

d) Las condiciones de habitabilidad para el desenvolvimiento de la vida familiar.

Estos cuatro grupos complejos de variables, al ser relacionados en un sistema de interdependencia, permiten obtener una primera caracterización de estándares y una delimitación de los costos y volumen de producción habitación. Estos costos, al compatibilizarlos con la magnitud y capacidad de pago de la demanda no solvente y con las disponibilidades de inversión y financiamiento del Estado, configuran nuevas determinaciones de poderosa gravitación sobre los estándares habitacionales.

Estos cuatro complejos de variables indicados constituyen importantes perspectivas temáticas, que dentro de las limitaciones de estas notas sólo pueden ser someramente enunciadas:

a) Las características ecológico-demográficas de la necesidad social de vivienda

Un primer enmarcamiento de determinaciones y condicionamientos de los estándares de vivienda surgen del análisis y estimación de las necesidades habitacionales en referencia a diversos factores, tales como: la magnitud demográfica de la población y sus tendencias de cambio, su distribución territorial y sus rasgos de concentración y dispersión, las características de tamaño y composición familiar, etc.

En este contexto, la apreciación cuantitativa y cualitativa del stock de vivienda provee, también, una caracterización del déficit de viviendas y de la generación de nuevas necesidades.

Otros factores relacionados con la regionalización del territorio, en términos de la gravitación de las condiciones del medio natural, la localización de los recursos, la accesibilidad, etc., proveen también importantes determinantes y condicionamientos a la edificación.

b) El nivel de calidad y el desarrollo del stock físico inmobiliario urbano

Diversas formulaciones técnico-normativas de la edificación, tales como: densidad de edificación, características de la subdivisión predial, tipo de edificación en extensión o en altura, grado de consolidación de la edificación, como bien final (vivienda provisional, vivienda de desarrollo progresivo, vivienda definitiva, etc.) están influidos por la imagen-objetivo y metas de desarrollo urbano, particularmente en lo referente a la estructuración del espacio residencial.

En este contexto, un aspecto se refiere a la imagen-objetivo, que se desea alcanzar en cuanto, fisonomía y grado de consolidación, del patrimonio inmobiliario urbano de la ciudad en general y de sectores específicos de ella. Además, los procesos de obsolescencia y deterioro hacen necesario establecer formas de control de crecimiento y desarrollo del stock físico en el proceso de consolidación, algunas de las cuales implican determinadas condiciones de edificación.

c) Las características tecnológicas y potencial de la estructura productiva

Las condiciones en que operan los diversos factores que intervienen en el proceso productivo, tales como disponibilidad de insumos, calificación de la fuerza de trabajo, nivel de organización de las empresas, intensidad del empleo de capital, nivel tecnológico de los medios y procesos de trabajo, etc. delimitan la fisonomía general de las condiciones de edificación.

d) Las condiciones materiales de la habitabilidad necesarias para el desenvolvimiento de la vida familiar

Se agrupan aquí aquellos factores que constituyen el centro de la problemática del diseño arquitectónico en relación a la vivienda, el universo de factores biopsíquicos, psicosociales y socioculturales de la vida familiar que condicionan y determinan el diseño del hábitat residencial.

En relación a este último complejo de variables, sin pretender iniciar un desarrollo analítico y a título de mera ilustración, puede señalarse un subtrato de determinaciones y condicionamientos de mayor complejidad que requieren ser perspectivizados como posibles orientaciones de estudio.

Las delimitaciones de las condiciones de habitabilidad mínimo-operantes, necesarias para el desenvolvimiento pleno de la vida familiar, está informada por el análisis y síntesis teórico-conceptual de diversas líneas disciplinarias e interdisciplinarias sobre la familia y por formulaciones técnico-normativas, de grado diverso de fundamentación científica, que conforman la práctica de la acción arquitectónica.

Este cuerpo de conocimiento e información operacional no posee ciertamente una estructura hermética a la realidad social en que está inserto, y gravitan sobre él los rasgos concretos que en la realidad asume la penuria de vivienda.

En la práctica del habitar cotidiano de una sociedad, es posible establecer o percibir el nivel de las condiciones biopsíquicas y psicosociales predominantes de la habitabilidad residencial. La apreciación más o menos sistemática de este nivel, produce un efecto de relativización del encuadramiento de habitabilidad que provee la reflexión teórico-normativa, y más que eso, penetra la consistencia interna del discurso conceptual que la produce con nociones necesariamente ideológicas y valóricas.

Aun así, en una sociedad en que resulta «normal», la situación anómala de 600 mil personas pernoctando cotidianamente a la intemperie en las calles de la ciudad capital, las condiciones de habitabilidad mínimo-operantes, definidas por la reflexión teórica y técnica, puede llegar a muy superflua para la adopción de estándares que en definitiva hará la acción oficial.

En un estrato más subyacente, la magnitud e intensidad de la penuria de vivienda parece estar relacionada (dentro del marco general de condiciones socioeconómicas globales tanto internas como externas), con el estado de bienestar en cuanto constituye una componente de las condiciones mínimo operantes para el desempeño de la fuerza de trabajo a un nivel compatible con los objetivos de desarrollo que propone o prescribe la estructura de poder (ver cuadro N°1).

Esto implica asumir que existe un nivel de bienestar (una de cuyas componentes centrales es la vivienda), por bajo la cual comienza a tornarse gradualmente ineficiente la aplicación de la fuerza de trabajo productivo en relación a las metas de producción. De modo concomitante, las potencialidades de las fuerzas reivindicantes, que históricamente se han forjado en la sociedad, respecto de los valores de bienestar y de desarrollo, adquieren formas emergentes de expresión que gravitan sobre las bases de racionalidad y justificación del aparato de poder. Esto está, ciertamente, delimitado por su capacidad de control y/o represión del aparato de poder y por las aptitudes generales del modelo socio-político, imperante para resolver las situaciones de cambio social y de integración social. Las condiciones generales de participación social y, en términos específicos, la política social de gobierno modulan las expresiones de reivindicación e influyen en el estado de bienestar.

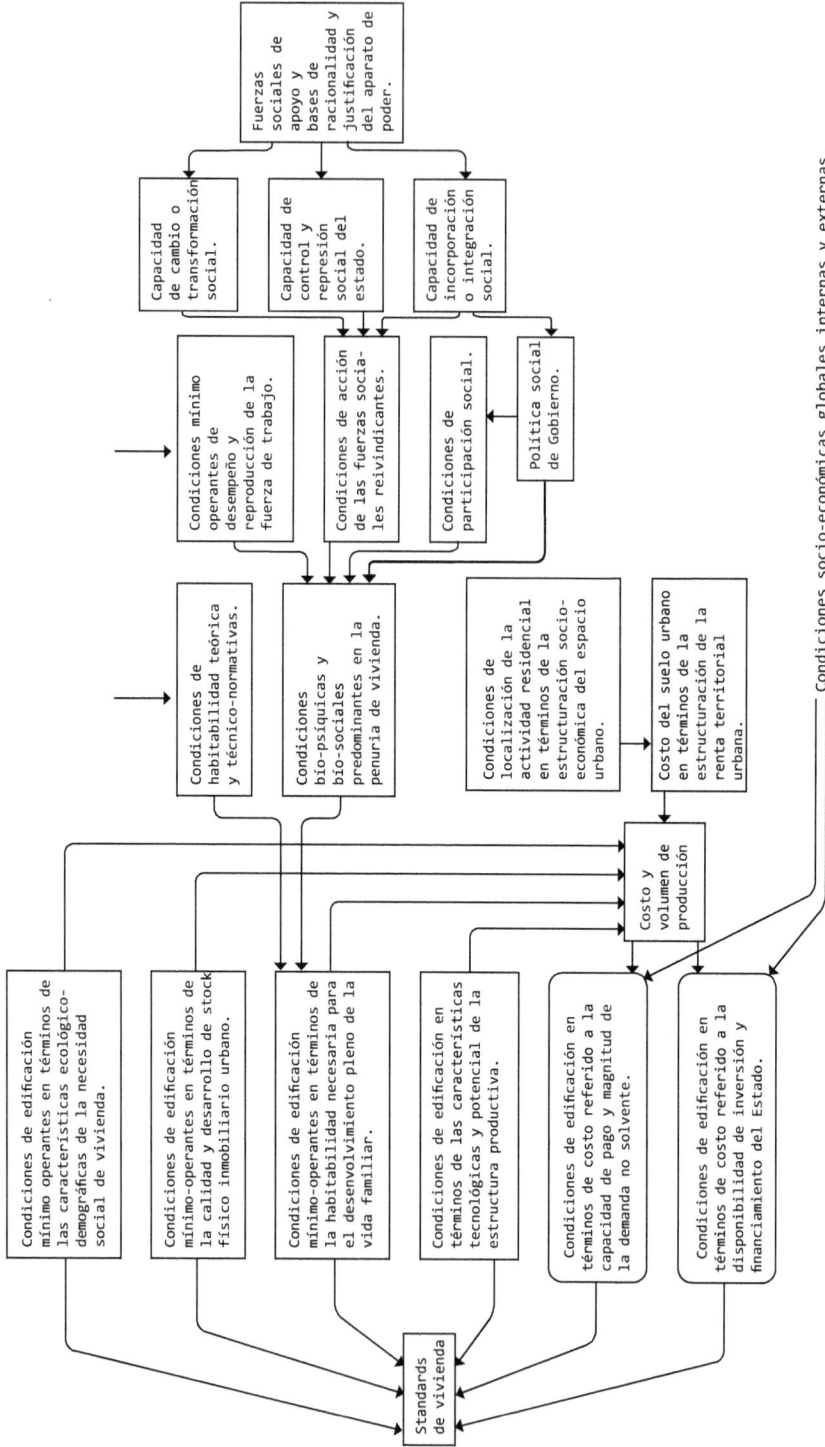

Fuerzas sociales de apoyo y bases de racionalidad y justificación del aparato de poder.

Capacidad de cambio o transformación social.

Capacidad de control y represión social del estado.

Capacidad de incorporación o integración social.

Condiciones mínimo operantes de desempeño y reproducción de la fuerza de trabajo.

Condiciones de acción de las fuerzas sociales reivindicantes.

Condiciones de participación social.

Política social de Gobierno.

Condiciones de habitabilidad teórica y técnico-normativas.

Condiciones bío-psíquicas y bío-sociales predominantes en la penuria de vivienda.

Condiciones de localización de la actividad residencial en términos de la estructuración socio-económica del espacio urbano.

Costo del suelo urbano en términos de la estructuración de la renta territorial urbana.

Costo y volumen de producción

Condiciones de edificación mínimo operantes en términos de las características ecológico-demográficas de la necesidad social de vivienda.

Condiciones de edificación mínimo-operantes en términos de la calidad y desarrollo de stock físico inmobiliario urbano.

Condiciones de edificación mínimo-operantes en términos de la habitabilidad necesaria para el desenvolvimiento pleno de la vida familiar.

Condiciones de edificación en términos de las características tecnológicas y potencial de la estructura productiva.

Condiciones de edificación en términos de costo referido a la capacidad de pago y magnitud de la demanda no solvente.

Condiciones de edificación en términos de costo referido a la disponibilidad de inversión y financiamiento del Estado.

Standards de vivienda

Condiciones socio-económicas globales internas y externas.

186

4.5. Familia y Vivienda

Aunque no es posible, dentro de las limitaciones de estas notas, enunciar el universo temático que significa precisar las condiciones de habitabilidad residencial en términos de los requerimientos socioculturales de la vida familiar, conviene señalar muy sucintamente algunas cuestiones que se considera pueden tener un valor indicativo como orientación temática.

Más allá de los estándares habitacionales, la configuración arquitectónica del hábitat residencial en cuanto acción social racional a nivel técnico e institucional, representa una postulación de adecuación de la vivienda, respecto a la familia. Por provenir ella desde la esfera de gestión de gobierno, reviste el carácter de una respuesta oficial, y por consiguiente se constituye en representación de las formas y niveles de satisfacción de la pluralidad de necesidades y aspiraciones de los diversos grupos y segmentos sociales a quienes va dirigida la acción oficial.

En el caso de una sociedad altamente integrada en sus diversas dimensiones, esta respuesta oficial, en cuanto representación, puede tener un grado alto de correspondencia con el cuadro general de necesidades-aspiraciones de cada grupo o segmento social. Un alto grado de integración no implica ausencia de diferenciación interna.

En el caso de una sociedad con un bajo grado de integración, la acción oficial podría representar sólo los valores y significaciones que prevalecen como resultado de la influencia cultural que ejercen los valores y significaciones de un particular grupo social en situación de predominio. Esta influencia cultural puede ser bastante extensa y orgánica y constituir una envolvente ideología global. En estas circunstancias, los problemas de adecuación familia-vivienda pueden agudizarse cuando no existen estructuras de participación capaces de canalizar la expresión de necesidades y aspiraciones, y la detección de ellas queda confiada sólo al análisis de profesionales y analistas.

En el estudio de formulaciones habitacionales, las consideraciones analíticas sobre la vida familiar suelen estar condicionadas por envolventes ideológicas que pueden llegar a ser limitantes para una creatividad innovativa.

El desenvolvimiento de la vida familiar puede ser entendido, en sus rasgos esenciales, como un conjunto de acciones que realiza la familia, tanto en un plano interno, a nivel de los roles familiares individuales, como en un plano externo, a nivel del grupo familístico, en sus relaciones con la comunidad, con el fin de dar cumplimiento a las funciones de la institución familiar.

Tales funciones constituyen formalizaciones normativas concretas de orden sociocultural con características de prescripción o recomendación explícita o implícita. Las acciones necesarias para el cumplimiento de estas funciones asignadas a la institución familiar deben realizarse de acuerdo a pautas de conducta, también explícita o implícitamente prescritas o recomendadas.

En otros términos, fines y medios, en el desenvolvimiento de la vida familiar, están determinados socioculturalmente. Ello no significa desconocer y restar importancia a la consistencia biopsíquica de la vida familiar y su desenvolvimiento. Indudablemente existe una base de impulsos o necesidades primarias trascendentes constitutivas de la solidaridad omnicomprensiva del ser familiar. Lo que se quiere indicar es que el modo de existencia concreto de esta base biopsíquica es asumiendo significaciones valóricas y normativas. Estas significaciones elaboradas en el ámbito sociocultural dan sentido concreto a la interacción humana del grupo familístico y a los elementos materiales de que se sirve. Por consiguiente, ellas no son inmutables ni constantes para toda sociedad en todo momento de la historia, sino que, como es sabido, dependen de la particular historia del devenir de una sociedad o un grupo social y de los cambios que experimenta.

La distinción de estos planos en el desenvolvimiento de la vida familiar, uno biopsíquico y otro sociocultural, como expresión concreta del primero, es importante, por cuanto frecuentemente, para propósitos de acción, las consideraciones analíticas sobre la familia suelen interpretar el conjunto de características de su actividad intra y extra doméstica, transfiriéndola a un plano de raigambre biopsíquica, pretendiendo con ello acotar la radicalidad trascendente del ser familiar. Con ello se incurre en una doble reducción: por una parte se despoja a la institución familiar de su carácter dinámico, y por otra, se la torna genéricamente abstracta.

Es justamente con esta abstracción con la que se pretende apreciar la institución familiar, como formando parte del orden natural de las cosas y, por consiguiente, vaciándola de sus significaciones y omitiendo sus calidades en cuanto resultado cultural del desenvolvimiento de las acciones humanas.

Lo que es hoy la institución familiar, se configura así en un cuerpo de verdades generales para la realidad de todos los grupos sociales, de tal modo que cualquier distinción de sus objetivos y metas de desarrollo aparece como cuestionario gratuito o negativo para la institución familiar en general.

La idea de que coexisten diversas formas de expresión del desenvolvimiento de la vida familiar en una sociedad o en sociedades distintas, o en diversos momentos de la historia, se encuentra enormemente divulgada por la investigación social. Ello no obsta, sin embargo, para que a veces se insista en transferir las características del presente sociocultural de la vida familiar a un plano biopsíquico atemporal. Este hecho encuentra una vía de explicación cuando se advierte que esta particular transferencia en relación con la vida familiar no es de ningún modo un hecho aislado, sino que hace parte de un universo de transferencias que promueven el orden social vigente a la jerarquía de orden natural en diversos aspectos del acontecer social.

Esto nos lleva a una nueva dimensión problemática que se vincula con nuestra pregunta inicial: ¿de qué modo la convivencia familiar y su relación con los elementos de la cultura material y, por consiguiente, sus necesidades, aspiraciones respecto a la vivienda, están condicionadas o hacen parte de la cultura predominante o están impregnadas de sus significaciones?

Por cierto, no es posible proporcionar aquí una respuesta a esta interrogante. Diversas observaciones ya han sido hechas en algunos análisis de esta cuestión, pero no constituyen una sistematización suficientemente particularizada a nuestra preocupación[27]. Sin embargo dentro de un ánimo de explicación, conviene hacer algunas indicaciones y formular algunas preguntas sobre el particular.

La gravitación del pensamiento predominante respecto del desenvolvimiento de la vida familiar puede ser esquematizada con dos planos de análisis interdependientes: uno relativo al cumplimiento de los roles familísticos, y otro referido a su relación con la vivienda en cuanto elemento de la cultura material.

En el primer plano de análisis sería importante establecer el grado de mixtificación de los biopsíquico y lo sociocultural, en diversos grupos sociales, de situaciones tales como: la introversión autónoma del desenvolvimiento de la vida familiar (no nos metemos con nadie), más aparente que real, pero que condiciona situaciones concomitantes que obstaculizan las articulación de intereses del habitante en torno a problemas de su hábitat residencial, que están dentro del ámbito de su autogestión, la introdomesticidad de los roles femeninos, en gran medida superada (una mujer de su casa), que restringe la participación de la mujer a la cotidianidad familiar, substrayéndola a otros aspectos de la participación social.

En el segundo plano podrían formularse las siguientes interrogantes: ¿hasta qué punto existe una hipervalorización de la vivienda como sede de la rutina doméstica cotidiana en cuanto a imagen que se opone a la transferencia de ciertas actividades al equipamiento comunitario? (algunas formas de mantención del vestuario, estudio y labores manuales, alimentación y esparcimiento); ¿hasta qué punto la vivienda influye en las tendencias de acumulación, vinculadas a la propensión al consumo individualista, como situación opuesta a los fines de un consumo socialmente organizado?; ¿hasta qué extremo se hipervaloriza la propiedad como forma de tenencia de la vivienda y cómo ello influye en la demanda habitacional, la localización de las áreas residenciales, la movilidad residencial, etc.?

[27] Véase, por ejemplo: Correa B., Ana. «La vivienda de la Clase Media; Ensayo de Diagnóstico». Seminario. D.D.A.A., FAU., Universidad de Chile. Santiago, s/f. Suárez C., Ricardo: «Elementos para una Metodología de Diseño de Vivienda Popular». Seminario DEPUR, FAU, Universidad de Chile, Santiago, 1971.

4.6. El objetivo como práctica

Hasta ahora nuestra reflexión se encaminaba a identificar en la estructura de gobierno las fuentes de formulación de objetivos y la naturaleza de ellos. Cabe ahora indagar respecto del rol de otros actores en el contexto social. Se trata de los gobernados en cuanto su condición de habitantes y de sus diversas formas socio-organizacionales.

En este cuerpo de actores sociales, en nuestro país es posible reconocer, en las últimas décadas, la emergencia de un proceso creciente de articulación de aspiraciones e intereses y la generación de acciones en torno a los problemas del habitar urbano, particularmente aquellos del hábitat residencial y que se han estado manifestando a nivel ecológico-demográfico en la ocupación ilegal de terrenos, en forma masiva o paulatina, por grupos numerosos de familias. En los últimos años estos procesos poblacionales se generalizaron particularmente en las áreas metropolitanas y adquirieron su máxima intensidad, tomando entonces el carácter de una extensa movilización popular, en muchos casos de gran coherencia y fuerza, como voluntad y conducta organizacional.

En términos generales, el voluntarismo de estas acciones no tuvo, en muchos casos, una inspiración sustantivamente diferente de la que emerge del cuadro socialmente prescrito de metas culturales y medios institucionales. La percepción de las malas condiciones habitacionales era vista más como un efecto de la orientación gubernamental y de la distorsión e ineficiencia de las medidas burocráticas que como uno de los resultados de la estructuración socioeconómica global. En consecuencia, el contenido innovador de estas acciones ha estado puesto más en la operación de los medios que en la formulación de los fines.

Si estas acciones fueron gradualmente rebalsando los marcos normativos e institucionales de formalización y control de las demandas habitacionales y, en general, la estructura jurídica que regula el acceso a la propiedad y uso del espacio, esto no implicaba, en lo esencial, una forma de enfrentamiento político, sino más bien formas de presión reivindicantes sobre las instituciones estatales.

En los últimos años, esta movilización popular que resulta de la articulación de intereses en torno a propósitos de reivindicación habitacional en los sectores más desfavorecidos del proletariado urbano tuvo una componente de conducción política. Ello fue resultado de la acción de ciertos segmentos del aparato partidario que intentaron, en algunos casos con éxito, incorporar la estructura de intereses y aspiraciones habitacionales en un cuadro de estrategias y proyectos sociopolíticos de transformación social global. Aun así, la base de esta movilización seguía siendo, en alto grado, la deliberación interpersonal organizada en su referencia a las dificultades concretas del habitar de las familias en el cuerpo poblacional.

Si no se logra, como una situación generalizada, una articulación de las metas culturales de reivindicación habitacional, en el contexto de una autoconciencia del cuerpo poblacional sobre su posición en la estructura social y en la estrategia política para el cambio, puede sí advertirse una ampliación en la perspectiva de las metas culturales, las que llegan a implicar el panorama general del consumo y de la accesibilidad a la oferta urbana.

Es en este cuerpo de actores sociales y su práctica cotidiana donde podría encontrarse la base más auténtica para el trazado de los objetivos como componente en la formulación del problema habitacional. En sí, el trazado de objetivos habitacionales, en cuanto expresión de las necesidades individual-familiares y comunitarias y sociales del habitante, es una de las temáticas centrales en el estudio de los temas habitacionales.

5. El problema como obstáculo

En la formulación problemática de un hecho, «obstáculo» y «resolución» se presentan como una entidad en que cada uno de estos dos elementos se configura entre sí por un relativismo recíproco difícil de disolver. La perspectivización de los cursos de acción resolutivos solo aparece definida respecto de una determinada concepción de la naturaleza de las circunstancias obstaculizantes, y a la inversa, la particular concepción de la consistencia obstaculizante queda delimitada por el perfil de su permeabilidad a determinadas perspectivas de acción resolutiva.

La superación de esta tautología implicaría la disolución de esta entidad, de modo que cada componente, el obstáculo y el potencial resolutivo, pudiese ser examinado en sus presupuestos con una conceptuación más amplia que la de su formulación.

Para efectos de estas notas y dentro de sus propósitos de prospección temática, se intentará presentar estas temáticas desagregadamente, aun cuando ambos elementos aparecen frecuentemente fusionados o recíprocamente determinados en la literatura sobre el tema.

El «obstáculo», el «potencial resolutivo», así como los «objetivos», en cuanto constituyen del «problema» de la vivienda, poseen un significado y una realidad diferente para los diversos actores sociales que hemos estado considerando. Corresponde, por consiguiente, intentar una caracterización temática del «obstáculo» en la perspectiva del segmento de autoridad política, en el grupo de gestión técnica como el análisis del experto, en el cuerpo poblacional como práctica cotidiana y en el grupo empresarial en su estructura de intereses.

Dentro de las limitaciones de estas notas se enfatizará la perspectiva del segmento de gestión técnica, trazando muy esquemáticamente algunos rasgos de las otras perspectivas indicadas.

5.1. El análisis del experto

La reflexión sobre «el problema de la vivienda» en cuanto situación obstaculizante al mejoramiento de las condiciones habitacionales, constituye un cuerpo temático relativamente consolidado a nivel de las instancias técnicas. Existen sobre él algunas tradiciones de análisis, algunos presupuestos y conclusiones generalizadas que conforman ya cierta ortodoxia y poseen un grado relativamente amplio de divulgación. Esto ha llegado a ser así porque esta temática constituye el cuerpo del diagnóstico, esto es, el elemento central de todos los estudios que se emprenden para fundamentar las estrategias y las modalidades operativas que se formulan.

No se pretende aquí agregar un nuevo análisis a los que hay y han sido formulados, muchos de ellos de gran acuciosidad y acopio de información; lo que se intenta es sólo aportar algunos esquemas que se considera pueden tener algún valor como visión sintética de las orientaciones analíticas principales.

Dentro de las ortodoxias de análisis sobre esta materia se ha llegado a visualizar el problema de la vivienda ubicándolo en un contexto más general y apuntando a sus relaciones e interacciones con órdenes generales de problemas. En efecto, es ya un lugar común en la introducción de todo análisis la afirmación de que el problema de la vivienda no puede ser visto como un fenómeno autónomo o aislado, sino que, por el contrario, debe ser comprendido como una situación, cuyas bases y causas se encuentran en las raíces estructurales de los problemas del desarrollo general del país. Todos los análisis coinciden en la necesidad de develar la complejidad de interacción en las múltiples dimensiones que el problema habitacional posee. Aun aquellos enfoques que apuntan a los aspectos manifiestos del fenómeno coinciden en caracterizarlo como uno de los rasgos morfológicos de las condiciones de vida que, junto con otros (tales como: presencia de desnutrición y subalimentación, niveles altos de morbilidad, rasgos de desempleo y subempleo, bajos niveles de ingreso, niveles altos de analfabetismo y deserción escolar, etc.), conforman una fisonomía general de manifestaciones expresivas de desajustes estructurales en el proceso de desarrollo.

Sin embargo, a pesar de estas aclaraciones y advertencias preliminares, los análisis distan aun en traducirse en una práctica de sistematización conceptual capaz de aprehender el problema habitacional en la complejidad que posee su inserción dentro del desenvolvimiento del proceso social. Estas limitaciones residen principalmente en el carácter de los enfoques predominantes cuya organización perceptiva encuadra dentro de una concepción funcionalista, se centra más en el análisis de los elementos estructurales presentes dentro del marco actual del sistema social que en los procesos de transformación en que se sustenta la actualidad de tal sistema.

Con estas limitaciones, las tendencias que siguen los análisis recientes han conseguido trazar la conceptualización del problema habitacional ubicándola en el contexto de dos grandes temáticas: una de ellas se refiere a los problemas del desarrollo económico, y la otra, a los problemas que suscita el proceso de urbanización.

De la articulación de ambas temáticas en el proceso analítico se extrae el grueso de las formulaciones con las cuales se pretende definir el trasfondo genético u originante del problema, así como la identificación de las situaciones obstaculizantes que estarían presentes en él. Se expone a continuación brevemente los principales rasgos con que estas temáticas se presentan habitualmente.

5.2. El proceso de urbanización

En general existe cierto consenso en las perspectivas analíticas en asumir que la génesis del problema habitacional de los países en vías de desarrollo aparece ligada al marco general de los problemas que se suscitan en el proceso de urbanización que ellos experimentan. Para el trazado de esta perspectiva, en términos genéricos se considera importante señalar el hecho de incremento demográfico de la población con tasas de crecimiento relativamente altas[28]. Como es sabido, esto es resultado del mejoramiento relativo del aparato socio-organizacional de bienestar social, particularmente en lo referente a preservación y restauración de la salud humana, como consecuencia del cual se producen descensos importantes de las tasas de mortalidad. Por otra parte, la fecundidad manifiesta, en sus tendencias recientes, ciertos rasgos declinantes que tienden a estabilizarse.

Paralelamente al desarrollo de este proceso, se manifiesta una propensión creciente de la población a la concentración espacial, lo que se expresa en términos del crecimiento más o menos acelerado de las ciudades, y a veces, en términos del aumento del número de estas entidades. Estas expresiones no son sólo el resultado del crecimiento vegetativo de la población, sino también y en su mayor parte, una consecuencia de las fuertes migraciones internas desde el ámbito rural al ámbito urbano, con sus correspondientes etapas de migración interurbana[29]. En el trasfondo de este proceso, está el hecho de la desintegración de la estructura social rural que resulta del carácter desigual y desequilibrado de los cambios en las relaciones urbano-rurales, lo que genera factores de expulsión de la población en el ámbito rural.

En el avance del proceso antes descrito, las tendencias de concentración demográfica no siguen una pauta de distribución que se corresponda con una red urbana, en que las relaciones de interdependencia estén jerárquicamente ordenadas para una articulación funcional del territorio. Se advierte, por el contrario, que la concentración de la población se orienta sólo hacia las grandes aglomeraciones y principalmente hacia una aglomeración principal, generalmente la capital política, en la cual se concentran también las fuerzas organizativas dominantes del proceso socioeconómico y político. Esta aglomeración principal llega a adquirir rasgos de lo que se ha llamado «macrocefalia», que se traducen en fuertes desequilibrios regionales, acentuación de las alteraciones

[28] La tasa de crecimiento demográfico para América Latina se elevó ligeramente durante la década del 60, alcanzando alrededor del 2,9%. Se estima que probablemente esta cifra corresponde a un punto máximo en torno a la cual se estabiliza el incremento de la población para declinar desde fines de la década del 70. En Chile el proceso de transición demográfica ha experimentado avances importantes. La tasa de natalidad decreció en un 30% aproximadamente entre 1960 y 1970. Véase por ejemplo: CEPAL, «América Latina y la Estrategia Internacional de Desarrollo; Primera evaluación regional», marzo 1973.

[29] En Chile, la intensidad de los procesos migratorios parece haber comenzado a declinar significativamente hacia fines de la década del 50. Véase por ejemplo: M. Villa y C. Muñoz: "Tendencias Demográficas del Proceso de Urbanización en Chile 1920-1970". Documento de Trabajo DEPUR, 1972.

de la red urbana y, en general, en un creciente distanciamiento entre la dinámica de sus inversiones y las que se hacen en el resto del país.

Por otra parte, en el avance del proceso de urbanización dentro del contexto de condiciones señaladas, se manifiesta la constitución de una situación de progresiva discordancia entre la velocidad del crecimiento económico y la velocidad del crecimiento demográfico urbano. Esto significa que a expansión de las oportunidades de empleo urbano es muy lenta respecto del crecimiento de la población en edad de trabajar. Esta situación ha sido conceptualizada como un rasgo de «hiperurbanización». En estas condiciones se genera la formación de amplios contingentes de población urbana subempleada o desempleada, en situación de infraconsumo y según algunos analistas, en situación de «marginalidad» o «sub-integración» económica y cultural[30]. Las condiciones generales de existencia de estos sectores, en término de opinión y sentimiento público, contrastan agudamente con las metas culturales de bienestar social y las condiciones de vida de otros segmentos más afortunados.

Esta situación llega así a comprometer no sólo la lógica política de la acción racional en las instancias de conducción y los valores de convivencia en la actitud social en general, sino también las condiciones objetivas de posibilidad de la fuerza de trabajo a un nivel mínimo operante, respecto de las metas de productividad global. Emerge así un cuadro de expansión acelerada de necesidades en materia de alimentación, salud, vivienda, educación y empleo que no alcanza a ser satisfecha por los mecanismos del mercado y requieren la intervención del Estado a través de sus programas de desarrollo social.

En estas condiciones, la política de vivienda y las decisiones sobre inversión en el sector llegan a constituir un instrumento político que los grupos sociales que controlan el aparato del Estado pueden utilizar, dentro del contexto de los objetivos de bienestar y desarrollo, como instrumento para contener o aminorar la movilización social reivindicante o bien como medio de gratificación para mantener o conseguir la adhesión de determinados grupos o segmentos sociales.

Por este hecho, el nivel de actividad del sector construcción habitacional, más allá de las consideraciones económicas sobre el nivel de actividad del sector, se torna muy sensible a las situaciones y alternativas políticas coyunturales de la estructura de poder.

A nivel intraurbano, el proceso de urbanización se manifiesta en un crecimiento acelerado de la extensión de las áreas urbanas, como consecuencia de la creciente expansión de las necesidades de localización de los nuevos contingentes poblacionales. Esto significa el desarrollo de una demanda creciente de suelo urbano y la configuración de un mercado sobresolicitado, con una oferta escasa. Dada la estructura jurídica sobre la tenencia de la tierra y la falta de controles económicos, nada impide la incorporación del espacio urbano como mercancía en el mercado de tierras en condiciones estimulantes para la especulación. Este hecho agrava la penuria habitacional de los sectores más desfavorecidos en la medida que restringe las oportunidades de la iniciativa individual-familiar, para mejorar su situación de vivienda, forzándola a gravitar sobre la oferta estatal.

En el avance de este proceso, se manifiesta además una estructuración segregativa del espacio residencial, que da lugar, por una parte, a sectores de gran precariedad en sus condiciones de habitabilidad física y social, en donde se encuentran los sectores sociales «subintegrados» y de menores ingresos, y por otra parte, a áreas con buenos estándares de consolidación física, que recogen una plusvalía creciente y en donde residen los sectores de altos ingresos.

Esta situación provoca una demanda que se concreta sobre determinadas localizaciones de especial valoración económica y social, acentuando así las tendencias especulativas.

Estos rasgos de proceso de urbanización, asociados al contexto de dificultades en el desenvolvimiento económico nacional, proveen el trasfondo genético u originante del problema habitacional. Además, en la medida que este cuadro se presenta con una persistencia endémica connatural a las circunstancias estructurales de nuestra realidad social subdesarrollada y dependiente, representa una situación obstaculizante al logro de mejoramiento de las condiciones habitacionales.

5.3. El obstáculo en el contexto de los problemas del desarrollo económico

En términos generales, la reflexión ortodoxa sobre las dificultades de desarrollo económico pone el acento principalmente en las dificultades que experimentan los países en vías de desarrollo, para conseguir un nivel eficiente en el proceso de formación interno de capital. A grandes rasgos, la argumentación es la siguiente:

La situación generalizada de escaso crecimiento del ingreso es consecuencia de la baja productividad, lo cual se pone de manifiesto en la debilidad de la tasa de incremento del producto geográfico bruto. Esto se traduce en limitaciones a la expansión del tamaño del mercado como consecuencia del escaso poder de compra y de la inelasticidad de la demanda. Si se tiene en cuenta la presencia de rasgos internos de mala distribución del ingreso, el tamaño del mercado no sólo tendería a expandirse con lentitud, sino que, en determinadas circunstancias, podría experimentar estricciones importantes.

Desde el punto de vista de la demanda de capitales, esto se traduce en un debilitamiento general de los estímulos a la inversión, en la medida que las limitaciones en el tamaño del mercado tornan superfluo el uso intensivo del factor capital en el proceso productivo. Este hecho ejerce sobre el orden estructural de la economía una influencia que gravita expandiendo el nivel de los costos con que opera la estructura productiva, lo que refuerza las condiciones estrechas del mercado. En la medida que la empresa propende a operar con escalas de producción reducidas compatibles con el tamaño del mercado, no puede favorecerse con las economías de escala que permite la tecnología avanzada.

Si a esto se añade que el patrimonio general de equipo de capital puede estar siendo utilizado por debajo de su capacidad instalada, la situación puede llegar a ser aún más inhibitoria en términos de la demanda de capitales.

Se acepta también que una tendencia secular de bajo nivel en la inversión en condiciones de mercado reducido y fuerte rigidez conduce al sector privado a orientar sus inversiones en sectores con una baja tasa de rotación del capital y en el que la mayor ganancia tiende a sustentarse más en las prácticas especulativas que en los niveles de productividad. En efecto, la estrechez del mercado y la rigidez de la demanda posibilitan una estructuración débilmente competitiva del aparato productivo, lo que favorece la emergencia de tendencias monopólicas u oligopólicas en la organización empresarial. Se crean así condiciones para la imposición de altos márgenes de utilidad en que las relaciones entre costos de producción y rentabilidad son en general difusas.

Por su parte, las posibilidades de inversión del sector público se encuentran limitadas por la expansión excesiva del gasto público, como resultado del incremento desmesurado de los niveles de empleo público y la ampliación de la estructura general de servicios sociales en circunstancias que no se observa un incremento significativo en los niveles de ingreso del Estado.

Desde la perspectiva de la oferta de capitales, el reducido ingreso real unido a los desequilibrios en su distribución y las tensiones inflacionarias internas, con sus concomitantes de propensión al consumo, generan limitaciones para el desarrollo de la capacidad de ahorro, imposibilitando un nivel adecuado en la formación interna de capital (ver cuadro N°2).

De este contexto, los análisis desprenden un conjunto de observaciones y conclusiones particularizadas para el problema de la vivienda. En términos generales, ellas se presentan como situaciones básicas de obstaculización al mejoramiento de las condiciones habitacionales. Expondremos sucintamente una caracterización de las situaciones principales:

a) Una de estas situaciones, quizás la más básica, se refiere a la existencia de limitaciones en los recursos que en términos de inversión y financiamiento pueden ser canalizados al sector para incrementar su nivel de actividad. El contexto recién descrito permite desprender diversas consideraciones al respecto. en primer término, las limitaciones de inversión en el sector provienen de consideraciones de distribución de la inversión total en los diversos sectores de la economía. No obstante el amplio espectro de efectos multiplicadores sobre la economía que posee la inversión habitacional, merced al eslabonamiento horizontal y vertical de la industria de la construcción con el resto del aparato

CUADRO N°2

Regionalización

Reforma administra-tiva nacional.

Estatuto Inversionista extranjero.

Re-negociación de la Deuda Externa.

Búsqueda de nuevas fuentes crediticias.

Mercado de capitales.

Plan del nuevo Empresario.

Reforma previsional.

Reforma Tributaria.

Reestructuración de los Servicios Sociales. Formas de autofinanciamiento.

Limitaciones en el uso de capital externo.

Alto nivel de endeudamiento externo.

Débil desarrollo de la capacidad tecnológica.

Débil calificación de la fuerza de trabajo.

Abultado nivel del empleo fiscal.

Sistema Previsional Anormal.

Sistema tributario inadecuado.

Deficiente organización de la producción y de la gestión financiera.

Débil productividad expresada en reducida tasa de crecimiento del producto geográfico bruto.

Insuficiencia en la formación interna de capital.

Alto nivel del gasto fiscal.

Debilidades en el nivel del ingreso estatal.

Reducido ingreso real

Excesiva desigualdad en la distribución del ingreso.

Baja capacidad de ahorro y lento crecimiento.

Débil estímulo a la inversión y lento crecimiento por uso poco intensivo del factor capital.

Limitaciones al crecimiento de la inversión pública.

Creciente magnitud del gasto para el Desarrollo Social.

Débil incorporación de recursos a la economía.

Desequilibrios regionales.

Crecimiento demográfico urbano.

Desempleo y Subempleo.

Bajo poder de compra.

Demanda inelástica.

Reducido tamaño del mercado y lento crecimiento.

Reducida inversión privada y lento crecimiento.

Limitaciones en la capacidad de importación de insumos y bienes de capital.

Debilidad en la orientación de la política económica (crediticia, cambiaria, tributaria, remuneraciones).

Alto nivel de importaciones sustituibles.

Reducido nivel de exportaciones y lento crecimiento.

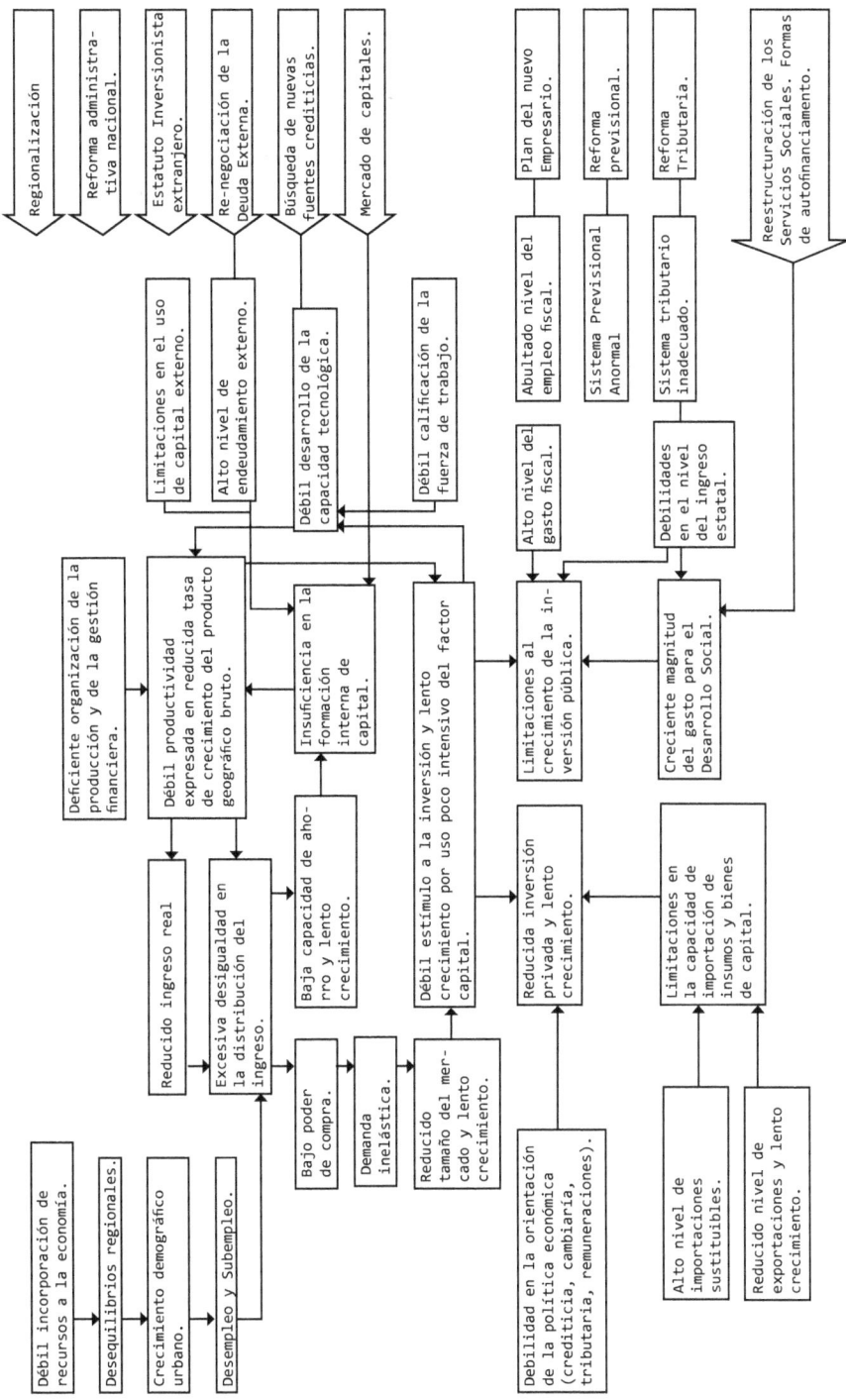

ESQUEMA DESCRIPTIVO DEL PROBLEMA DEL DESARROLLO ECONÓMICO.

197

productivo, resulta claro que a partir de ciertos montos esta inversión se torna competitiva con otras inversiones requeridas para la expansión de otras actividades en otros sectores básicos para el desarrollo.

Dentro de la lógica de esta consideración, se encuentra una primera orientación para la formación de una política de vivienda, cual es que la magnitud de la inversión y, por consiguiente, el nivel de actividad del sector debe ser establecido con relación a la contribución que el sector puede hacer para maximizar el crecimiento del ingreso nacional. Esta consideración puede llegar a significar que la magnitud de las necesidades habitacionales, o sus expresiones emergentes, no deben alterar este precepto de armonía entre la inversión social y el desarrollo económico.

En segundo término, las limitaciones a la inversión habitacional surgen de la situación general de debilidad de la inversión global, que se deriva de la baja tasa de formación de capital, como consecuencia del reducido nivel del ahorro nacional.

En tercer término, surgen limitaciones, por la alta relación capital-producto que ella posee comparativamente frente a otras alternativas de inversión. Esto significa que las posibilidades de incrementar el nivel de actividad del sector exigen canalizar montos relativamente cuantiosos de la inversión total.

En cuarto término, el de que la inversión en vivienda posea una tasa relativamente baja de rotación del capital determina una debilidad general en la canalización de inversiones provenientes del sector privado, el cual prefiere orientar sus inversiones hacia actividades que aseguran un mayor beneficio en el menor plazo.

De esta última observación, se derivan dos consecuencias principales. Una de ellas se refiere al hecho de que la contribución que el sector privado hace en cuanto oferta en el mercado habitacional, se orienta preferentemente hacia los sectores que poseen recursos líquidos suficientes para adquirir o construir viviendas, o bien, son capaces de enfrentar los sobreprecios que se derivan de los factores financieros por los resguardos con que se hace la inversión del sector privado. Esto significa que los otros submercados que corresponden a los segmentos inferiores en la estratificación de la demanda, permanecen infra-abastecidos. Se trata así de una situación de escasez de vivienda que no es puramente transitoria, sino de naturaleza estructural, inherente a la lógica de maximización de la utilidad y de las relaciones entre oferta y demanda en condiciones de mercado. La segunda consecuencia es el correlato de la primera, y se refiere al hecho de que la rectificación de este desequilibrio estructural requiere la intervención del Estado, el que deber hacerse cargo de la oferta habitacional necesaria para los restantes estratos socio-económicos de la población. Los criterios que orientan la manera de hacer esta rectificación constituye, habitualmente, la política de vivienda.

b) Del contexto general de los problemas del desarrollo económico, se desprende también otra situación básica que, paralelamente a las limitaciones de inversión en el sector, constituyen obstáculo en la problemática habitacional: se trata de la formación de una demanda no solvente en relación al mercado de la vivienda.

Como se expresó precedentemente, existe una condición estructural de escaso poder de compra que se origina como consecuencia del reducido ingreso real y que se acentúa a causa de los grandes desequilibrios en la distribución del ingreso[31].

% población	% ingreso	% acumulado
10	0,5	0,5
10	2,0	2,5
10	3,5	6,0
10	5,0	11,0
10	6,5	17,5
10	9,5	27,0
10	10,5	37,5
10	12,5	50,0
10	15,0	65,0
10	35,0	100,0

Esto significa que segmentos muy restringidos de la demanda de los submercados inferiores podrían tener capacidad de pago para obtener vivienda en los períodos en que hipotéticamente pudiese superarse la situación infra-abastecida de ellos. El resto de los amplios sectores poblacionales no tiene capacidad para constituir una demanda efectiva en términos de mercado[32]. Esta situación implica que parte importante de la oferta habitacional que resulta de la labor estatal, debe hacerse, si se hace, en condiciones de subsidio, lo cual representa una presión que puede alcanzar un nivel insostenible para la operación económica del sistema.

La contrapartida de las limitaciones de la capacidad de pago se encuentra, por cierto, en la elevada cuantía de los costos y precios de la vivienda y su ritmo de incremento relativo. La configuración de un alto nivel de costos y precios es resultado de las circunstancias en que se articulan los factores en la estructura productiva y de los condicionantes a que está sujeta la estructura de transferencia.

5.4. El costo de la vivienda

Dentro de las observaciones de orden genérico que han sido formuladas, respecto de las circunstancias y condicionamientos que inciden en la configuración de los costos, aparecen como fundamentales aquellas que hacen referencia a la variabilidad del nivel de actividad del sector.

31 En un estudio sobre "El Mercado de Vivienda en Chile", Santiago, enero de 1970. Elaborado por el Servicio de Cooperación Técnica del Banco Interamericano de Desarrollo, se ofrece el siguiente cuadro de distribución del ingreso para el año 1960 (cuadro 3, p. 142).

32 De acuerdo al informe citado antes (ibíd 29, p. 166), en el año 1968, el 40% de la población constituía un estrato de ingresos marginales que requería subsidio total; el 29% constituía un estrato de ingresos precarios que requerían subsidio parcial y sólo el 31% conformaba el estrato consolidado que no requiere subsidios.

Como se señaló anteriormente, al considerar el problema de la vivienda, en el contexto del proceso de urbanización, la inversión en el sector construcción está altamente expuesta y resulta particularmente sensible a las contingencias y cambios de orientación política de la estructura de poder. Las diversas alternativas coyunturales del modelo sociopolítico, se manifiestan en continuas rectificaciones de la política económica, la cual suele variar fuertemente entre esquemas estabilizadores o expansionistas de la economía.

Se tiene así un cuadro de súbitas y alternantes contracciones y ampliaciones del gasto público y la inversión fiscal, de los medios de pago y oferta de crédito, de los niveles de sueldos y salarios, etc., todo lo cual en su conjunto se traduce en fluctuaciones importantes en los niveles generales de inversión del sector construcción y subsector vivienda, generando discontinuidades y tensiones que desestabilizan la acción del aparato productivo. En algunos momentos del acontecer económico nacional, la ampliación general de la oferta crediticia ha llegado a tener, en relación al mercado consumidor, el efecto de elevar el nivel de la demanda efectiva. En un primer momento esto ha generado presiones inflacionarias, que dimanan de la rigidez de la oferta; luego el mercado productor ha logrado elevar su volumen de producción sobre la base de inversiones financiadas por la oferta crediticia. Las subsecuentes restricciones del crédito han puesto a algunos sectores de la empresa y la industria en situación de tener que producir bruscas reducciones en sus cuadros de fuerza de trabajo y en sus aparatos organizativos y de capital para adaptarse a las nuevas condiciones de mercado.

Circunstancias de esta naturaleza inducen a las empresas industriales, de materiales de la construcción y principalmente a las empresas constructoras a establecer sus bases organizativas y de desarrollo con poca perspectiva en el largo plazo, lo que implica el surgimiento de prácticas de resguardo y autocompasión, que gravitan poderosamente sobre los costos. Se tiende así a reforzar la orientación de la actividad dentro de una condición estructural de altos costos en el funcionamiento económico, y en el cual no están ausentes las tendencias hacia la búsqueda del beneficio concentrado en el corto plazo y hacia la maximización de la ganancia especulativa que aprovecha las condiciones de rigidez de la demanda en el mercado de propensión oligopólica. En estas condiciones, la tendencia global conduce a la pérdida de objetivos de productividad en el aparato productivo, con el consiguiente retraso tecnológico, lo que a su vez no sólo amplia y refuerza, las tendencias en el incremento de los costos, sino que genera, además, una limitación interna en el orden tecnológico del aparato productivo, para una elevación significativa de la producción.

En efecto, si se observa en el sector construcción la relación valor bruto de producción a inversión geográfico bruta en capital fijo, en las últimas décadas puede observarse una tendencia nítida decreciente que va desde un 58,9% en el período 1940-43, a un 43,7% en 1964[33]. En este mismo sentido puede también observarse cómo la contribución de la actividad constructora a la generación del producto geográfico bruto ha ido decreciendo desde un 5,4% en 1965 a un 3,2 % en 1973[34].

Si se examina la relación entre valor bruto y valor agregado de producción del sector construcción, puede advertirse que el valor agregado que representa el 42,4% del valor de construcción en el periodo 1940-43 se incrementa gradualmente hasta alcanzar el 56,4% en 1964[35]. Un examen del crecimiento de las componentes del valor agregado en el periodo permitiría obtener conclusiones más definitivas, pero puede señalarse que las utilidades e intereses al capital se han estado incrementando más rápidamente que el pago a la fuerza de trabajo. En este sentido puede señalarse, por ejemplo, que en el periodo 59-64, el valor de adjudicación de las propuestas aprobadas por los organismos públicos de vivienda se incrementó casi siete veces, en tanto el índice del costo de edificación de la C.C.C. creció sólo 3,8 veces[36].

En términos más específicos, el análisis de las situaciones que gravitan expandiendo los costos, se refiere a los factores productivos en la actividad de la construcción y del subsector vivienda, entre los cuales habitualmente se considera: el suelo urbano, los materiales de construcción, la fuerza de trabajo, tecnología, capital y organización. En lo que respecta al suelo urbano, los materiales de construcción, la fuerza de trabajo, tecnología, capital y organización. En lo que respecta al suelo urbano, ya se señaló precedentemente que una de las expresiones a nivel intraurbano del proceso de urbanización en el contexto de determinadas condiciones de estructuración socio-económica y jurídica es la emergencia de una oferta especulativa en el mercado del suelo. Como es sabido, este hecho es uno de los factores importantes que gravitan sobre el nivel de los costos de la vivienda en el mercado productivo, particularmente sobre la oferta que provee el sector privado que, por estar orientado hacia la demanda solvente, debe consultar localizaciones de sólida valoración social real o potencial. La oferta del sector público ha procurado minimizar la incidencia de los valores del suelo urbano, a través de una política de adquisición de suelos que recurre preferentemente a los terrenos de áreas de reducido valor, generalmente ubicadas en la periferia o suburbios de las ciudades. Esta política ha tenido, sin embargo, en algunos casos, una incidencia negativa para la economía urbana en su conjunto, por la gravitación que tiene los costos de accesibilidad y de expansión de la infraestructura y del equipamiento social.

En relación a los insumos, su influencia como factor en la expansión de los costos de la vivienda es también apreciable. Ella se deriva en primer término del marco general estructural del funcionamiento económico, propenso a un alto nivel de costos y precios en que se desenvuelve el sector industria y dentro de él, el conjunto de industrias de materiales de construcción, situación que fue reseñada precedentemente.

33 Ver Arensburg, Sergio. «Antecedentes para la Programación del sector Construcción». Vol. 1, Cap. 1. Instituto Chileno del Acero. Octubre 1966.

34 Cuentas Nacionales de Chile.

35 Ibíd.

36 Ibíd.

Los costos y precios de los insumos de la vivienda está afectados además por factores específicos dentro de los cuales debe mencionarse el costo de transporte. La incidencia de este factor está ligada a las características que asume la localización industrial dentro de los rasgos de concentración y macrocefalia que sigue el proceso de urbanización. Para algunos materiales el factor distancia a los puntos de consumo resulta bastante gravoso, pero en general la localización de la industria proveedora de la construcción parece seguir una localización orientada al mercado. La componente transporte, en el costo de los insumos, resulta alta, principalmente por razones que dimanan, por una parte, del bajo nivel técnico en las condiciones de operación del transporte en cuanto material rodante y puntos de quiebre de carga, y por otra parte las condiciones de productividad del segmento automotriz.

Dentro de las condiciones sobre los insumos y su incidencia en el costo de la vivienda, se considera importante indicar, por una parte, la falta de normalización dimensional o coordinación modular para optimizar la integración de partes o minimizar el material residual en el proceso de edificación, y por otra parte, la falta de racionalización de la industria de materiales, en lo referente a las posibilidades de la fabricación anticipada de partes o prefabricación.

En relación a la incidencia de la fuerza de trabajo en la composición del costo, es en general sabido que la productividad del sector construcción expresada como una relación entre valor bruto de producción y volumen de ocupación es muy baja en relación a otras actividades industriales. Del mismo modo, la relación entre valor agregado de producción y volumen de ocupación es también desfavorable para el sector construcción en relación a otras actividades.

Sin embargo, deber tenerse en cuenta que el sector construcción en nuestro país se caracteriza en general por la baja aplicación del factor capital, y que la escasa calificación de la fuerza de trabajo con que puede operar el sector suele considerarse como una virtud en algunos enfoques estratégicos.

La incidencia del pago a la fuerza de trabajo en la composición del costo de la vivienda es relativamente constante, aunque experimenta algunas fluctuaciones que corresponden a las variaciones en la política salarial. En el decenio 1964-1970 representaba entre un 33,11 y un 36, 24% del costo total[37].

37 Boletín Estadístico Cámara Chilena de la Construcción.

5.5. La perspectiva de la autoridad política

Todo problema lo es en relación a un sujeto, a un actor social, en una praxis de acción específica, lo cual corresponde a la particular situación concreta de articulación de intereses y aspiraciones del actor. La idea de que este actor pueda ser la sociedad en general y de que en consecuencia puede haber problemas de interés social, se basa en el hecho de que la elaboración conceptual del interés general pueda ser encarnada en un actor o sujeto al cual se le confiere y confía un rol de representación y conducción de ese interés general, concepto en el cual puede uno identificar el interés propio. Este actor es la autoridad política.

En esta instancia de conducción social se estaría desarrollando un proceso permanente de reelaboración del interés general, por el cual los elementos de significado individual se entretejen, amalgaman y trasmutan a otros de significado colectivo. Esta trasmutación conlleva una pérdida de la identidad del interés propio que puede llegar a negar el universo particularista primigenio e incluso la especificidad original del actor individual en su diversidad de posiciones en la estructura social. Por esto, se sostiene la necesidad de una articulación plurivalente y sostenida de la base con el proceso de conducción social. Esto es lo que suele llamarse «participación». La falta de participación deja expuesto el proceso de conducción social a las tendencias de independización de los dirigentes respecto de los dirigidos, debilitándose así el propio funcionamiento de la conducción social. El establecimiento de un orden, en cuanto medio que posibilita la autodeterminación de los intereses personalistas en las diversas esferas de la vida social, va quedando así vacío en su función primitiva y su funcionalidad puede quedar restringida al universo de interés de los actores vinculados al ejercicio del poder.

El interés social podría resultar así una elaboración conceptual designada desde un ámbito oficial en el marco de una pretención representadora en el que se preterán los acontecimientos originarios de tal representación. Por cierto esta elaboración no es el resultado directo de la reflexión de la autoridad política, sino que el producto racionalizado por la medición del aparato técnico-burocrático y la retórica de transferencia en los medios de comunicación social.

En un plano más abstracto, los intereses particularistas primigenios, pueden ser concebidos como emergiendo desde un desde un trasfondo radical en el cual se encuentra el universo de necesidades humanas, las necesidades propias de cada cual. Estas necesidades culturalmente objetivas y circunscritas en un marco de valores, constituyen la causa de los intereses y aspiraciones. A su vez los intereses y aspiraciones, revestidos de consistencia normativa, se traducen en fines, metas y objetivos.

Así visto, lo que puede ser objeto de representaciones en la dimensión colectiva sólo puede referirse a la satisfacción de las necesidades. Puesto que las necesidades no pueden ser delegadas en virtud de que su mismidad reside en uno mismo, en el proceso de proyección-trasmutación de los intereses particularistas y conceptos individuales en entidades de intereses sociales y conceptos colectivos, el trasfondo radical de necesidades permanece en la base particularista.

Si la causa de los intereses reside en las necesidades, la consistencia de estos intereses se refiere a la satisfacción de ellas; en consecuencia el significado último de los fines, metas y objetivos se refiere al universo de «lo necesario» (para la satisfacción de las necesidades) y

38 Véase la concepción de «problema» propuesta por Archer L., Bruce; *La Estructura del Proceso de Diseño en Broadbent y otros*; «Metodología del Diseño Arquitectónico» p. 154, Edit. G.G., Barcelona, 1973.

puede siempre ser encontrado en alguna posición dentro del continuo, insatisfacción-satisfacción. En este sentido, todo problema de acción, se refiere siempre a la dificultad para la consecución de «un objetivo de satisfacción»[38].

En la instancia de conducción social los problemas se refieren a las dificultades en la consecución de objetivos que son la expresión normativa de las conceptuaciones de interés social, que elabora el aparato técnico-burocrático a partir de las expresiones de la base particularista. En esta instancia, los objetivos en la estructura de los problemas ya han perdido su enraizamiento en las necesidades primigenias de la base particularista. De estas «necesidades» sólo queda el orden abstracto, el concepto genérico con el cual se nomina un «orden de problemas». Pero como los problemas en la instancia de conducción social no son mero nominalismo, sino que poseen una existencia real y hacen parte de la praxis concreta de la autoridad política, esto está significando que en la estructura del problema, los objetivos comienzan a ser portadores de otros intereses que corresponden a necesidades concretas de la autoridad política. Estas necesidades ya nada tienen en común con el concepto genérico inicial, aquel que fue tomado como abstracción desde el particularismo de base; se trata ahora de un nuevo orden genérico de necesidades, propias sólo del hombre que gobierna.

Dentro de este rudimentario esquema conceptual, parece posible discernir la anfibología que contiene la expresión «el problema de la vivienda»; una cosa parece ser el problema de la vivienda, en cuanto dificultades que confrontan en la práctica cotidiana del habitar las familias, al procurar encontrar un lugar mejor donde vivir, y otra muy diferente es el problema de la vivienda en cuanto problema de interés social.

En el primer caso se trata de un problema que se enraíza en la necesidad propia de la base particularista; aquella necesidad que hace que para el actor «lo necesario» sea «la vivienda». En el segundo caso, se trata de una necesidad, también particularista, que hace que para el actor sea necesario «hacer todo lo necesario» para conservar el poder, sea éste considerado como un medio para la consecución de otros fines o un fin en sí mismo.

¿Qué es entonces «lo necesario» hacer, en la perspectiva de la autoridad, para satisfacer la «necesidad política», cuando ésta es vista o requerida en el contexto del «problema de la vivienda» en su dimensión de «interés social»? Extractando los rasgos más gruesos de una visión retrospectiva de la experiencia en nuestro país, es posible reconocer las siguientes finalidades generales:

a) Minimizar las discrepancias entre los valores y metas culturales de bienestar y desarrollo referidas a los intereses y aspiraciones habitacionales de la población y las condiciones reales de habitación. Esto significa actuar tanto sobre la naturaleza de las metas culturales como sobre las condiciones materiales reales. Las bases de racionalidad y justificación de la legitimidad del proceso de conducción social, exigen, además, una solución a nivel de la propia conciencia de la autoridad, tanto en lo referente a conceptos de justicia como de eficiencia.

b) Minimizar la emergencia de presiones reivindicantes y/o impugnantes que pudiese surgir de la articulación de los intereses y aspiraciones habitacionales en la base particularista. Esto puede significar el desarrollo de acciones que apuntan tanto a las necesidades insatisfechas que alimentan la reivindicación como las propias expresiones reivindicantes.

c) Incrementar el potencial resolutivo de los grupos y segmentos sociales que constituyen la base de apoyo político de la autoridad, respecto de los problemas que confrontan para satisfacer sus intereses y aspiraciones habitacionales. Esta forma de gratificación puede ser orientada a ampliar las bases de apoyo y en este sentido es una acción complementaria al control de las reivindicaciones.

d) Mantener niveles de satisfacción de las necesidades habitacionales de los diversos grupos laborales, compatible con las condiciones físicas mínimas operantes de la fuerza de trabajo, necesarias para sostener una determinada productividad.

e) Mantener un nivel de actividad en el proceso productivo de soluciones habitacionales compatible con el funcionamiento sectorial e intersectorial de la economía y los intereses particulares.

Es en relación a estos objetivos de acción que la cuestión de la vivienda ha llegado a constituir un problema propio de la autoridad política. Las dificultades constitutivas del problema se refieren a la consecución de estos objetivos de acción.

El tema que surge y se presenta a continuación se refiere entonces al examen interno de la estructura de estas dificultades, a como se ha efectuado históricamente la dilucidación de los medios y condiciones en este contexto. En este punto, el intento de prospección temática debería penetrar en una perspectiva en que se examine el rol instrumental que asumen las conceptuaciones analíticas de estamento técnico-burocrático del poder, lo que supone el trazado de una perspectiva de análisis socio-político del proceso global del ejercicio del poder, tema que escapa a los propósitos y posibilidades de estas notas.

5.6. El obstáculo como práctica

Abandonemos por ahora la cuestión de la vivienda como problema en la práctica de gobernar y volvamos ahora nuestra atención al obstáculo como práctica del habitar. En esta esfera la percepción y consistencia de las dificultades que enfrenta la base particularista no ha sido objeto de gran atención en las orientaciones temáticas de estudio.

A pesar de que en la problemática del diseño se considera importante este tema, para efectos de evaluación de contenidos aspiracionales, niveles de satisfacción, condiciones de factibilidad, etc., existen relativamente pocos estudios que provean suficiente información empírica.

Los trabajos que se han desarrollado se han concentrado principalmente en los segmentos sociales que exhiben más precariedad en sus condiciones habitacionales, la mayor parte de los cuales se sitúa dentro del marco conceptual de «la marginalidad».

Un aspecto temático importante de mencionar dentro de esta orientación teórica se refiere justamente a la naturaleza del obstáculo que encuentran los sectores poblacionales afectados por la pobreza urbana para el logro de mejores condiciones habitacionales. De acuerdo a la concepción de la «marginalidad», parte importante de la dificultad encuentra su origen en la propia condición del «marginado», esto es, el hecho de estar «radicalmente incapacitado para poner fin por sí mismo a la miseria»[39]. Esta radicalidad no se limita a la falta de control de los medios y condiciones por parte del actor, sino que alcanza la propia personalidad del actor, el «marginado»; en lo concerniente a «su iniciativa y capacidad para actuar individual y solidariamente». Este rasgo determina otros, tales como la falta de participación en el proceso decisorio, la falta de integración interna, la configuración subcultural y, en general, una débil articulación con el proceso productivo.

Esta identificación de los segmentos poblacionales precaristas con los grupos marginados ha merecido algunas objeciones a la luz de otros análisis[40].

Un análisis (CIDU, 1971) desarrollado sobre la base de información relativa a las características socioeconómicas de los residentes en las áreas marginadas (en poblaciones provisionales o subestándar, generadas por los programas oficiales en población callampa y en conventillos y casas de inquilinaje), permite obtener algunas conclusiones que obligan a reconsiderar el concepto de «marginalidad» asociado al de insuficiencia habitacional.

Un examen de las características de origen de los pobladores indica que la proporción de inmigrantes es claramente inferior al promedio del Gran Santiago. Otros análisis (S. Portes, 1969) añaden que, de la población que sí es inmigrante, la gran mayoría tiene más de 10 años de residencia en el Gran Santiago.

Estas verificaciones contradicen la idea de que en estas «áreas marginales» se concentra población de origen rural no integrada a las pautas culturales urbanas y carente de capacidad resolutiva, en virtud de su perplejidad frente a la complejidad urbana y su apego a pautas tradicionales de vida.

Al examinar la composición de la P.A. de estos residentes, puede advertirse que la proporción de P.A. en el sector terciario, es claramente

39 DESAL, *Marginalidad en América Latina, un ensayo de Diagnóstico.* Edi. Herber, Barcelona, 1969, p. 50.

40 Portes, Alejandro. Cuadro Poblaciones; «Informe Preliminar sobre Situación y Aspiraciones de Grupos Marginados en el Gran Santiago». Programa de Sociología del Desarrollo. Universidad de Wisconsin, Santiago, 1969. Véase también Castells, M. Ponencia Viexpo. Tema: Participación de la Comunidad.

inferior al promedio del Gran Santiago y lo es también, muy nítidamente, en los rubros más inestables al interior del sector terciario.

El examen señala también, que si bien, la proporción de empleados es muy inferior al promedio del Gran Santiago, la proporción de población obrera es netamente superior. Las cifras señalan que esta población obrera se concentra fuertemente en el sector industrial y también en el sector construcción, superando ampliamente los promedios del Gran Santiago. Estas características se contraponen con la idea de que estos segmentos poblacionales mantienen una débil articulación con el proceso productivo. Si bien es cierto que los indicadores señalan una inestabilidad de empleo y un nivel de ingreso de reducida magnitud, no puede colegirse de ello que se encuentren subintegrados a la producción, puesto que tales características pueden ser propias de una determinada forma de integración. Por el contrario, un examen más detenido revela al comparar la situación entre poblaciones y callampas, que aun cuando estas últimas son manifiestamente insuficientes, sus residentes exhiben una mayor proporción de P.A. en industria y construcción, menor proporción P.A. en terciario y menos analfabetos.

Esta caracterización permite disponer de algunas bases para controvertir la idea de que una de las dificultades básicas en la solución de las deficiencias habitacionales reside en la «incapacidad radical» de los residentes de éstas áreas subestándar y su consiguiente inercia o apatía para superar dificultades. En cambio, su situación aparece mucho más específicamente ligada a la reducida magnitud de sus niveles de ingreso.

En términos de la percepción que estos grupos poblacionales poseen de sus dificultades respecto a sus aspiraciones habitacionales, la información es muy escasa. Algunos análisis, como el de Portes 1969, señala algunas situaciones generales que pueden orientar una prospección temática en este sentido. De acuerdo a este estudio, la mayor parte de los pobladores considera su situación de pobreza como consecuencia de la falta objetiva de oportunidades más que el resultado de un esfuerzo propio insuficiente. Sin embargo, en relación a las explicaciones del porqué de la falta de logro de las aspiraciones, ellas apuntan más a razones de orden «fatalista-individualista» que las razones de orden social estructural. La mayor parte considera también que las dificultades pueden ser resueltas dentro del marco de los medios institucionales con la mediación de las organizaciones oficiales de gobierno. Respecto a la creencia en la consecución real de sus objetivos, la información revela una fuerte convicción en la posibilidad del logro de las soluciones buscadas.

6. El problema como resolución

Este aspecto del tema, por ser aquel a través del cual se contacta con más fuerza el proceso reflexivo con la práctica, reclama una tarea de disquicisión y explicitación profunda respecto de las formas como se articulan los diversos elementos del discurso conceptual con los acontecimientos propios de la coyuntura. Esta tarea merece una atención que debe ser provista en un trabajo más específico que el que aquí se pretende.

Para efectos de una prospección temática de este tópico, es necesario hacer presente una distinción entre dos situaciones; una se refiere a la expectativa o perspectiva del potencial resolutivo, como parte que compone la anatomía del problema de la estructura perceptiva de un determinado actor social, y otro se refiere a la acción correctiva misma en la práctica del actor, en cuanto modalidad operativa que se opone a las dificultades del problema para su resolución. Ambos aspectos son, por cierto, interdependientes y sus interrelaciones se conjugan en una doble dimensión de interés propio e interés social.

En estas notas se restringe el enfoque a este segundo aspecto, concentrando la atención en aquel proceso de acción que, con carácter oficial, despliega el aparato técnico burocrático. En el examen de las estructuras perceptivas del potencial resolutivo y de los procesos de acción concretos que despliegan desde sí mismos, otros actores sociales, tales como: la autoridad política, el cuerpo poblacional en su diversidad de posiciones o el sector empresario y la fuerza de trabajo en el proceso productivo, son temas que se dejan consignados para ser desarrollados en un análisis específico.

6.1. Un modelo descriptivo de acción resolutiva

Las perspectivas del problema habitacional, como cuestión técnica, anteriormente expuestas, podrían ser resumidas en los siguientes aspectos:

a) Discrepancia global estructural entre el poder de compra y el costo de la vivienda.

b) Discrepancia entre la estructura de estratificación de la demanda y el carácter infraabastecido de la oferta en los submercados inferiores de arrendamiento, transferencias y de viviendas nuevas.

c) Discrepancia global entre el ritmo de crecimiento y concentración de las necesidades habitacionales urbanas que resultan de la dinámica ecológico-demográfica, del proceso de urbanización y las posibilidades de incremento en el nivel de actividad y el nivel de inversión del sector habitacional, en un marco general de débil productividad nacional.

d) Discrepancia entre el comportamiento errático del nivel de actividad del sector y los requisitos de persistencia y continuidad de la inversión necesaria, para establecer gradualmente un incremento óptimo del sector. Compatibilizado en términos de su participación relativa en la generación del producto.

e) Limitaciones en la estructura general del aparato productivo para la elevación significativa de la producción, tanto en términos de insumos y materiales de construcción como en relación a la empresa y el proceso de edificación.

f) Limitaciones organizativas en la estructura institucional de gestión administrativa, financiera y técnica para mejorar los niveles de organización, coordinación y concertación de la acción habitacional.

Los dos primeros aspectos constituyen las manifestaciones más específicas de las dificultades a nivel de mercado, en tanto los aspectos restantes resumen el nivel manifiesto de las dificultades estructurales en el orden económico-social global.

El modelo descriptivo de acción resolutiva que aquí se propone está referido al problema habitacional, en sus manifestaciones específicas a nivel de mercado. La acción resolutiva a nivel estructural, constituye una especificación, particularizada para un orden de problemas, de una estrategia global de desarrollo económico-social.

El aparato o instrumento de acción habitacional en la dimensión resolutiva del problema, consiste básicamente en un sistema de intervención estatal, destinado a regularizar el funcionamiento del mercado habitacional. Este mercado se concibe como constituido por tres zonas: el mercado de arrendamientos, el mercado de transferencias y el mercado de viviendas nuevas y otras soluciones habitacionales. Es en este último mercado en donde se concentra la acción habitacional. A su vez, estas zonas estarían constituidas por submercados que se conforman en correspondencia con la estratificación económica de la demanda. En relación a este complejo de submercados la acción resolutiva se centra en dos propósitos principales. Se trata, por una parte, de regular la articulación de la oferta y la demanda minimizando la discrepancia entre poder de compra y precio de la vivienda y por otra parte, se procura minimizar el infra abastecimiento de los submercados inferiores.

Dentro de la función general de gestión de la estructura de poder, los medios operacionales de intervención sobre las estructuras de consumo y de producción se refieren a la gestión financiera. En el caso del mercado consumidor del crédito hipotecario; en el caso del mercado productor, consisten principalmente en la definición de la magnitud y condiciones de la inversión.

En relación a la demanda, se trata principalmente de construir una demanda efectiva o real regularizándola y controlándola, produciendo al mismo tiempo una disminución de la demanda no solvente. Para esto se dispone de un repertorio de canales institucionales a través de los cuales las aspiraciones habitacionales se canalizan y se transforman en términos económicos efectivos. El mecanismo de regulación de acceso a estos canales, consiste básicamente en un juego de condiciones mínimas de ingreso y ahorro y en algunos casos de preinversión. De este modo, se delimita la demanda y se obtiene un ordenamiento estratificado de ella. El efecto final esperado es una ampliación de la demanda efectiva y de los niveles de captación de ahorro.

En relación a la oferta, las acciones están orientadas a producir el efecto de incrementar la oferta en los submercados infraabastecidos. Para esto, se dispone de un conjunto de canales de inversión a través de los cuales se producen flujos al aparato productivo. Las condiciones de participación del segmento empresario se traducen en formas institucionales diversas de concertación entre el sector privado y el sector público para la efectuación del proceso de edificación. Se obtiene así la generación de una oferta complementaria de iniciativa estatal que pretende llenar el vacío producido en los submercados, dadas las orientaciones predominantes en la iniciativa privada.

Este instrumento de acción habitacional (ver Cuadro Nº3), frente a las determinaciones y condicionamientos externos propios del medio o entorno en el cual se inserta, posee una envolvente de condiciones de funcionamiento o umbrales de eficiencia, de entre los cuales parecen más importantes los siguientes:

1º Lo más obvio es que el sistema opera con la asignación de recursos al sector, respecto a la cual se determina la magnitud y condiciones de los flujos financieros y de inversión. Esto significa que el sistema posee un umbral de eficiencia respecto a la magnitud mínima de asignación de recursos, su estabilidad o persistencia y ritmo de crecimiento.

2º Como el sistema construye una demanda real o efectiva en base a una demanda solvente ampliada por la rigidez que proveen los préstamos hipotecarios en los canales financieros, resulta que la demanda efectiva está compuesta de un segmento con recursos propios y otro segmento subsidiado en cuanto a liquidez. Existe por consiguiente, un umbral de eficiencia respecto de la magnitud del segmento subsidiado.

3º Como el sistema considera sólo la demanda solvente más las posibles ampliaciones, existe un segmento de demanda potencial que queda fuera del sistema y que, por consiguiente, deber ser absorbido a través del gasto social. Existiría, por consiguiente, un umbral de eficiencia del sistema respecto al tamaño de la demanda no solvente o bien, respecto de la magnitud del gasto social, en cuanto subsidios habitacionales.

El aparato de acción habitacional posee también ciertas fuerzas o tensiones endógenas a su lógica de operación que configuran algunas tendencias de entre las cuales parece importante destacar aquella que se suscita en la oferta en el sentido de reducir el incremento de los precios a través del expediente de disminuir los costos. Esta tensión interna, por las determinaciones externas del entorno económico social en que opera el instrumento, no siempre se traduce en incrementos de la productividad y conduce más bien a una progresiva reducción de los estándares de habitabilidad y durabilidad de las viviendas. Esta tensión puede llegar a significar una desagregación de la vivienda como bien final, entregándose al mercado soluciones habitacionales en calidad de bienes intermedios con etapas fraccionadas de valor agregado.

Si se considera que las reducciones en los estándares de durabilidad de la vivienda pueden llegar a plazos cercanos a los plazos amortización de los préstamos en los canales financieros, se tiene que el instrumento de acción habitacional, posee en este respecto un umbral de eficiencia, en el cual la acumulación de capital se hace nula.

Desde el lado de la demanda, el instrumento también posee algunas tensiones endógenas con umbrales críticos. Tal vez, lo más importante en este sentido se refiere a que las ampliaciones complementarias de la demanda solvente tienden a sobrepasar con mucha facilidad a la oferta, por la gran inercia que ésta posee, generando así un incremento de los precios que agudiza la discrepancia entre capacidad de pago y precios de la vivienda. Esta situación puede agudizarse también como consecuencia de algunos rasgos de concentración en la distribución espacial de los recursos financieros.

La existencia de una envolvente o conjunto de umbrales críticos para la eficiencia del instrumento, significa que, en determinadas condiciones del nivel estructural del problema, el potencial resolutivo del instrumento se hace nulo o incluso comienza a retroalimentar el problema. Esto plantea la necesidad de que él sea manejado con cierta intencionalidad y orientación en cuanto recurso resolutivo, de modo que pueda articularse con el resto del sistema de acción en el nivel estructural del problema y mantenga una referencia efectiva a las situaciones concretas de la penuria de vivienda.

En este sentido, por ejemplo, el hecho de que el instrumento opere con una demanda efectiva no debe entrar en contradicción con el hecho de que la penuria de vivienda es experimenta con mayor riesgo por la demanda no solvente. Del mismo modo, el hecho de que el instrumento opere en el sentido de minimizar los costos no debe traducirse en una reducción sistemática de los estándares de habitabilidad y durabilidad.

El examen de los umbrales de agotamiento del potencial resolutivo del modelo, así como de sus condiciones de máxima eficiencia requeriría para su análisis el trazado de un modelo más global en el nivel estructural del proceso de desarrollo económico-social y permitiría disponer de elementos para la formulación de una política integral de vivienda.

CUADRO N° 3
MODELO DESCRIPTIVO DEL SISTEMA DE ACCIÓN HABITACIONAL

UP - 868 . Prof. ALFONSO RAPOSO M. 2.S_ 1975

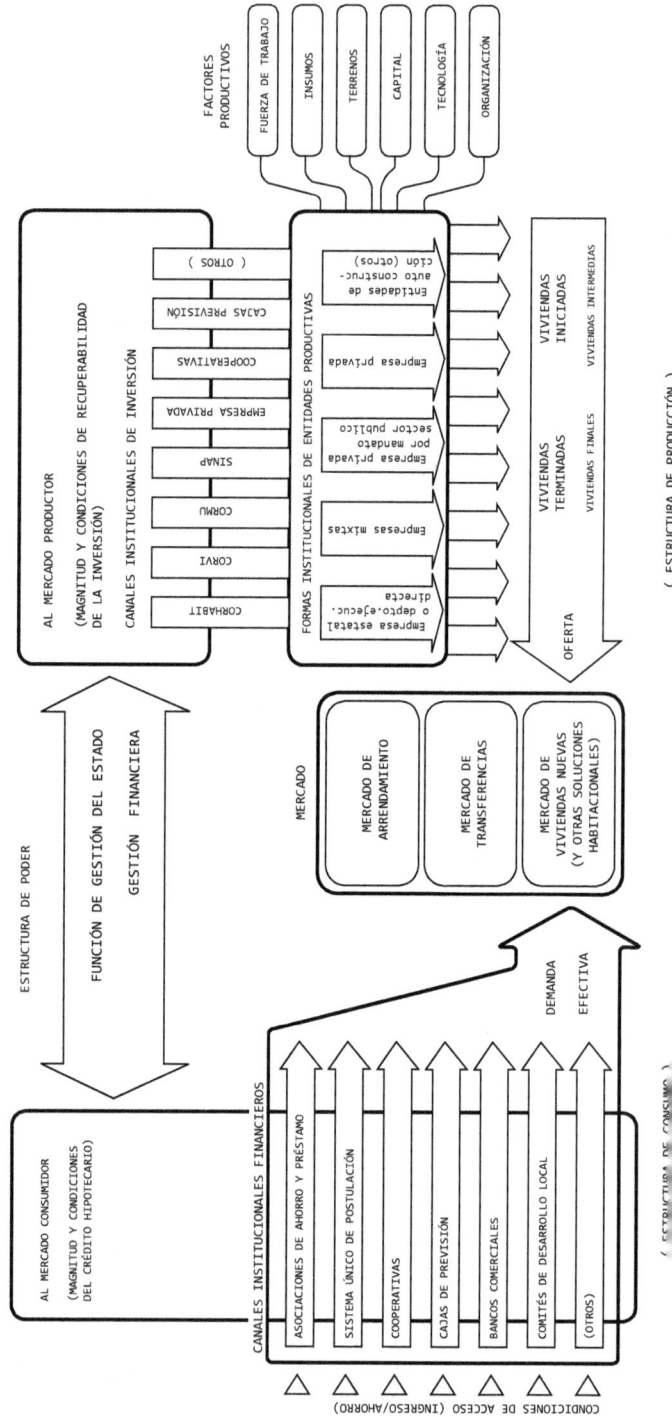

FACTORES PRODUCTIVOS

FUERZA DE TRABAJO
INSUMOS
TERRENOS
CAPITAL
TECNOLOGÍA
ORGANIZACIÓN

AL MERCADO PRODUCTOR

(MAGNITUD Y CONDICIONES DE RECUPERABILIDAD DE LA INVERSIÓN)

CANALES INSTITUCIONALES DE INVERSIÓN

(OTROS)
CAJAS PREVISIÓN
COOPERATIVAS
EMPRESA PRIVADA
SINAP
CORMU
CORVI
CORHABIT

FORMAS INSTITUCIONALES DE ENTIDADES PRODUCTIVAS

Entidades de auto construc- ción (otros)
Empresa privada
Empresa privada por mandato sector público
Empresas mixtas
Empresa estatal o depto.ejecuc. directa

VIVIENDAS INICIADAS

VIVIENDAS INTERMEDIAS

VIVIENDAS TERMINADAS

VIVIENDAS FINALES

OFERTA

(ESTRUCTURA DE PRODUCCIÓN)

ESTRUCTURA DE PODER

FUNCIÓN DE GESTIÓN DEL ESTADO

GESTIÓN FINANCIERA

MERCADO

MERCADO DE ARRENDAMIENTO

MERCADO DE TRANSFERENCIAS

MERCADO DE VIVIENDAS NUEVAS (Y OTRAS SOLUCIONES HABITACIONALES)

DEMANDA EFECTIVA

AL MERCADO CONSUMIDOR

(MAGNITUD Y CONDICIONES DEL CRÉDITO HIPOTECARIO)

CANALES INSTITUCIONALES FINANCIEROS

ASOCIACIONES DE AHORRO Y PRÉSTAMO
SISTEMA ÚNICO DE POSTULACIÓN
COOPERATIVAS
CAJAS DE PREVISIÓN
BANCOS COMERCIALES
COMITÉS DE DESARROLLO LOCAL
(OTROS)

CONDICIONES DE ACCESO (INGRESO/AHORRO)

(ESTRUCTURA DE CONSUMO)

Perspectivas analíticas del mercado de vivienda. Notas sobre necesidad, oferta y demanda habitacional (1978)[1]

Introducción

Toda sociedad tiene un stock de viviendas y una población que las habita, siguiendo una determinada forma de distribución de bienestar. En este contexto, necesidad de vivienda es un concepto normativo. Representa una apreciación de estado de la sociedad en relación a los medios habitacionales que considera necesarios y útiles para su existencia y desarrollo. El carácter y naturaleza de esta necesidad es definido por el criterio de «aceptabilidad» que se adopte para representar las condiciones de «habitabilidad del stock existente».

Pueden distinguirse dos perspectivas en este respecto: una que pretende ser libre de consideraciones valóricas, enfatiza la idea de condiciones mínimo-operantes para el normal cumplimiento de los roles asignados a la institución familiar (vivienda mínima); la otra apunta hacia la definición de un patrón cultural de validez general, respecto de que debe ser considerado una vivienda adecuada (vivienda digna).

La primera perspectiva opera dentro de una lógica, la cual implica la existencia de umbrales críticos y patológicos de habitabilidad, constituyendo una suerte de imperativo «científico». Sin embargo, su carácter normativo se hace patente cuando se intenta definir el «rol» de la institución familiar y el «normal» cumplimiento de éste.

La segunda perspectiva opera claramente dentro de una concepción valórica referida a consideraciones de justicia distributiva, constituyendo una suerte de imperativo axiológico (Raposo 1975).

De acuerdo con algunos de estos criterios, la necesidad de vivienda puede ser determinada y el remanente de familias por sobre la disponibilidad de viviendas de un estándar mínimo representan el monto de la deficiencia habitacional.

Es importante notar que la «necesidad» es definida independientemente de la demanda efectiva. Si la gente puede o no comprar la vivienda es una cuestión enteramente diferente. Así, mientras podría existir una gran carencia de vivienda, en el sentido de que el stock de viviendas es insuficiente para proveer a cada familia con vivienda de unos determinados estándares (frecuentemente uno de los más ominosos hechos aun en las naciones desarrolladas) podría no haber escasez

1 Publicado como Documento de trabajo DT. Nº24 del Departamento de Planificación Urbano-Regional de la Facultad de Arquitectura y Urbanismo de la U. de Chile, diciembre, 1978.

en el sentido económico, es decir, la demanda efectiva respaldada por poder comprador podría no exceder la oferta.

La relevancia económica, social y política de una carencia de vivienda, como una situación existente en una realidad nacional, constituye frecuentemente una razón para la intervención del gobierno y el propósito de eliminación de tal carencia llega a constituir un objetivo importante de las políticas públicas.

Ellas incluyen requerimientos para asegurar una adecuada provisión de vivienda con el mantenimiento de estándares socialmente aceptables y el otorgamiento de asistencia financiera a las familias que no pueden pagar los precios de mercado.

De acuerdo con ellas, el Estado suele tomar en sus manos parte de la actividad de la construcción habitacional y provee diversos canales de acceso a la vivienda para los distintos estratos de la población, arbitrando franquicias orientadas a producir bajas en el costo de la vivienda para las familias.

¿Cómo el pensamiento económico explica la naturaleza y las causas de la carencia de vivienda? Y de acuerdo con estas explicaciones, ¿cuál debe ser la naturaleza de las políticas públicas en materia habitacional particularmente en lo referente a la posición del mercado privado como un proveedor de viviendas?

No es posible, dentro de las limitaciones de estas notas, analizar el pensamiento económico con respecto a estas preguntas, pero se intentará proveer una descripción general de las formulaciones básicas que se han expresado respecto de estos temas. Para hacer esto se ha considerado útil distinguir tres amplias orientaciones o líneas de argumentación.

Primero, es posible reconocer una perspectiva que es partidaria de una política en la cual se confía al mercado la solución de la carencia de vivienda a través del libre juego de las fuerzas de la oferta y la demanda. En esta visión, el sector privado, como un proveedor de vivienda, juega el rol central.

Una segunda visión enfatiza la idea de que la vivienda es un bien diferente por naturaleza de otros bienes que se transan en el mercado y por consiguiente requiere un tratamiento especial a través de políticas públicas.

Una tercera perspectiva enfatiza la idea de que la falta de vivienda es una falla permanente y estructural del sistema como resultado de la conducta inherente al sector privado en la economía de los países subdesarrollados.

1. Anatomía básica del mercado de vivienda

Primero que nada, el término «vivienda» significa todo, desde una choza de paja hasta una mansión, incluyendo algunas hectáreas de parque privado. No existe un bien homogéneo llamado «vivienda». Las viviendas varían en cualidad, tamaño, localización, edad, etc. Así, las viviendas ofrecidas al consumidor no pueden ser tratadas como substitutos una de la otra. En otros términos, el mercado de vivienda no es un mercado sino un conjunto interrelacionado de mercados locales. La definición de submercado es, por cierto, imperfecta y de algún modo arbitraria. La verificación de si dos unidades de vivienda están o no en un mismo submercado, depende de si la «sustituibilidad» de una respecto a la otra, es lo suficientemente grande como para identificar interrelaciones palpables y observables con respecto al precio y renta. Dicho simplemente, es necesario verificar si las unidades compiten una con otra como alternativas de espacio residencial.

Desafortunadamente, esto no es simple, porque en el mundo real no hay puntos de quiebre límpidos entre dos submercados. La cadena de substitución, como un continuo con bien delineados quiebres y discontinuidades, es más la excepción que la regla.

A pesar de esto, para los propósitos del análisis puede ser útil reconocer algunos submercados de acuerdo a uno o más de los siguientes rasgos: tipo de estructura, tipos de derechos o tenencia, precio o clase de renta, localización, edad, cualidad, condición o estado, tamaño, etc.

Las ligazones entre los submercados son en realidad las preferencias de las familias, por esta razón uno debe tener una comprensión de los tipos de submercados clasificados de acuerdo no solo a los atributos de la oferta, sino también de acuerdo con los tipos de demanda de las familias que se mueven entre estos submercados (Grigsby, 1963).

Con respecto a la oferta, una distinción que es útil considerar es la «oferta» de vivienda en el mercado y la «oferta» en uso. Esta distinción es importante, porque hay relaciones entre ambos componentes en el sentido de que cada vivienda disponible para la venta o arriendo es una posible alternativa para una usualmente ocupada.

La oferta de vivienda resulta de tres procesos principales: (a) adición de nuevas viviendas al stock; (b) las transferencias del stock existente, y (c) las pérdidas del stock por demolición, cambio de uso, etc.

En el sentido de que la oferta en el mercado puede ser orientada hacia las formas de tenencia existentes en la «oferta en uso», es útil diferenciar entre la oferta para ocupación por propietarios y aquella destinada a renta.

Otra distinción útil para propósitos de análisis es la de oferta privada y la de oferta pública, de acuerdo al origen institucional de la oferta. En nuestro medio estas ofertas están orientadas principalmente a ocupación por propietarios, como forma de tenencia de la vivienda. La oferta de origen público no está orientada al mercado de arrendamiento, éste está constituido básicamente por viviendas privadas con más de una transferencia.

En relación a la demanda, es útil introducir una visión diferenciada en el corto y el largo plazo.

En una visión analítica de corto plazo, el cuadro económico esencial de la demanda de vivienda puede ser presentado como una función del número de hogares, su ingreso y su propensión relativa a gastar en viviendas, respecto de otros gastos.

En una visión general de largo plazo, los macroprocesos que definen la demanda de viviendas son los cambios de población y las transformaciones económicas. Los principales factores envueltos son: el crecimiento en el tamaño de la población, su distribución espacial, la estructura de edades, la edad a la cual las personas se casan, el nivel de ingreso, etc.

En un análisis más detallado de corto plazo, las familias pueden ser agrupadas de acuerdo a sus características de asociación a particulares tipos de mercado. Estas características podrían incluir variables, tales como edad y sexo del jefe de familia, ingreso familiar, tamaño familiar, localización del empleo del jefe de familia, etc.

Existen también algunos factores de «ambiente» económico que pueden influenciar la demanda de un modo significativo: uno es la disponibilidad de préstamos para vivienda, los cuales aumentan el poder comprador, otro es la expectativa que tienen los compradores potenciales de maximizar su retorno neto como resultado de futuros cambios en el nivel de precios de las viviendas.

Los factores que definen la asignación del stock existente de vivienda o la distribución de hogares en las viviendas puede ser visualizado examinando simultáneamente los atributos de las familias y los de las unidades de vivienda. Dependiendo de: las oportunidades de trabajo, las expectativas de ingreso, disponibilidad y costo de los medios de transporte, localización de equipamiento, valorización social, etc. La localización de las viviendas es uno de los factores-síntesis más importantes.

2. Hacia un mercado sin interferencias

Sin hacer concesiones al sentimentalismo sociológico o las predilecciones políticas, los partidarios del mercado libre, en una concepción que pretende ser positiva y libre de interferencias valóricas, establecen una severa distinción entre el mercado como un mecanismo para la asignación de la oferta de vivienda y la distribución del ingreso como un proceso que tiene que operar y acomodarse por sí mismo en forma independiente. Sostienen que las políticas públicas que han impulsado la superposición de ambos procesos han conseguido solo introducir una inextricable confusión de las relaciones entre oferta y demanda de vivienda, produciendo una situación de creciente distorsión y pérdida de eficiencia del funcionamiento del mercado.

Tales políticas, al fundamentarse en percepciones puramente normativas de la realidad social, habrían atribuido equivocadamente las situaciones de mala distribución, de malas condiciones y de carencia de vivienda a fallas del mercado. De ello habría resultado la no menos dañina conclusión de que si el mercado ha sido inoperante, la provisión de viviendas para personas de bajo ingreso debe estar a cargo del Estado.

Su crítica se centra en el carácter normativo de las políticas públicas, las cuales tratan de soportar una demanda artificial, que normalmente no podría tener capacidad de pago para comprar una vivienda adecuada.

De acuerdo a este punto de vista, el persistente ignorar los principios económicos elementales de la relación entre oferta y demanda es la principal causa de los problemas y dificultades del mercado habitacional.

El término «demanda» en economía se refiere a la relación entre el precio de un bien o servicio y la cantidad de ellos que una familia o un mercado está preparado para comprar. Así, en un mercado operando libremente, tiende a no existir tal cosa denominada escasez de vivienda. El «exceso de demanda» es una situación de desequilibrio que se presenta solo si existe algún factor que lo ocasiona, como por ejemplo, una disposición gubernamental, imponiendo precios máximos por debajo del punto de equilibrio.

De acuerdo a esta línea de pensamiento, los principales obstáculos para resolver el problema habitacional no residen en las imperfecciones de la economía del mercado de vivienda, sino en los obstáculos puestos en él, por la acción de gobierno. Los controles a la edificación, las restricciones de la planificación urbana y regional, las limitaciones a la rentabilidad, los impuestos diferenciales, constituirían algunos de los factores distorsionantes (Pennance, 1969).

En la visión de los defensores del mercado libre, la necesidad de vivienda puede ser vista como una materia, uno de cuyos significados es de simple aritmética: dado que el número de vivienda es inferior que el número de familias, se tiene que no toda familia puede tener su propia casa y en consecuencia muchas familias deben compartir una vivienda o vivir en acomodaciones temporales o aceptar acomodaciones que normalmente se considerarían intolerables.

Se sostiene que mientras desde el punto de vista del individuo, es cierto que éste no puede obtener la casa que desea porque no puede comprarla, desde el punto de vista de la comunidad como un todo, esta no es en modo alguno la razón de que muchos no pueden obtenerla. La razón es la reducida cuantía de la oferta disponible. No hay suficientes viviendas para que cada familia tenga la suya. El hecho de que muchas familias vivan en pobres condiciones no sería, en modo alguno, el resultado de que los precios sean altos, sino más bien, ocurriría que los precios son altos porque a ningún precio inferior la oferta disponible habría sido suficiente para encontrarse con la demanda efectiva (Harrington, 1972).

Dada una situación de escasez de vivienda nada se gana haciendo que este bien sea barato si la demanda por él excede la oferta. Por el contrario, una política realista que no pretenda distorsionar este hecho y en donde la vivienda se mantiene como un bien altamente demandado, posee claramente importantes ventajas: restituye la iniciativa y responsabilidad de obtener vivienda a las familias eliminando el paternalismo estatal; incentiva un mayor esfuerzo y ahorro de las familias; ajusta las aspiraciones de las familias y la demanda de vivienda en cantidad y calidad, a las reales posibilidades de compra; impulsa a la gente a economizar en alojamiento. Algunas familias con piezas sobrantes tenderán a compartirles; otras se cambiarán a casas más pequeñas, etc.

En el mercado de arrendamientos privados, la acción para hacer las viviendas baratas toma la forma de control de la rentabilidad. Estos controles no incrementan la oferta disponible de acomodaciones; de hecho, la disminuyen.

Al negar a los propietarios rentistas un retorno razonable con respecto a su capital, se introduce un desincentivo para mantener en buenas condiciones el stock en arrendamiento con el resultado de que muchas viviendas decaen a estados irrecuperables y se convierten en áreas deterioradas prematuramente.

Además, el control de rentas resulta frecuentemente en exceso de demanda, el cual se revierte hacia el sector no controlado del mercado, el sector en que las viviendas se compran y venden. La consecuencia natural es que sube el precio de las viviendas para ocupación por propietarios. Otra vez el alza de precios no es la excusa de que muchas personas no tengan capacidad por comprar viviendas, sino más bien ello es la consecuencia de que no hay suficientes casas para todos aquellos que quieran comprar.

Al enfrentarse con una continua alza de los precios de las viviendas para ocupación por propietarios, las autoridades han seguido generalmente un predicamento similar al empleado con el mercado de arrendamiento, han pensado subsidiar la demanda, con la esperanza de que de este modo se incremente el número de familias que puedan comprar casa propia.

En los hechos, el número de personas capaces de comprar una casa está limitado por el número de casas disponibles.

Otro aspecto es que, bajo las circunstancias definidas por esta clase de políticas, la vivienda llega a ser una buena inversión para la mayor parte de las personas. Su costo real es bajo y en consecuencia la demanda es alta y el valor de la propiedad crece.

El proceso puede transformarse en un alud: el alza del valor real de la propiedad crea nuevas demandas que a su vez presionan llevando el valor de la propiedad a niveles más altos. Los propietarios tienden a ganar, pero las personas que tratan de comprar casas por primera vez, encuentran la situación más y más difícil.

De acuerdo a este punto de vista, la reforma esencial que debe introducirse en relación al mercado habitacional puede ser brevemente resumida en los siguientes términos: a) los subsidios indiscriminados de vivienda deberían ser reemplazados por suplementos al ingreso estrechamente ligados a los medios y necesidades personales; b) debería permitirse a las fuerzas del mercado subir los precios, hasta que pueda aparecer una situación de exceso. El precio de las viviendas (tanto de compra como de arrendamiento), podría así llegar a un punto en el que mucha gente no fuera capaz de adquirir la acomodación socialmente deseable (después de todo el rol de los precios es racionalizar la oferta disponible). Los subsecuentes mejoramientos del ingreso disponible y la reasunción del mercado privado en el rol de constituir la oferta de vivienda serían los factores claves en las etapas siguientes del proceso (Harrington, 1972).

Durante la ampliación de esta política se mantendrían solo subsidios explícitos a la demanda bajo la forma de suplemento del ingreso, para quienes no alcancen con sus propios medios a obtener una vivienda de estándar mínimo. En todo caso debe tenerse presente que estos umbrales mínimos no serían de naturaleza normativa, sino que estarían relativizados en un encuadramiento positivo a la posibilidad económica general de la sociedad para satisfacerlos (Saich, 1978).

3. Hacia un mercado «protegido»

Quizás uno de los más críticos aspectos del mercado privado en su rol de proveer y ofertar un marco residencial urbano es su manifiesta inoperancia para resistir a las fuerzas de la decadencia y obsolescencia que se hacen presentes aún en los mejores sectores, produciendo extensas áreas de deterioro y abandono. Esto se patentiza también en su inhabilidad para regenerar, **sin la intervención de políticas públicas**, las áreas definidas una vez que la decadencia se ha hecho presente en un área.

Contemporáneamente, en muchas de las grandes ciudades y áreas metropolitanas, el decaimiento y aun el complejo desuso de amplias áreas residenciales cercanas al centro, y a veces en el centro mismo, no ha podido ser resuelto por la acción del mercado privado, siendo necesario el desarrollo de políticas públicas de renovación urbana.

La mano invisible que rara vez produce un despliegue espacial óptimo de usos del suelo, no ha producido nada en materia de renovación urbana. ¿Por qué esta impotencia del mecanismo del mercado privado? De acuerdo a ciertas concepciones del pensamiento económico, existirían algunos aspectos estructurales del mercado habitacional, que requieren como condición necesaria, la introducción de algunos controles económicos normativos en virtud de algunas características especiales de la vivienda, como bien requerido en el mercado.

Puede distinguirse dos grandes líneas de argumentación: una enfatiza la idea de que la vivienda es un bien especial, cuyo consumo tiene un significado económico diferente al que tiene el consumo de otros bienes. La noción de «bien social» o de «querer meritorio» substancian esta perspectiva. La otra concepción señala la idea de que el sistema competitivo de precios, que produce resultados satisfactorios para los consumidores en otros mercados, no opera eficientemente en el mercado habitacional en virtud de algunas características de la vivienda como bien de consumo (Frankenhoff, 1973).

En la primera visión, la vivienda es considerada un importante «bien social» conformador de aspectos esenciales de la naturaleza de la sociedad. Cumple con ella un rol que trasciende el bienestar de los individuos, constituyendo el más importante soporte material de la institución familiar. Consecuentemente, la aspiración a la vivienda es considerada un «querer meritorio» que debe ser apoyado para su realización, del mismo modo que otros deseos de consumo son considerados «demeritorios» y por consiguiente son desestimulados o simplemente proscritos.

Esta «interferencia» en la «soberanía del consumidor» no es fácilmente aceptada por los partidarios de una práctica más positiva del funcionamiento económico, quienes ven en ello más una imposición de las preferencias doctrinarias de los sectores dirigentes que una corrección de las deficiencias en el ejercicio de las elecciones prevalentes del consumidor.

Si bien es cierto, se reconoce que, dada una situación de falta de información para los consumidores, la imposición temporal de preferencias en las elecciones de consumo puede ser deseable como parte de un proceso de aprendizaje que permita una elección libre, más inteligente, se teme que estas consideraciones pueden llevar fácilmente a un abuso conducente a la imposición de un totalitarismo doctrinario paternalista. Tal temor parecería no carecer de fundamento y se argumenta que si el propósito de los subsidios fuera puramente redistributivo, ello se podría lograr mejor transfiriendo efectivo y permitiendo que los beneficiarios usaran su dinero siguiendo sus propias preferencias. Pero el sector dirigente parece haber estado siempre más interesado en contribuir a las mejores condiciones de vivienda de los pobres que en mejorar su nivel de ingreso. Dicho de otro modo, parece haber más disposición a hacer regalos condicionados que regalar efectivo que pueda ser usado sin el control del donante (Musgrave, 1970).

La segunda visión se refiere generalmente a algunos bien conocidos atributos específicos de la vivienda, considerada tanto desde el punto de vista productivo como desde el punto de vista del consumo, y a ciertos desequilibrios del mercado habitacional que se deriven, en parte, de tales atributos.

Primero que nada, se presenta el hecho de que la vivienda es un bien inmueble, constituyendo una proporción muy importante de suelo edificado. La expresión «suelo edificado» sugiere una importante diferencia que la vivienda y otras formas de propiedad real tienen respecto de otras «mercancías»: no puede ser separada del uso del suelo como espacio o soporte del edificio. Este atributo físico está presente en el análisis en diversos aspectos. Por ejemplo, la importancia de la localización, con respecto a la disponibilidad y costo del sistema de transporte urbano, para determinar el costo relativo de las viviendas.

Si los usos del suelo fueran fácilmente transferibles y si todas las empresas, familias y propietarios del suelo pensaran maximizar su retorno neto, los patrones del valor y uso del suelo en un área estarían determinados por: el carácter y disponibilidad de los sitios; las facilidades de transporte; el beneficio de las empresas en localizaciones alternativas; las preferencias de los hogares en relación a factores tales como ingreso, costo de transporte, confort, calidad de la vivienda y disponibilidad de servicios no habitacionales.

La competencia entre empresas y hogares por relocalizarse, de modo de maximizar su retorno neto, produciría finalmente una distribución óptima del uso del suelo. Desafortunadamente ello no ocurre en realidad. El suelo construido no es fácilmente transferible de un uso a otro. Por el contrario, la durabilidad de las formas de utilización del suelo es una característica que domina el mercado de la propiedad real. Comparada con otros activos disociados del suelo, la edificación, por las características estructurales de su aparato material implica condiciones de larga vida física.

En esto ha incidido la elevación de los estándares mínimos establecidos por las normas de edificación siguiendo pautas de mayor exigencia en la seguridad y protección física de los habitantes. Por otra parte, aunque esta durabilidad varía fuertemente según las características de construcción, la vivienda es generalmente considerada como una inversión de capital destinada a servir a más de una generación. Los intentos de producción habitacional de corta duración y bajo costo no han sido exitosos y tienden a sobrepasar largamente su pretendida transitoriedad, transformándose en barrios de tugurios permanentes. Esto parece estar ligado a factores relacionados con la actitud social hacia la vivienda, en la cual inciden factores tales como movilidad en el trabajo e ingreso, los que a su vez «condicionan» la movilidad residencial. En países como Chile predomina la consideración de la vivienda como un activo de largo plazo y no como un artículo de consumo de vida limitada.

Conviene señalar que la vida física potencial de la edificación no debe confundirse con su vida económica. Esta es normalmente más corta. Los objetos frecuentemente sobreviven a la pérdida de su valor cuando emergen cambios en la situación de la oferta y la demanda, pero la durabilidad impone también un freno al proceso de ajuste de la oferta a los cambios subyacentes de demanda. Así, en relación al trazado y patrones de edificación, la situación del mercado presenta siempre una fisonomía de desequilibrio, pues los cambios subyacentes de ingreso y población, que definen la demanda, no son suficientes para inducir la demolición y reconstrucción.

Hay dos situaciones principales que podrían estar determinando este hecho. Primero, se tiene que en el sector vivienda, al igual que en otras inversiones de capital social fijo que requieren el compromiso de recursos a largo plazo, resulta necesario identificar y distinguir en las condiciones de demanda, aquellos cambios de corto plazo fácilmente reversibles.

Segundo, y en relación especialmente a la propiedad real, los cambios importantes en el uso del sitio implican costos de demolición y despeje. En términos de evaluación de inversiones, esto significa que la reedificación será generalmente una empresa diferida, toda vez, que el valor presente descontado del flujo esperado de ingreso neto de un edificio nuevo, exceda al del edificio existente, superando el costo de demolición y reconstrucción.

El corolario es que puede haber un amplio campo de precios de la tierra dentro de los cuales la nueva edificación en tierra virgen puede representar una inversión más rentable que el redesarrollo de la edificación existente.

El mercado de vivienda tiende así a estar dominado en todo momento por el stock de edificación existente. En relación al tamaño del stock, la adición neta anual es una proporción muy pequeña. Dicho en términos del lenguaje económico, la oferta de vivienda es inelástica. En el corto plazo cambia solo muy lentamente; en consecuencia, los cambios en los precios no tienen mucho efecto en la oferta (Permance, 1969).

Esta relación entre viviendas nuevas y viviendas existentes no debe malentenderse. La dominación de las viviendas existentes se ejerce a través del mercado y no por el stock en sí. En el mercado, la proporción de nuevas viviendas es mayor que las transferencias de las propiedades existentes. A pesar de eso, la compra-venta de las viviendas preexistentes es lo suficientemente grande como para definir la conducta de los inversionistas en construcción de edificios. Los nuevos precios de las viviendas estarán determinados por los predios prevalecientes en el mercado de segunda mano; en consecuencia, la empresa privada no puede transferir indefinidamente incremento de costo a los «consumidores», pues estos reaccionarán cambiando hacia vivienda sustitutiva en el mercado de segunda mano (Newell, 1977).

Otra característica importante de la vivienda es su altísimo costo. El costo de capital de una nueva vivienda social representa actualmente en Chile más de cinco años de ingreso de un obrero industrial y se observa como tendencia general que esta proporción ha tendido a incrementar en las últimas décadas. El alto costo del capital de la vivienda significa que se necesitan créditos de largo plazo, implicando costos anuales que pueden ser insuperablemente altos para la población de bajo ingreso.

Otro desequilibrio en el mercado habitacional que se menciona frecuentemente es aquel que resulta del prolongado tiempo que media entre la iniciación de las obras habitacionales y su oferta en el mercado. Esta situación ha sido presentada, por ejemplo, en el llamado «Teorema de Cobweb» (ver anexo 1), en el que se advierten los efectos desestabilizantes que la fluctuación cíclica de precios y de oferta puede tener sobre el mercado de vivienda y la industria de la construcción.

En síntesis, dentro del contexto de esta perspectiva, las características precedentemente esbozadas del mercado habitacional hacen inevitable la intervención de Estado, para hacer posible su funcionamiento efectivo.

La provisión de condiciones de crédito de largo plazo, el subsidio de liquidez, el subsidio de capital y la asignación de recursos de inversión pública para la construcción de viviendas constituyen los principales aspectos de tal intervención.

En el punto siguiente se presentan algunas consideraciones que examinan los límites de estas políticas en el contexto del sistema socioeconómico imperante.

4. Aspectos estructurales del problema habitacional y los límites de un mercado habitacional público

Se ha señalado frecuentemente, particularmente dentro del contexto de las economías subdesarrolladas, que la profunda y permanente discrepancia entre la gran magnitud de las «necesidades habitacionales» y la reducida demanda efectiva es el resultado de un conjunto de situaciones estructurales del sistema socioeconómico, que definen una falla permanente del mercado privado como proveedor de vivienda (Castells, 1972).

Una de estas situaciones, quizás la más básica, se expresa en el reducido monto del total de la inversión privada nacional disponible para asignar al sector vivienda.

La razón para esta escasa asignación privada de inversiones reside en el hecho de que la rentabilidad del capital invertido en el sector vivienda es menor que en otras actividades. Una es la gran magnitud de la relación capital-producto, que se presenta desfavorable en relación a otras alternativas de inversión. La otra se refiere a la reducida tasa de retorno de la inversión. En ello incidiría el prolongado tiempo que media entre el inicio de la construcción y su oferta en el mercado y las condiciones crediticias de largo plazo implicadas en las transacciones inmobiliarias.

Los argumentos esgrimidos señalan que dentro del contexto de una economía afectada por profundos desequilibrios e inflación y en las cuales se tiene un tamaño de mercado reducido, la productividad no se presenta como objetivo central de la actividad económica. Esta característica se presenta particularmente acentuada en la industria de la edificación de las economías subdesarrolladas. Tal industria exhibe generalmente un profundo retraso tecnológico y baja productividad.

Por esta razón, la orientación hacia el beneficio en el corto plazo es característica de los flujos privados de inversión y la obtención de economías de escala en el largo plazo no es un objetivo habitual de la empresa privada. Muchísimas menos con respecto a la industria de la construcción de viviendas o actividades financieras habitacionales (Castells, 1972).

Existen, además, otros factores adicionales implicados en esta situación que están determinando altos costos en la producción habitacional. Ellos son el alto nivel del «costo de oportunidad del capital» y el alto riesgo de que el valor del capital invertido no se mantenga. Es necesario tener presente que dentro de un contexto dominado por negocios de corto plazo la liquidez nominal del capital es una preferencia estratégica y vital para la inversión privada (Morton, 1969).

Otro factor implicado en el alto costo de la producción habitacional es la existencia de prácticas intermediarias especulativas en el mercado del suelo urbano y la transacción de viviendas.

Los factores de desequilibrio inherente al mercado habitacional constituyen otra situación a ser considerada. La profundidad de las necesidades de viviendas no satisfechas unidas de bienestar social produce frecuentemente un clima social reivindicante o impugnante que obliga a la intervención de la esfera política, mediante el establecimiento de medidas de gobierno. Estas generalmente implican formas de control de la rentabilidad del sector privado que generan factores adicionales de inestabilidad en el poder de ganancia de las inversiones privadas en el sector vivienda.

El resultado principal de este cuadro es que el mercado privado proveedor de viviendas concentra su interés en la demanda de vivienda de los sectores de alto ingreso respaldadas por un sólido poder comprador y abandona lo submercados inferiores dejándolos infraabastecidos. Esta escasez es entonces de naturaleza estructural, inherente al mercado habitacional en el marco de condiciones descritas. En este contexto la acción de Estado no es una interferencia, sino la única respuesta posible del sistema sociopolítico, dentro de ordenamiento estructural.

En términos muy gruesos, la intervención del gobierno se orienta a regular y minimizar: a) la discrepancia entre el poder comprador y el precio de la vivienda, y b) el infraabastecimiento del mercado habitacional.

En relación a la demanda, la acción está orientada a aumentar la demanda efectiva, «añadiendo» poder comprador mediante la provisión de préstamo hipotecario, el subsidio de la tasa de interés y del precio de las viviendas. Para establecer la demanda se diseña un conjunto de canales institucionales basado en el análisis del valor marginal que las familias asignan a los servicios habitacionales y de las relaciones de ahorro en la elección de los submercados.

Con respecto a la oferta, las acciones se orientan a la generación de opciones de oferta en los submercados inferiores infraabastecidos. En base al flujo de inversión pública, las empresas constructoras de vivienda producen los servicios habitacionales, los cuales son transferidos por la autoridad pública a las familias clientes en los diferentes submercados. (Frankenhoff, 1973)

Este modelo de política de vivienda tiene, infortunadamente, severas limitaciones. Primero el monto de inversión pública en ambos lados del mercado que se requeriría es frecuentemente superior a la parte de la inversión total nacional que puede ser asignada al sector vivienda, de acuerdo a un criterio de óptima asignación por sectores del capital nacional. Segundo, la profundidad de las necesidades de vivienda está asociada a la existencia de enormes sectores de población con montos de ingreso a nivel de subsistencia, carentes por consiguiente de patrones perceptibles de ahorro.

Bajo estas condiciones, la actividad habitacional llega a ser parte de las acciones de asistencia social del gobierno, invalidando el orden económico de las políticas de vivienda.

DIAGRAMA 1.

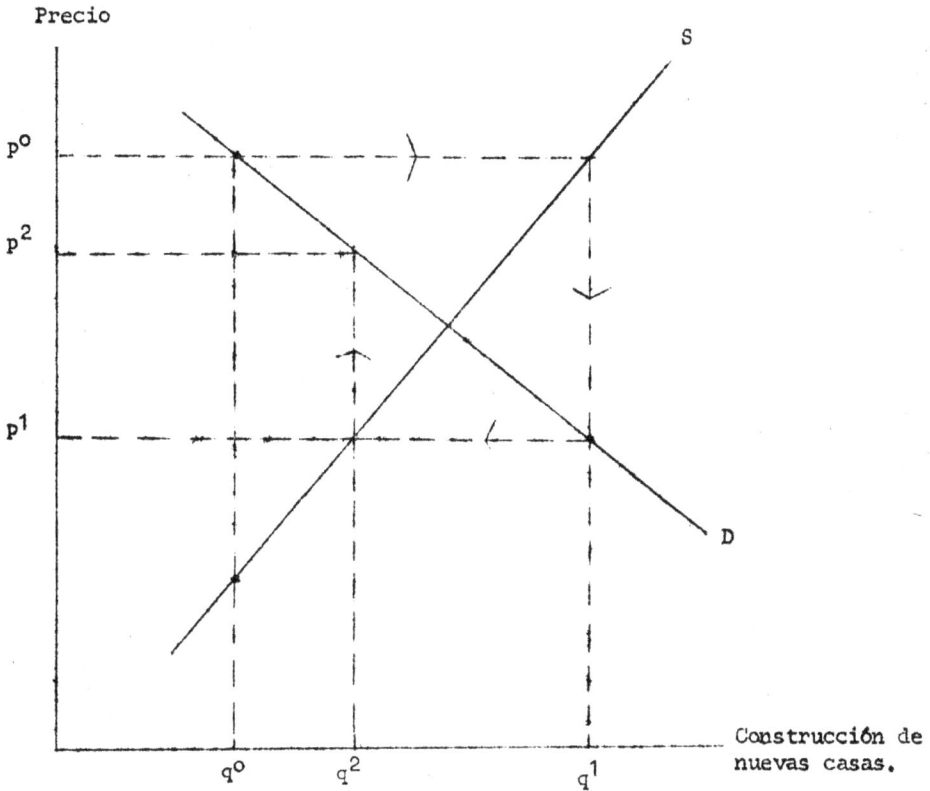

Diagrama N°1 (tomado de Newell, Martin. *An Introduction to the Economies of Urban Land Use.* The States Gazelle Limited. London 1977, p. 260-262).

En el diagrama la curva de oferta (S) expresa la cantidad que la empresa desea ofertar para cada nivel de precio y la demanda (D) muestra la cantidad demandada por cada nivel de precio.

La dirección ascendente de la curva de oferta indica que los empresarios están más preparados para dedicar sus recursos a la construcción de viviendas de alto precio que de bajo precio. La dirección descendente de la curva de demanda indica que la gente está deseando comprar más viviendas, pues están en mejores condiciones, en términos reales, cuando el precio de las viviendas es bajo que cuando es alto.

Para propósitos del análisis se asume: a) que el tiempo que media entre iniciación de las viviendas y su terminación es un año; b) que los empresarios basan su decisión en los precios existentes, y c) que el mercado se encuentra en una posición de desequilibrio con una oferta q^0.

Si se ofertan q^0 viviendas en el presente año, entonces su precio será determinado por la demanda en el nivel P^0. El efecto será que la empresa tratará de iniciar la construcción de q^1 viviendas, cantidad que corresponde a lo que están dispuestos a producir le precio P^0. Como las q^1 viviendas no estarán disponibles sino hasta el año próximo, el precio permanece en P^0. Sin embargo, al año siguiente, cuando las viviendas se completen y la cantidad q^1 sea ofrecida en el mercado, el precio caerá a P^1, que es el precio que los adquirientes están preparados a pagar por una de q^1 viviendas. Esto a su vez, disuadirá a los empresarios, quienes entonces iniciarán la construcción de sólo q^2 viviendas, esto es el monto de viviendas que están dispuestos a proveer al precio P^1. Consecuentemente los precios se incrementarán a P^2 en el próximo periodo, y así sucesivamente.

El modelo precedente ilustra de manera simplificada uno de los mayores efectos desestabilizantes sobre el mercado de vivienda y la industria de la construcción, en el cual los precios y la cantidad de viviendas varían continuamente año a año.

Este análisis tiene por cierto serias limitaciones: los empresarios conocen la naturaleza cíclica de su industria y realizan ajustes para relacionar las obras iniciadas con los precios esperados y no con los precios actuales.

Referencias bibliográficas

Castells, M. *The questions Urbaine.* Editorial Francois Maspero, París 1972, p. 190-214.

Frankenhoff, Charles. *The Economics of a Popular Housing Policy Land Economics.* August, 1973, p. 336-343.

Grisby, William G. *Housing Markets and Public Policy.* University of Pennsylvania Press. Philadelphia, 1963, p. 30-83.

Harrington, R.L. Housing-Supply and Demand. *National Westminter Bank. Quaterly Review,* march 1972.

Morton, Walter A. *Risk and Return: Inestability of Evening as a Measure of Risk Land Economics.* May 1969, p. 149-160.

Musgrave, Richard & Musgrave, Peggy. *Public Finance in Theory and Practice.*

Pennance, F.C. & West, W. A. *Housing Market Analysis and Policy.* Hobart Paper 48. Institute of Economic Affairs. London 1969.

Raposo, A. *Perspectivas Analíticas en el Diagnóstico y Evaluación de la Situación Habitacional Chilena.* DEPUR. Doc. de Trabajo UR-208. U. de Chile, Santiago ,1976.

Saich, Álvaro B. *Diagnóstico del Problema Habitacional Chileno.* División Técnica de Estudio y Fomento Habitacional. MINVU, junio 1978.

Elementos para un mapa temático
del problema habitacional (1979)[1]

Introducción

En el marco de la gestión técnica con que se enfrenta la problemática habitacional, el rol profesional del arquitecto ha sido requerido dentro de un espectro de preocupaciones que frecuentemente se extiende más allá de la tarea específica del diseño de unidades y agrupaciones de viviendas o de la organización funcional de medios residenciales urbanos.

El rol profesional del arquitecto se ha hecho presente en nuestro país, en las tareas de formulación e implementación de políticas de vivienda, así como en las tareas de planificación y programación habitacional. Resulta justificado, por consiguiente, desarrollar, dentro del marco académico de la formación del arquitecto, un cuerpo descriptivo-explicativo de la realidad habitacional que sirva de contexto para situar su acción.

El presente documento se sitúa, sin embargo, dentro de un propósito más restringido que este. Pretende tan solo ofrecer una suerte de «mapa» a gran escala de las áreas temáticas que conforman el territorio de estudio de la realidad habitacional y de las políticas de vivienda.

Tal propósito se considera cumplido si este «mapa» puede ayudar a orientar la ubicación de desarrollos más específicos en las preocupaciones propias del rol profesional del arquitecto en este campo.

El texto que se presenta a continuación adopta, sin embargo, la forma de una proposición metodológica para un proyecto de estudio, con el fin de aprovechar también la posibilidad de obtener consideraciones críticas en este respecto.

1. Objetivos

El objetivo de la presente comunicación es proponer esquemáticamente una metodología para examinar la acción habitacional desarrollada en el país y su evolución histórica reciente, así como el proceso más específico de formulación e implementación de políticas de vivienda.

Se trata básicamente de enumerar sin mucha desagregación áreas temáticas, aspectos, factores e indicadores cuya consideración y análisis se estima esencial para el propósito indicado.

La manera de percibir implícita en el esquema que se presenta ha sido desarrollada a partir de trabajos precedentes[2] y se basa en el reconocimiento de diversos niveles y dimensiones de análisis que

1 Publicado como Documento de trabajo DT. Nº26 del Departamento de Planificación Urbano-Regional de la Facultad de Arquitectura y Urbanismo de la U. de Chile, diciembre, 1979.

2 Ver Referencias Bibliográficas, p. 253-254

surgen cuando se toma como referencia el sistema de actores sociales que más directamente participan en la acción habitacional.

2. Planteamiento general

Con la expresión «acción habitacional» se designa al fenómeno observado, esto es el proceso de producción, transferencia y uso de la vivienda, incluyendo a los diversos actores sociales que participan en este proceso, la interacción de sus intereses y los acontecimientos que protagoniza.

El conjunto de descriptores de la metodología propuesta intenta establecer la «situación habitacional», entendiendo por tal el conjunto de elementos y hechos que en un determinado momento conforman el estado actual de la realidad examinada.

La perspectiva histórica o trayectoria del proceso puede obtenerse a partir de la situación habitacional en diversos momentos del tiempo y del examen de las series cronológicas de datos de los principales descriptores.

Dentro de la acción habitacional, en cuanto realidad objetiva examinada conviene distinguir como un plano de análisis distinto, el desenvolvimiento de la racionalización social a través de la cual se construyen las percepciones y conocimientos respecto de la acción habitacional y se establecen los hechos sobre tal realidad. Tal distinción debe ser considerada en la definición de la situación habitacional. El plano de la acción habitacional como proceso global implica referirse a sus dimensiones generales, económicas y sociales; en tanto, el plano de la racionalización social implica advertir la articulación conceptual e ideológica con que tal realidad es percibida. En este sentido interesa especialmente examinar la producción y elaboración del discurso técnico-científico, por el cual se formulan proposiciones o prescripciones de cómo entender y operar en la acción habitacional, o de cómo resolver los problemas que en ella se advierten.

3. Esquema de trabajo

De acuerdo con las consideraciones precedentes, el esquema de la metodología que se propone consulta dos partes, la primera comprende: (A) Antecedentes generales, una consideración de las situaciones de contexto en que se sitúa el fenómeno observado, (B) La acción habitacional, un examen del fenómeno en sí mismo, considerando su estructura, componentes y relaciones, y (C) El discurso técnico, un análisis particularizado de la percepción del fenómeno en el marco de la racionalidad técnica.

Los elementos de las visiones precedentes, permitirían establecer (D) La situación habitacional, un diagnóstico síntesis sobre la evolución del fenómeno examinado y su estado actual. Sobre esta base debería desarrollarse una segunda parte en la cual se procedería más particularmente a (E) un análisis y evaluación de resultados de la implementación de estas políticas.

La evaluación precedente debería apuntar a identificar situaciones críticas y de oportunidad en torno a las cuales desarrollar (G) una formulación de estudios específicos que apunten a propuestas innovativas de acción resolutiva.

En las páginas siguientes se explica el alcance de los campos temáticos enunciados, así como los aspectos y factores considerados en ellos. El gráfico del esquema 1, sintetiza este planteamiento general.

A. Antecedentes generales

En relación a los contextos que en términos más globales circunscriben y condicionan la acción habitacional y su problematización, se considera necesario establecer en rasgos generales: (A.1) el contexto general de los modelos sociopolíticos y de los estilos de desarrollo que se han impulsado en el país en las últimas décadas, y dentro de los cuales se ubica la posición programática de la acción de los gobiernos respecto de la acción habitacional. Por otra parte, resulta necesario establecer en términos gruesos (A.2) las características asumidas por el proceso de urbanización del cual se desprenden las condiciones espaciales de los factores ecológico-demográficos, económicos y culturales que inciden en la acción habitacional.

B. La acción habitacional

Centrándose en el cuerpo mismo del fenómeno observado, se considera necesario obtener una visión general de (B.1) la acción habitacional, considerando las decisiones y acciones asumidas por los diversos actores sociales (aparatos institucionales) que participan más directamente en el proceso económico-social conformador de los mercados de vivienda.

Tal examen deber ser desarrollado más específicamente para obtener una caracterización del (B.1.1.) funcionamiento del mercado considerando los distintos tipos de mercados y submercados. Un enfoque más particularizado se requiere para obtener una visión de (B1.1.1.) la conformación de la demanda considerando la necesidad de vivienda en sus diversas expresiones y (B.1.1.2) la constitución de la oferta, incluyendo una consideración del contexto de factores productivos del sector construcción y subsector vivienda y del mercado de suelos.

La caracterización de la acción habitacional requeriría además desarrollar una visión desde la perspectiva de B-2, el marco general de recursos financieros y de inversión, y B.3, el marco general normativo y reglamentario.

C. El discurso técnico

Centrándose en el plano de análisis más específico de la percepción y racionalización social de la realidad examinada, se considera necesario obtener una visión de (C.1), el proceso de racionalización técnica a nivel de gestión de gobierno, a fin de situar en ella una caracterización más particularizada de (C.1.1), el proceso de formulación de políticas, planes, programas y legislación que inciden en el desenvolvimiento de la acción habitacional.

El aspecto más específico a considerar dentro de estas dos visiones precedentes es el de (C.2), las perspectivas analíticas o estructuras perceptivas con que el aparato oficial de gestión técnica enfoca la acción habitacional y su problematización. Se distingue aquí cuatro enfoques: (C.2.1), la perspectiva de la necesidad social, (C.2) la perspectiva macro económica sectorial, (C.2.3) la perspectiva del mercado y (C.2.4), la perspectiva del interés social.

D. La situación habitacional

El desarrollo de las diversas visiones consideradas precedentemente, deberían permitir establecer un diagnóstico-síntesis de la acción habitacional en el país y de la situación habitacional que se presenta. Tal diagnóstico se considera necesario para servir de base de contrastación y de criterios para una evaluación particularizada de las políticas de vivienda, sus formas de implementación y de los resultados alcanzados.

E. Evaluación de las políticas de viviendas

Se considera necesario desagregar la evaluación de las políticas distinguiendo (E.1) los elementos conceptuales de las políticas teniendo como referencia la problematización de la situación habitacional; (E.2) los elementos operativos de la política considerando el desarrollo de un modelo operativo, y (E.3) la consistencia de la política en términos de factibilidad.

F. Evaluación de resultados de aplicación de políticas

Para efectos de un análisis de resultados se considera necesario desarrollar una visión evaluativa en términos de eficacia con respecto a (F.1) el cumplimiento de metas; (F.2) el balance costo-beneficio, y (F.3) la evaluación de programas específicos bajo la modalidad de estudio de casos.

G. Formulación de estudios específicos sobre innovación en la acción resolutiva

Se considera necesario reexaminar situaciones críticas o de oportunidad detectadas en la acción habitacional y establecer propuestas de estudio orientadas a la búsqueda de soluciones innovativas.

ESQUEMA 1.A

SISTEMA DE RACIONALIZACIÓN TÉCNICA

PROCESO DE RACIONALIZACIÓN TÉCNICA DEL SECTOR VIVIENDA

PERSPECTIVAS DE ANÁLISIS

- PERSPECTIVA DE LA NECESIDAD SOCIAL
- PERSPECTIVA MACROECONÓMICA
- PERSPECTIVA DEL MERCADO
- PERSPECTIVA DEL INTERÉS SOCIAL

POLÍTICAS PLANES Y PROGRAMAS DE VIVIENDA

PLANIFICACIÓN
LEGISLACIÓN
ADMINISTRACIÓN

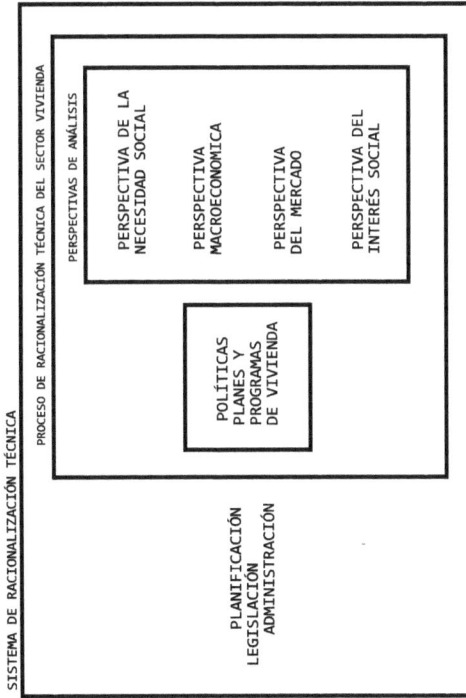

SISTEMA SOCIAL VINCULADO A LA ACCIÓN HABITACIONAL

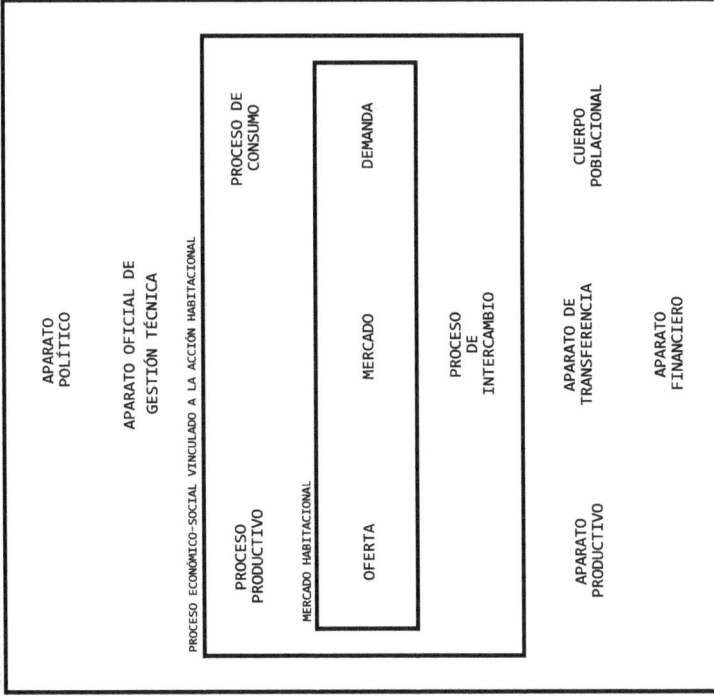

APARATO POLÍTICO

APARATO OFICIAL DE GESTIÓN TÉCNICA

PROCESO ECONÓMICO-SOCIAL VINCULADO A LA ACCIÓN HABITACIONAL

PROCESO PRODUCTIVO

PROCESO DE CONSUMO

MERCADO HABITACIONAL

OFERTA

MERCADO

DEMANDA

PROCESO DE INTERCAMBIO

APARATO PRODUCTIVO

APARATO DE TRANSFERENCIA

APARATO FINANCIERO

CUERPO POBLACIONAL

SISTEMA ESPACIAL

DISTRIBUCIÓN Y ORGANIZACIÓN ESPACIAL DE LA POBLACIÓN Y DE LAS ACTIVIDADES ECONÓMICAS Y SOCIALES

ESQUEMA 1.B. CAMPOS TEMÁTICOS PROPUESTOS PARA EL ESTUDIO DE LA REALIDAD HABITACIONAL

A-1 CONTEXTO GENERAL DEL MODELO SOCIO-POLÍTICO Y ESTILO DE DESARROLLO

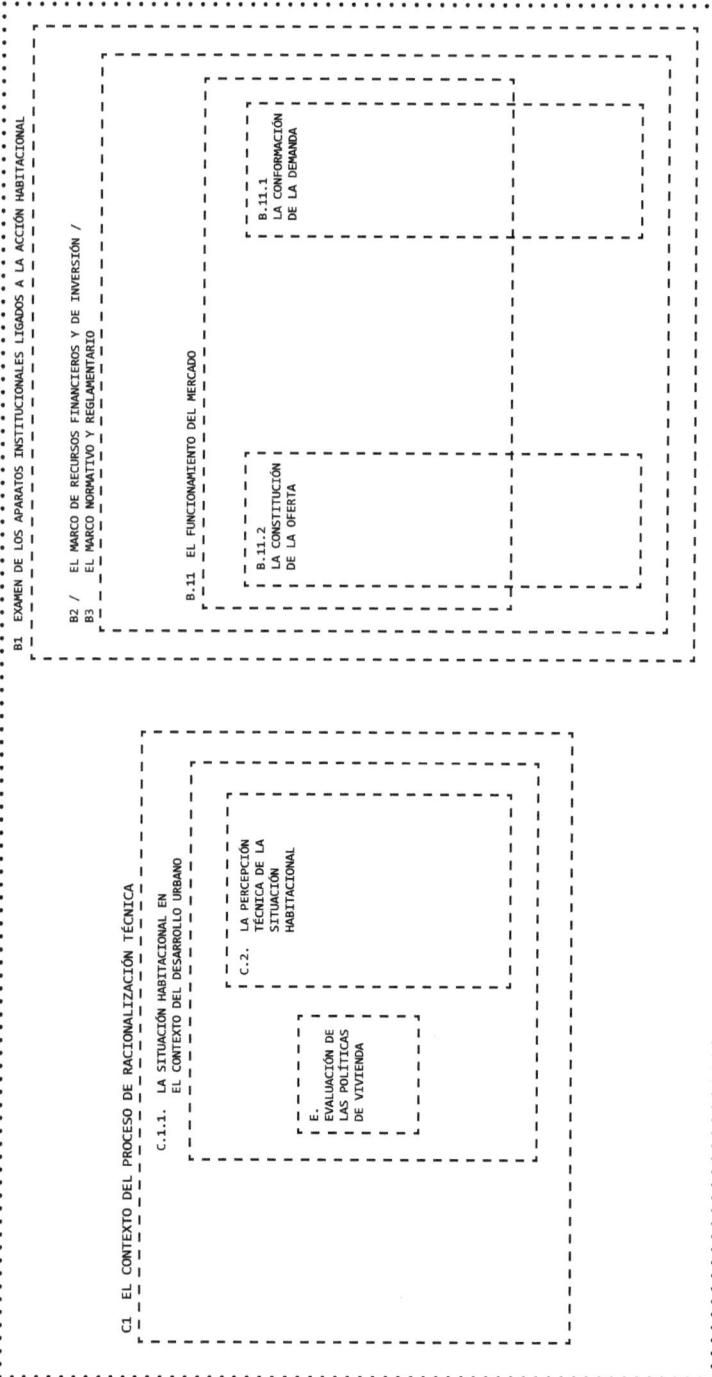

B1 EXAMEN DE LOS APARATOS INSTITUCIONALES LIGADOS A LA ACCIÓN HABITACIONAL

B2 / EL MARCO DE RECURSOS FINANCIEROS Y DE INVERSIÓN /
B3 EL MARCO NORMATIVO Y REGLAMENTARIO

B.11 EL FUNCIONAMIENTO DEL MERCADO

B.11.2 LA CONSTITUCIÓN DE LA OFERTA

B.11.1 LA CONFORMACIÓN DE LA DEMANDA

C1 EL CONTEXTO DEL PROCESO DE RACIONALIZACIÓN TÉCNICA

C.1.1. LA SITUACIÓN HABITACIONAL EN EL CONTEXTO DEL DESARROLLO URBANO

C.2. LA PERCEPCIÓN TÉCNICA DE LA SITUACIÓN HABITACIONAL

E. EVALUACIÓN DE LAS POLÍTICAS DE VIVIENDA

A-2 CONTEXTO GENERAL DEL PROCESO DE URBANIZACIÓN

Primera parte

A. Antecedentes generales

A.1. Contexto general del modelo socio-político y del modelo de desarrollo

Las políticas habitacionales son parte del marco general de políticas económicas y sociales de un gobierno. Estas, en su conjunto, representan la primera instancia de racionalización del marco general de valores y posiciones doctrinarias que lo inspiran y expresan la posición programática general de su gestión. Se requiere, por consiguiente, para la comprensión de una determinada política, examinar el contexto general del modelo sociopolítico y el modelo de desarrollo en que se sitúa la esfera de gobierno.

En términos generales, la caracterización de los principales rasgos de un modelo sociopolítico pueden ser expresados en términos de la imagen objetivo que se plantea respecto de las transformaciones buscadas de la estructura social, cuyo correlato es la idea-diagnóstico, respecto del estado en que ella se encuentra en determinado momento histórico. Ambas componentes, **idea-diagnóstico e imagen-objetivo**, pueden ser advertidas en su referencia a las diferentes partes que, en términos analíticos, constituyen la estructura social.

Para los fines de una caracterización global del modelo político y socio-económico, se consideran las siguientes componentes estructurales e indicadores.

a. Estructura de poder

   a.1. Objetivos o tendencias de transformación social
   a.2. Organización social de base y participación social
   a.3. Organización política
   a.4. Rol del Estado y carácter de su gestión

b. Estructura productiva

   b.1. Concepción de desarrollo y rol del Estado
   b.2. Modalidad de gestión económica
   b.3. Régimen de propiedad

c. Estructura de consumo

   c.1. Orientaciones de la inversión pública en consumo social
   c.2. Orientación de las políticas salariales
   c.3. Orientación de las políticas redistributivas

Debe tenerse presente que toda realidad nacional se encuentra inserta en un sistema mundial de interdependencia y por consiguiente se prevé la necesidad de considerar en términos generales algunos aspectos relativos a las relaciones internacionales.

Entre estos podrían tener implicancias para las políticas habitacionales:

I) Aspectos relativos a la situación crediticia internacional
II) Aspectos relativos al comercio exterior
III) Aspectos relativos a las políticas de migración internacional

A.2. El contexto general del proceso de urbanización

El desarrollo histórico de la sociedad y los procesos componentes que acontecen en cualquiera de sus órdenes institucionales (cultural, social, político, económico) se presentan siempre relacionados constitutivamente con modos de uso y apropiación del espacio, los que se conjugan definiendo una estructura espacial. Tal estructura, constituida por diversas subestructuras de nivel local, regional, metropolitano y nacional, no es un producto inerte, sino un componente activo del sistema social. En este sistema la estructura espacial retro influye permanentemente como factor condicionante del proceso económico-social, representando diversas instancias de funcionalidad en relación a las necesidades de localización generadas por el funcionamiento del sistema social.

Las entidades pobladas y las interrelaciones entre ellas y con el espacio territorial en que se sitúan, constituyen las componentes básicas de la estructura espacial. La generación y transformación de esta estructura es el proceso de urbanización en el que intervienen todas las componentes estructurales de la sociedad, representando, por consiguiente, una dimensión discernible de cambio social global.

El proceso de urbanización como proceso de ocupación y uso social del espacio es también un proceso de construcción del hábitat material. Interesa, por consiguiente, establecer el contexto general del proceso de urbanización del país para situar la posición programática de la acción de gobierno en materia de vivienda.

Para efectos de una presentación general se considera principalmente tres grandes aspectos de la urbanización: uno en cuanto proceso de difusión de normas, valores e innovaciones de origen urbano; otro en cuanto proceso de redistribución ecológico-demográfica de la población, y un tercero referido a aspectos socioeconómicos.

a. Aspectos culturales de la urbanización

a.1. Valores y normas culturales sobre la organización comunitaria y familística, según grupos socioeconómicos, étnicos y regionales.
a.2. Aculturación y difusión de innovaciones tecnológicas

b. Aspectos ecológico-demográficos de la urbanización

b.1. Estructura y cambio demográfico de la población
b.2. Estructura y cambio demográfico del sistema de centros urbanos
b.3. Estructura fisiográfica general del sistema de centros poblados

c. Aspectos socioeconómicos de la urbanización

c.1. Estructura y cambio de Población Económicamente Activa y la distribución del ingreso.
c.2. Desigualdades regionales
c.3. Concentración metropolitana

B. La acción habitacional

B.1. Examen de los aparatos institucionales vinculados a la acción habitacional; organización y funciones

Para efecto del análisis de la acción habitacional parece necesario examinar, al menos en términos generales, la función de los diversos actores sociales que más directamente se vinculan a la acción habitacional, considerando las formas institucionales que adoptan, los roles principales que cumplen y las principales intervinculaciones que establecen entre sí.

Interesa principalmente examinar las situaciones de convergencia y polarización de intereses más relevantes en que estos actores sociales se sitúan en relación a su participación en la implementación de las políticas de vivienda.

Se distingue, para propósitos de este estudio, los siguientes aparatos funcionales del sistema de actores sociales ligados a la acción en vivienda (Ver Esquema 2).

a) Aparato político
I) Régimen de gobierno interior del Estado. Gobierno central y local.
II) Autoridades políticas y representantes.
III) Estructura del proceso decisorio.
IV) Instancias legislativas.

b) Aparato oficial de gestión técnica
Entidades de la administración pública, agencias semipúblicas y servicios vinculados al sector:

I) Examen de la recepción de demandas formales e informales desde la base poblacional.
II) Examen del proceso de generación de políticas, planes, programas, proyectos, normas, reglamentos, controles y fiscalización.

c) Aparato financiero
Entidades vinculadas a:

I) Asignación pública de recursos.
II) Asignación privada de recursos.
III) Asignación pública y privada de recursos externos.

d) Aparato productivo

I) Asociaciones empresariales de la industria ligada a la producción y distribución de insumos.

II) Asociaciones empresariales de la empresa constructora.

III) Asociaciones de profesionales y técnicos vinculados al sector.

IV) Entidades sindicales obreras.

V) Organización de la labor directa del sector público

e) Aparato de transferencia a intermediación

Entidades y asociaciones privadas vinculadas:

I) La transacción inmobiliaria.

II) La renta inmobiliaria.

III) La promoción de desarrollos residenciales privados.

Entidades públicas de:

I) Postulación y adjudicación.

f) Organizaciones de la base poblacional

I) Organizaciones formales e informales de formulación de demandas y reivindicaciones habitacionales.

II) Organizaciones vecinales.

IV) Organizaciones cooperativas.

	SISTEMA SOCIAL VINCULADO A LA ACCIÓN HABITACIONAL			PERCEPCIÓN DEL PROBLEMA			PROPOSICIONES ACCIÓN	
	FUNCIONES	ACTORES SOCIALES	ORGANIZACIÓN INSTITUCIONAL	FINES Y OBJETIVOS	OBSTÁCULOS Y DIFICULTADES	POTENCIAL RESOLUTIVO	CORTO PLAZO	LARGO PLAZO
APARATO POLÍTICO	Gobierno Central Gobierno Local Recepción de demandas	Autoridad Política Nacional Autoridad Política Regional Autoridad Política Local (Representantes y diri-gentes)	Presidencia de la República Intendencias Alcaldías (Consejos y cuerpos consultivos regionales, metropolitanos y locales)				Política Social Política de Vivienda y Desarrollo Urbano Legislación Habitacional.	
APARATO OFICIAL DE GESTIÓN TÉCNICA	Administración Normativo y Reglamentación Formulación de Políticas Planificación Programación Proyectos Recepción de demandas Llamado de propuestas	Autoridad Técnica Expertos Profesionales y Técnicos Personal Administrativo	ODEPLAN, CORFO, MINVU, SERVIU Ministerio de Hacienda Ministerio de Economía Ministerio Interior Municipalidades (DOM) (Consejos y Cuerpos consultivos regionales, metropolitanos y locales)	PERSPECTIVA DE LA NECESIDAD SOCIAL (Déficit de vivienda, demanda normativa, etc.) PERSPECTIVA SECTORIAL (Cuentas nacionales, sub. sector vivienda) PERSPECTIVA DEL INTERÉS SOCIAL (Vivienda social, extrema pobreza) PERSPECTIVA DEL MERCADO (Demanda efectiva, oferta)			Política de Vivienda Plan Habitacional + Legislación Habitacional + Normas y Reglamentos Plan Operativo Anual Proyectos Sectoriales Públicos Proyectos Sectoriales Residenciales Acciones Coyunturales y de Emergencia Recepción de demandas	
APARATO FINANCIERO (Nacional y Externo)	Asignación Pública de recursos (a la oferta y la demanda) Asignación privada de recursos (a la oferta y la demanda)	Directorio Expertos Profesionales y Técnicos Personal Administrativo Inversionistas y Promotores	Bancos Comerciales y de Fomento Central Nacional de Ahorro y Préstamo Caja de Previsión MINVU, SERVIU Ministerio de Hacienda Agencias Internacionales					
APARATO PRODUCTIVO	Producción y comerciali-zación de insumos de la construcción Fabricación anticipada de Partes Licitación Ejecución de obras	Empresas Industriales Empresas Constructores Empresas Comerciales Empresas Consultoras Contratistas Profesionales y Técnicos Obreros (Inversionistas y Promo-tores)	Cámara Chilena de la Cons-trucción Asociaciones Empresariales Industriales Colegios Profesionales Sindicatos obreros Cajas de compensación				Proposiciones de políticas y planificación habitacional.	
APARATO DE TRANSFERENCIA E INTERMEDIACIÓN (Público y privado)	Compra y venta Arrendamiento Recepción - Postulaciones Adjudicación	Corredores de Propiedades Propietarios inmobiliarios (Edificios y suelos) Rentistas Inversionistas y Promotores Adquirientes y Postulantes	Asociación de corredores de propiedades Sociedades de renta urbana Sociedades inmobiliarias Grupo promotores previas Dirección de Industria y comercio SERVIU					
CUERPO POBLACIONAL	Residir Articulación Intereses Generación de represen-tantes Formulación de demandas Acción comunitaria Acción cooperativa Auto construcción Compra y venta Arrendamiento	Organización de Pobladores Representantes y Dirigentes Familias	Juntas Vecinales Organizaciones Comunitarias Cooperativas de vivienda					

ESQUEMA 2. ELEMENTOS DEL SISTEMA SOCIAL EN LA ACCIÓN HABITACIONAL
A. RAPOSO
Esquema Metodológico para el Análisis de las Políticas de Vivienda
DLPUR. D.T. 26 Noviembre 1979

B.1.1. El funcionamiento del mercado habitacional

En este aspecto interesa principalmente examinar los rasgos principales de la estructura del mercado considerando las características de la demanda y de la oferta. En términos generales, se considera la existencia de tres áreas en el mercado: el mercado de viviendas nuevas, el mercado de transferencias o viviendas usadas y el mercado de arrendamiento. Estas áreas estarían a su vez constituidas por submercados para diversos niveles de ingreso y grupos sociales.

En términos de oferta y demanda se considera la existencia de una esfera privada, regida por el sistema de precios, y de una esfera pública, regida por orientaciones normativas. En ésta la demanda y la oferta se encuentran canalizadas y son frecuentemente objeto de facilidades crediticias o subsidios. Entre los puntos a considerar se incluye:

a) **Reconocimiento de mercados formales e informales y de sus interrelaciones.**

   a.1. Rol del sector público y privado en los mercados formales.

   a.2. Mercados informales; constitución de la oferta y la demanda en el contexto de extrema pobreza.

b) **Caracterización general del stock en uso y de su utilización.**

   b.1. Viviendas vacantes en el stock en uso; viviendas en oferta, estacionales y dilapidadas.

   b.2. Condiciones de hacinamiento y sobrepoblación

c) **Características generales de las formas de tenencia de la vivienda y de sus tendencias de cambio.**

   c.1. Apreciación de las necesidades de arrendamiento y de propiedad de la vivienda.

   c.2. Apreciación del costo relativo de la propiedad o el arrendamiento de vivienda como formas de tenencia.

   c.3. Influencia de las condiciones crediticias y de los impuestos en las formas de tenencia.

d) **Características generales del proceso de comercialización en el mercado habitacional. Agentes de comercialización e instancias intermediarias.**

e) **Características generales del mercado de arrendamiento.**

   e.1. Características del stock en uso y del stock ofertado en los submercados de arrendamiento.

   e.2. Características socioeconómicas de las familias en los submercados de arrendamiento.

   e.3. Apreciación de la magnitud de la rentabilidad inmobiliaria en los submercados de arrendamiento.

   e.4. Influencia de las medidas de control y regulación de la rentabilidad. Formas no autorizadas de rentabilidad y subarriendo.

f) **Características generales del mercado de transferencias o viviendas usadas y del mercado de viviendas nuevas.**

f.1. Características del stock ofertado en los diversos submercados.

f.2. Magnitud de la transacción inmobiliaria y sus tendencias de cambio según submercados.

f.3. Estructura de precios del stock ofertado y tendencias de cambio según submercados.

f.4. Mecanismos de implementación financiera de adquisición de vivienda y su influencia en el mercado.

B.1.1.1. La conformación de la demanda

a) **Estructura demográfica de la población y tendencias de cambio.**

a.1. Composición y crecimiento de la población

a.2. Composición familiar

a.3. Formación de hogares

b) **Tendencias de redistribución espacial de la población**

b.1. Migraciones

b.2. Movilidad residencial

c) **Estratificación socioeconómica de la población**

c.1. Estructura ocupacional e ingreso

c.2.Oferta de empleo y niveles de desocupación

d) **Estructura del consumo y ahorro familiar**

d.1. Costo de vida y estructura de consumo, gasto en vivienda.

d.2. Capacidad de ahorro y de pago para la adquisición de vivienda.

e) **Determinantes geográficas y pautas culturales que influencia los estándares de vivienda y estructuras de preferencia.**

f) **Influencia de los mecanismos de implementación financiera para la adquisición de vivienda en la conformación de la demanda.**

f.1. Condiciones generales de crédito hipotecario. Préstamos, intereses, plazos de amortización y requisitos económicos según canales financieros.

f.2. Mecanismos de postulación y adjudicación del sector público. Magnitud, forma y destino de los subsidios habitacionales.

g) **Características de la demanda real o efectiva en los mercados de viviendas nuevas y usadas.**

h) **Expresiones no institucionales de la necesidad habitacional.**

h.1. La acción revindicativa por la vivienda en el cuerpo poblacional.

h.2. La formación de asentamientos urbanos irregulares.

B.1.1.2. La constitución de la oferta

a) Apreciación global de la oferta habitacional pública y privada en los diversos submercados y de sus tendencias de cambio.

b) Mecanismos públicos y privados de implementación financiera para la construcción de vivienda. Magnitud, forma y destino de los subsidios habitacionales.

c) Los programas del sector público en vivienda de interés social.

d) Características generales del mercado de suelo urbano.

e) Características generales del sector construcción y subsector vivienda.

e.1. Aspectos macroeconómicos del sector construcción y subsector vivienda (valor bruto y valor agregado, relaciones con la inversión e ingreso geográfico bruto, destino sectorial de la producción, productividad).

e.2. La industria de materiales de la construcción (capacidad instalada, localización, volumen de producción, mercados y distribución).

e.3. Demanda de insumos del sector construcción habitacional. Componentes importados directos e indirectos.

f) Características generales de la industria de la construcción habitacional.

f.1. Características de las empresas constructoras. Estratificación según capacidad productiva. Desagregación de la construcción en empresas de subcontratos.

f.2. Características tecnológicas de la construcción habitacional. Sistemas constructivos predominantes. Niveles técnicos en coordinación modular, prefabricación y montaje.

f.3.Características de la fuerza de trabajo. Niveles de capacitación, especialización y productividad.

g) Análisis de la formación de costos en la construcción habitacional. Descomposición de costos típicos por factores.

B.2. El marco de recursos financieros y de inversión

Se trata de presentar las condiciones generales financieras y de inversión del sector habitacional existentes en un país y dentro de las cuales se sitúan la política y acción habitacional. Tales condiciones son de hecho modificadas a veces significativamente por política de vivienda e interesa, por tanto, establecer el campo de tales modificaciones.

Interesa principalmente considerar:

a) Necesidades anuales de capital para el programa normativo de viviendas, equipamiento comunitario y obras urbanas.

b) Composición de recursos asignados al sector y mecanismos de captación; fuentes nacionales públicas fuentes nacionales privadas, fuentes internacionales públicas y privadas.

c) Gasto corriente de capital en el sector y necesidades suplementarias de capital.

d) Programas de ahorro público para vivienda. Volumen y forma del ahorro privado. Medidas de fomento de la inversión privada. Formas impositivas y de ahorro forzoso.

e) Organización y condiciones operantes en el mercado interno de capitales.

B.3. El marco normativo y reglamentario

Se trata de proveer una visión general de la legislación, reglamentos y normas que regulan la producción y transferencia de la vivienda. Interesa conocer, entre otros elementos, los siguientes:

a) Características de las disposiciones sobre uso del suelo y forma de ocupación de las ordenanzas locales.

b) Ley y Ordenanza general de construcción y urbanización y reglamentaciones especiales de vivienda económica.

c) Régimen Municipal respecto de la edificación. Derechos, permisos y recepciones.

d) Legislación y normas sobre infraestructura de servicios de utilidad pública y garantías de urbanización.

e) Regímenes de licitación y contratación de obras.

f) Normalización y control de calidad. Normas de arquitectura, construcción y cálculo.

g) Legislación y reglamentación sobre acción cooperativa.

C. El discurso técnico-científico

C.1. El contexto general del proceso de racionalización técnica

En la esfera de gobierno, la autoridad política y el aparato oficial de gestión desarrollan un proceso de racionalización técnica de sus percepciones sobre la realidad socioeconómica nacional. Este proceso se desarrolla a partir del marco de valores y principios doctrinarios que se traducen en objetivos de gobierno y directivas para la conducción social hacia el logro de los fines postulados.

El proceso de racionalización implica una sucesión de fases que incluyen sucesivamente la prospección del futuro, la planificación de los cursos de acción a desarrollar, la toma de decisiones y la implementación de las acciones acordadas. Paralelamente esta racionalización se estructura a partir del marco de valores expresándose en formulación de políticas de las cuales se desprenden estrategias y operaciones específicas.

El análisis del proceso de racionalización mencionado puede ser desarrollado de acuerdo a la pauta metodológica que se presenta en el esquema anexo (Ver esquema 3). En él se expresan algunas de las relaciones más importantes a examinar, las que presentarán diferencias en las diversas fases o períodos que se considere.

C.1.1. La situación habitacional en el contexto del Desarrollo Urbano-Regional

Aparte del examen de los documentos oficiales específicos sobre política habitacional que se examinan en la segunda parte del presente temario, se considera necesario detectar aquí la forma como la problemática habitacional es considerada en otras instancias y perspectivas del discurso técnico y normativo, particularmente aquellas vinculadas a la planificación del desarrollo urbano-regional.

Interesa principalmente establecer:

a. Formas de integración de las políticas y programas de vivienda y desarrollo urbano en los planes nacionales de desarrollo.

b. Relaciones entre las políticas y programas de vivienda y las políticas de desarrollo urbano y de desarrollo regional.

c. Relaciones entre las políticas y programas habitacionales y los objetivos de descentralización del proceso de desarrollo urbano-regional.

d. Relaciones entre las políticas y programas de vivienda y los instrumentos de las políticas para el desarrollo urbano-regional.

e. Estructura institucional y normativa de la gestión del proceso de desarrollo urbano-regional.

ESQUEMA 3. FASES DE LA RACIONALIZACIÓN TÉCNICA

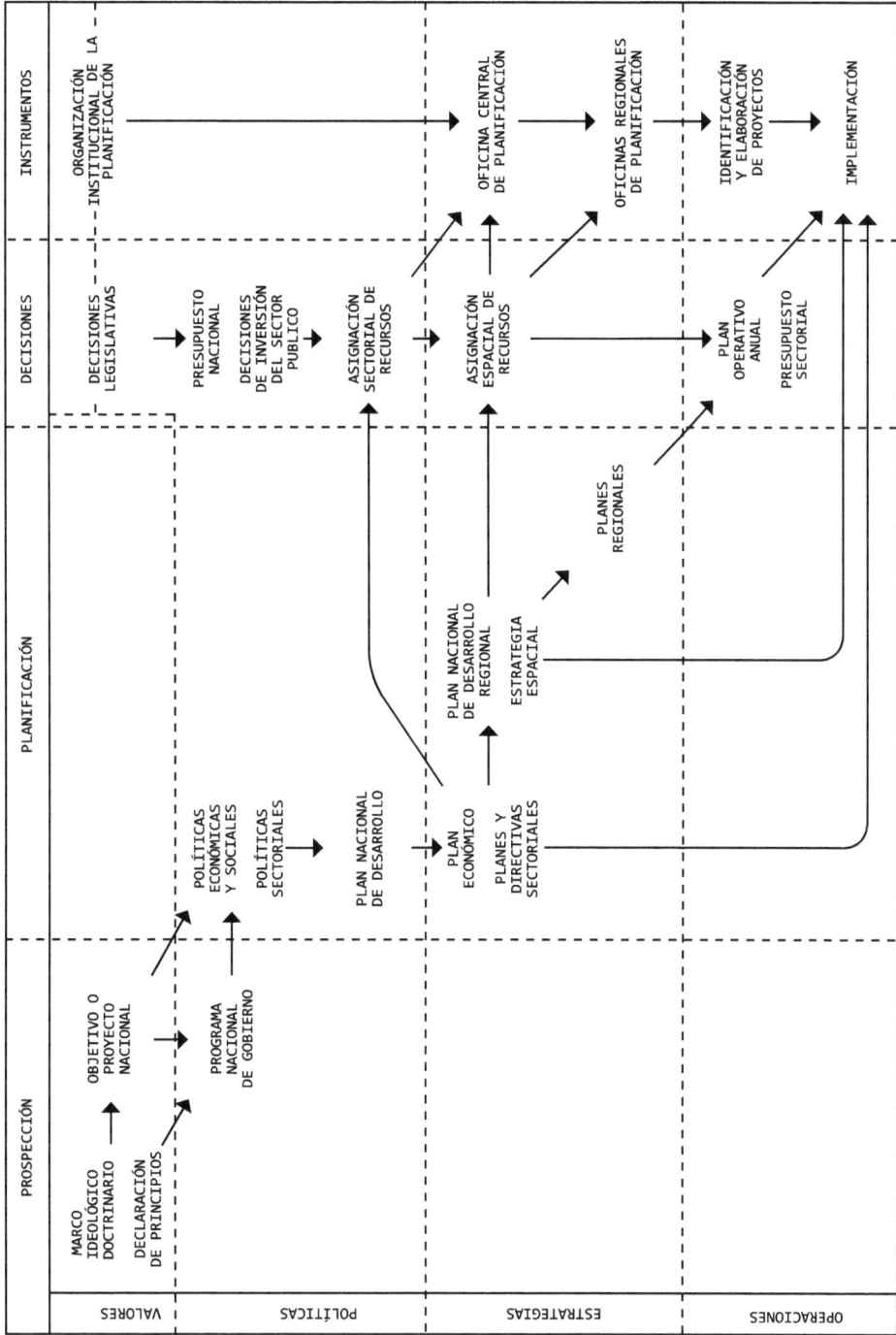

C.2. La percepción técnica de la situación habitacional

Se plantea en esta sección el examen específico de la situación habitacional en cuanto percepción del aparato oficial de gestión técnica. Se trata de identificar las diversas estructuras perceptivas con que operan los agentes técnico-profesionales, las bases de información que se utiliza y la lógica de la problematización que construyen. En este sentido se distinguen las siguientes visiones:

C.2.1. La situación habitacional desde la perspectiva de la necesidad social

Este enfoque se basa en la medición del estado del país, en relación a los medios habitacionales que se considera necesarios para albergar a la población y se fundamenta principalmente en la información obtenida a través de los censos de vivienda y estadísticas de edificación.

Los elementos más característicos con que se configura esta visión son:

a) Parque o stock total de viviendas.

b) Criterios de aceptabilidad y déficit de arrastre (o superávit)

c) Demanda normativa anual por crecimiento vegetativo.

d) Demanda normativa anual por reposición del stock.

e) Adiciones anuales al stock (sector público y sector privado)

f) Estándares de vivienda y adecuación de la edición anual a la demanda normativa.

g) Necesidades de construcción de viviendas para cubrir la demanda normativa y absorción gradual del déficit.

h) Necesidades de equipamiento comunitario y obras urbanas.

i)Estimación del costo del programa normativo de viviendas, equipamiento y obras urbanas.

C.2.2. La situación habitacional en la perspectiva de la evaluación macroeconómica

Este enfoque se remite básicamente a un análisis de la información provista por las cuentas nacionales sobre el subsector vivienda. Este está generalmente incluido dentro del sector construcción el cual es, a su vez, parte de la inversión Geográfica Bruta en capital fijo.

Aunque la información por su carácter puramente contable no entrega información cualitativa sobre el comportamiento interno, del sub sector vivienda como, por ejemplo, la combinación de distintos factores productivos, permite entregar una visión general de la situación habitacional en términos comparativos con las tendencias globales de otros sectores de la economía al observar series de datos para los últimos años.

Los indicadores más característicos utilizados dentro de este enfoque son:

a) Inversión geográfica en capital fijo.

b) Formación bruta del capital fijo en construcción.

c) Formación bruta de capital fijo en vivienda, y su relación con el PNB, la IGB en KF total y la IGB en KF en construcción.

d) Formación bruta de capital fijo en vivienda y su relación con el PNB, la IGB en KF en edificación no residencial y en otras construcciones y obras.

C.2.3. La perspectiva del mercado

Este enfoque del aparato de gestión oficial recurre principalmente a los mecanismos de funcionamiento del mercado como medio para implementar las acciones habitacionales que se impulsan. Dentro de esta óptica se postulan interpretaciones diversas de como considerar la situación de formación e interacción de la oferta y la demanda de acuerdo a las cuales se plantean diversas formas de distinto alcance respecto a la intervención del Estado, en la regulación de los mercados.

El análisis de esta perspectiva es en gran parte coincidente con el temario presentado en la sección B del presente documento. Por ello, lo que se propone como tema de estudio aquí, es una revisión de los argumentos que defienden o condenan las diversas formas de intervención del Estado, en los mercados habitacionales.

C.2.4. Las acciones habitaciones de interés social

Se refiere a la acción habitacional que se desarrolla dentro del marco asistencial del Estado, dirigido a los grupos en extrema pobreza y otras acciones de erradicación o regularización de asentamientos urbanos no controlados que constituyen ocupación ilegal del suelo.

Interesa, además, detectar si existen acciones poblacionales que hayan rebalsado los marcos normativos e institucionales de formalización y control de las demandas habitacionales y la estructura jurídica que regula el acceso a la propiedad y uso del espacio.

Las condiciones generales de recepción de demandas informales de la población precarista por parte del aparato de gestión técnica y los programas de acción que desarrolla en este respecto, son también materias que interesa considerar en este punto.

Dentro de este contexto se consideran los siguientes aspectos:

a) Programas de interés social para enfrentar formación de asentamientos urbanos no controlados.

b) Condiciones institucionales de recepción de demandas.

c) Programas asistenciales públicos y privados.

d) Operaciones de ayuda mutua y esfuerzo propio.

D. La situación habitacional: diagnóstico síntesis

Los temas y aspectos considerados previamente permitirían obtener como resultado final un diagnóstico sobre la situación habitacional del país.

Tal diagnóstico debería prever en una primera instancia la descripción sintética de la realidad habitacional y de la problematización construida al respecto.

En un segundo nivel del diagnóstico debería desarrollarse una evaluación crítica de la concordancia entre la acción habitacional y la problematización construida respecto a ella. Interesa particularmente examinar tal concordancia respecto de las situaciones consideradas críticas, los obstáculos que se perciben para la superación de estas situaciones y las perspectivas de acción postuladas como soluciones.

En una tercera instancia, el diagnóstico debería identificar situaciones de falta de concordancia más críticas, enunciando el sentido general de la tarea de reformulación de tales situaciones, dentro de una intención innovativa de la acción resolutiva.

Segunda Parte

E. Análisis y evaluación de las políticas de vivienda.

El análisis que se plantean en esta sección, consiste básicamente en establecer los términos conceptuales y operativos de la política habitacional que se examine y situarlos en el panorama descriptivo-explicativo trazado en las secciones precedentes relativos a antecedentes generales y situación habitacional, Discurso Técnico-Científico y Diagnóstico Síntesis.

Para efectos del análisis de la política de vivienda se distingue:

E.1. Elementos conceptuales de la política

Se examina básicamente, en el discurso de la autoridad técnica y política, la concepción sobre los objetos que se pretenden sobre los obstáculos que se perciben y sobre el potencial de recursos se señala para su superación, distinguiendo las proposiciones de corto y largo plazo que se formulan como acción resolutiva.

El examen destaca entre otros aspectos:

I) Base calórica de la formulación de objetivos y su explicitación. Urgencia de la acción y Rol del Estado y del Sector privado.

II) Prelaciones entre objetivos y el contexto socio-económico y político. Orientaciones y alcances de la política para el sistema de actores sociales.

III) Percepción del problema en términos de la magnitud de las dificultades y su naturaleza.

IV) Percepción de los medios disponible y formulación de acciones de corto y largo plazo. Roles asumidos por la acción pública y formas de participación del sector privado.

E.2.Elementos operativos de la política

El contenido operativo de una política de vivienda está constituido por un conjunto de decisiones relativas a la forma de intervención (o retracción) del Estado en el sistema económico vinculado al mercado habitacional.

Consiste básicamente en una definición de reglas del juego, complementarias o sustitutivas a aquellas inherentes al libre funcionamiento del mercado, que regirán la conducta de las familias, las empresas y el Estado respecto del mercado de vivienda.

Para efectos de este análisis se ha concebido un modelo conceptual que se describe a continuación:

E.2.1. Modelo descriptivo de la acción pública

El modelo que aquí se propone está referido al problema habitacional en sus manifestaciones específicas a nivel de mercado. La acción resolutiva a nivel estructural constituye una especificación particularizada para un orden de problemas, de una estrategia global de desarrollo económico-social.

El aparato o instrumento de acción habitacional en la dimensión resolutiva del problema consiste básicamente en un sistema de intervención estatal destinado a regularizar el funcionamiento del mercado habitacional. Este mercado se concibe como constituido por tres zonas: el mercado de arrendamientos, el mercado de transferencias y el mercado de viviendas nuevas y otras soluciones habitacionales. Es en este último mercado, en donde se concentran la acción habitacional pública. A su vez, estas zonas estarían constituidas por submercados que se conforman en correspondencia con la estratificación económica de la demanda. En relación a este complejo de submercados, la acción resolutiva se centra en dos propósitos principales. Se trata, por una parte, de regular la articulación de la oferta y la demanda minimizando la discrepancia entre poder de compra y precio de la vivienda, y por otra, se procura minimizar el infraabastecimiento de los submercados inferiores (Ver esquema 4).

Dentro de la función general de gestión de la estructura de poder, los medios operacionales de intervención sobre estructuras de consumo y de producción se refieren a la gestión financiera. En el caso del mercado consumidor consiste básicamente en la definición de la magnitud y condiciones del crédito hipotecario; en el caso del mercado productor consisten principalmente en la definición de la magnitud y condiciones de la inversión.

En relación a la demanda, se trata principalmente de construir una demanda efectiva o real regularizándola controlándola, produciendo al mismo tiempo una disminución de la demanda no solvente. Para esto se dispone de un repertorio de canales institucionales a través de los cuales, las aspiraciones habitacionales se canalizan y se transforman en términos económicos efectivos. El mecanismo de regulación de acceso a estos canales consiste básicamente en un juego de condiciones mínimas de ingreso y ahorro y en algunos casos de preinversión. De este modo se delimita la demanda y se obtiene un ordenamiento estratificado de ella. El efecto final esperado es una ampliación de la demanda efectiva y de los niveles de captación de ahorro.

En relación a la oferta, las acciones están orientadas a producir el efecto de incrementar la oferta en los submercados infra abastecidos. Para esto, se dispone de un conjunto de canales de inversión a través de los cuales se producen flujos al aparato productivo. Las condiciones de participación del segmento empresario se traducen en formas institucionales diversas de concertación entre el sector privado y el sector público para la efectuación del proceso de edificación. Se obtiene así la generación de una oferta complementaria de iniciativa estatal que pretende llenar el vacío producido en los submercados, dadas las orientaciones predominantes en la iniciativa privada.

En el esquema 4 adjunto se expone los diversos aspectos que son materia de definición operativa en una política de vivienda. Se distingue en general las siguientes áreas de definición.

I) Definiciones sobre el modelo de gestión de sector habitacional (estructura institucional y normativa)

II) Definiciones sobre mecanismos normativos de regulación de los mercados (controles de rentabilidad y transferencia)

III) Definiciones sobre asignación de recursos asistenciales en vivienda.

IV) Definiciones sobre asignación de recursos al Mercado Consumidor.

V) Definiciones sobre asignación de recursos al Mercado productor.

E.3. Consistencia de la política

Se trata aquí de evaluar por una parte la consistencia interna de la política, destacando su contenido estratégico y la aptitud de los instrumentos operativos para la consecución de los objetivos. Por otra parte, interesa evaluar la factibilidad de la política y de su implementación de corto y largo plazo en el contexto socioeconómico y político.

ESQUEMA 4. MODELO DESCRIPTIVO DE LA ACCIÓN HABITACIONAL PÚBLICA

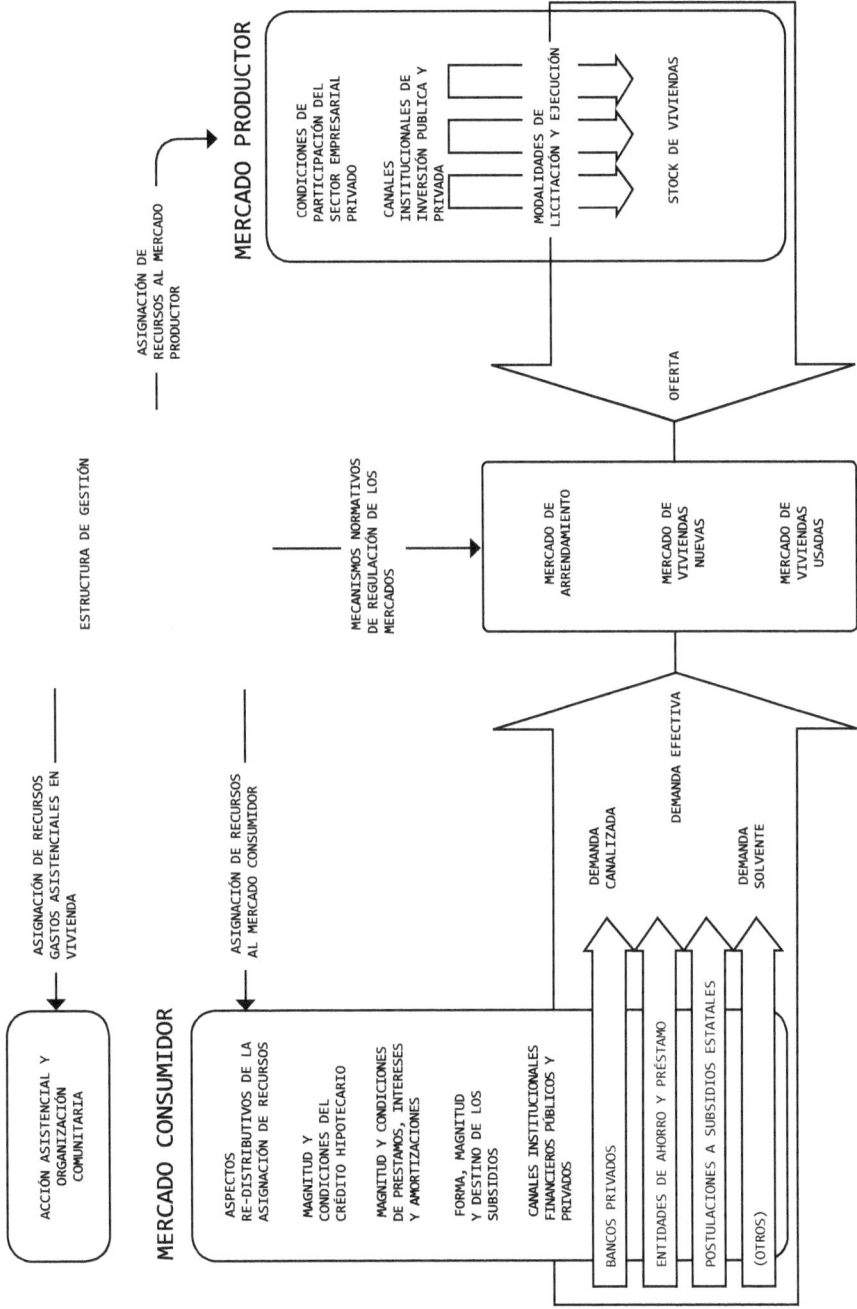

ESTRUCTURA DE GESTIÓN

MERCADO PRODUCTOR

- CONDICIONES DE PARTICIPACIÓN DEL SECTOR EMPRESARIAL PRIVADO
- CANALES INSTITUCIONALES DE INVERSIÓN PÚBLICA Y PRIVADA
- MODALIDADES DE LICITACIÓN Y EJECUCIÓN

STOCK DE VIVIENDAS

ASIGNACIÓN DE RECURSOS AL MERCADO PRODUCTOR

OFERTA

MECANISMOS NORMATIVOS DE REGULACIÓN DE LOS MERCADOS

MERCADO DE ARRENDAMIENTO

MERCADO DE VIVIENDAS NUEVAS

MERCADO DE VIVIENDAS USADAS

DEMANDA EFECTIVA

DEMANDA CANALIZADA

DEMANDA SOLVENTE

ASIGNACIÓN DE RECURSOS GASTOS ASISTENCIALES EN VIVIENDA

ACCIÓN ASISTENCIAL Y ORGANIZACIÓN COMUNITARIA

MERCADO CONSUMIDOR

ASIGNACIÓN DE RECURSOS AL MERCADO CONSUMIDOR

- ASPECTOS RE-DISTRIBUTIVOS DE LA ASIGNACIÓN DE RECURSOS
- MAGNITUD Y CONDICIONES DEL CRÉDITO HIPOTECARIO
- MAGNITUD Y CONDICIONES DE PRESTAMOS, INTERESES Y AMORTIZACIONES
- FORMA, MAGNITUD Y DESTINO DE LOS SUBSIDIOS
- CANALES INSTITUCIONALES FINANCIEROS PÚBLICOS Y PRIVADOS

BANCOS PRIVADOS

ENTIDADES DE AHORRO Y PRÉSTAMO

POSTULACIONES A SUBSIDIOS ESTATALES

(OTROS)

251

F. Evaluación de los resultados de la aplicación de las políticas

Se trata de establecer aquí una evaluación de las políticas de vivienda y sus formas de implementación remitiéndose al criterio de la eficacia. Tal evaluación puede lograrse, sin embargo, desde planos de análisis distintos. Uno puede referirse al contexto interno de la acción examinada en donde la eficacia puede ser entendida como una concordancia entre formulación de metas y logro de las mismas. Otro plano de análisis puede referirse al contexto externo de la acción examina: en donde la eficacia puede ser entendida dentro de una relación costo beneficio, respecto del funcionamiento económico-social global.

Aparte de estos planos de análisis evaluativos conviene desarrollar una evaluación dentro de la perspectiva del análisis de casos como forma de advertir las particularidades específicas asumidas por la implementación de políticas, planes y proyectos habitacionales.

F.1. La perspectiva del cumplimiento de metas

Se propone como primera forma de evaluación advertir el grado de cumplimiento de las metas establecidas en las formulaciones programáticas de las políticas. El cumplimiento de estas metas se refleja en un conjunto de indicadores que corresponden a las series de información manejada por el aparato oficial de gestión técnica del sector vivienda y desarrollo urbano.

La evaluación desde esta perspectiva consistiría entonces en establecer los cambios producidos en la Situación Habitacional de acuerdo con las perspectivas de análisis señaladas en la Sección C.1.1 de esta proposición (C1.1.1.1. Perspectiva macroeconómica; C.1.2. perspectiva de la necesidad social; C.1.3. perspectiva del mercado y C1.1.4. perspectiva de interés social)

A estas visiones evaluativas podría añadirse otras que surjan de la fase de diagnóstico al contrastar la información oficial con otras extraídas del análisis de la acción habitacional.

Otra área de evaluación en esta perspectiva es el grado de adaptación de funciones y formas de gestión, de los diversos aparatos institucionales vinculado a la acción habitacional, atribuible a la política de vivienda examinada.

F.2. La perspectiva del análisis costo-beneficio

Esta forma de evaluación consistiría en establecer un análisis costo-beneficio sobre la acción habitacional efectuada en el marco de una política dada, de modo de obtener una estimación del beneficio neto generado por ella. Tal enfoque entraña grandes dificultades de información y de procedimiento, particularmente en términos de la construcción de parámetros para asignar beneficios y costos sociales y considerar las externalidades positivas y negativas producidas.

Otras dificultades estriban en la determinación del costo de oportunidad del capital en el resto de la economía, respecto de la inversión en vivienda y la evaluación del gasto del aparato de gestión oficial asignable a los costos de los programas examinados.

A pesar de estas limitaciones conviene revisar las argumentaciones que más frecuentemente se formulan en relación a las ventajas y desventajas de la inversión habitacional. Tales argumentaciones parecen concentrarse en relación al impacto que la inversión en vivienda produce en el funcionamiento económico social, entre otros aspectos los siguientes:

a) El impacto dinamizador de la inversión en vivienda en el sector construcción y el rol estratégico que este puede jugar en dinamización de la economía.

b) El impacto que la inversión en vivienda genera sobre el empleo por la amplia cobertura de fuerza de trabajo que requiere.

c) El impacto que la inversión en vivienda tiene sobre las condiciones de vida de la fuerza de trabajo y por consiguiente sobre la productividad.

d) El impacto en el costo de oportunidad del capital en actividades del sector directamente productivo debido a la inversión en vivienda.

e) El impacto de la inversión en vivienda sobre el balance costo-beneficio en otros sectores sociales como Salud y Educación.

f) El impacto sobre recursos latentes y recursos humanos en el proceso de modernización e integración de la Comunidad Nacional.

F.3. La perspectiva del análisis de casos

Esta tercera forma de evaluación propuesta consiste en el examen de operaciones específicas de programación y ejecución de viviendas seleccionadas como casos relevantes de programas habitacionales, correspondientes a determinada política.

Trátese aquí de examinar en términos específicos la funcionalidad del marco de gestión administrativa y financiera en el proceso de concreción de un proyecto a través de sus fases de gestación, licitación, ejecución, adjudicación, recuperación de inversiones y mantención.

Referencias bibliográficas

Aguirre Beatriz/Raposo, Alfonso. *Notas sobre el Comportamiento del Sector Construcción y Sub sector Vivienda: Análisis de las Cuentas Nacionales de Chile*. 1960-1972. DEPUR, FAU, UCH, Sept. 1974.

Aguirre, Beatriz/Raposo, Alfonso. *El problema de la Vivienda Orientaciones Bibliográficas*. DEPUR, FAU, UCH, marzo, 1975.

Raposo, Alfonso *La Política de Vivienda, Un Ensayo de Prospección Temáticas*. DEPUR. FAU. UCH, octubre, 1975.

_____. «Perspectivas Analíticas en el Diagnóstico y Evaluación de la Situación Habitacional». En *Sistema Urbano y Vivienda*. DT 16, agosto, 1976.DEPUR, FAU, UCH.

_____. *Perspectivas Analíticas del Mercado de Vivienda. Notas sobre Necesidad, Oferta y Demanda Habitacional*. DT N°24, diciembre, 1978. DEPUR, FAU, UCH.

DEL SOLAR, CARMEN, PÁVEZ, MARÍA ISABEL Y RAPOSO, ALFONSO. *Evaluación de la Situación Habitacional Chilena, Estimación del Hacinamiento en el Déficit Habitacional 1970*, DT N°20, agosto,1977. DEPUR FAU, UCH.

Posfacio
«El problema habitacional»: de la dimensión material a la sociedad que se busca promover

MÓNICA BUSTOS PEÑAFIEL*

El tema de la vivienda y su relación con los demás elementos del espacio habitable ha sido, desde las primeras décadas del siglo XX, el centro de la investigación desarrollado en el ámbito disciplinar de la arquitectura[1] transformando la sociedad, la cultura, los hábitos, el paisaje y la imagen de las ciudades.

Asimismo, ha sido también un tema de investigación que ha guiado por décadas el trabajo académico y profesional del arquitecto Alfonso Raposo, trabajo que la presente publicación ha pesquisado a través de la selección de algunos de los estudios desarrollados entre el año 1965 y 1979, trayendo nuevamente al presente reflexiones en torno a los múltiples aspectos que determinan o afectan la producción habitacional pública en Chile, evidenciando con ello situaciones que fueron urgentes y que siguen vigentes en la actualidad.

Podemos recorrer, de este modo, su trayectoria intelectual, así como su aporte e influencia en el campo disciplinar. Desde la CORVI, en los años 50, cuando el país enfrentó la más fuerte migración campo ciudad; la creación del MINVU, en los años 60, cuando se consolidó la institucionalidad en materia habitacional, hasta la creación del SERVIU en 1976, la implementación del subsidio como mecanismo de acceso a la vivienda en 1978 y la instalación del modelo neoliberal que entregó al sector privado la producción habitacional pública. Así, por medio de un panorámico y detallado análisis, el trabajo expuesto permite un acercamiento a diversas cuestiones que han atravesado el denominado «problema habitacional».

Tal como indica el profesor Raposo, el trabajo expuesto en los distintos textos compilados, no busca agregar un nuevo análisis a los que ya han sido formulados, sino que intenta aportar algunos esquemas que él considera pueden tener algún valor a modo de síntesis de las principales orientaciones que se realizan en torno a la materia. Desde una posición teórica, pero también comprometida y humana, la publicación nos ofrece, y deja en evidencia, un abanico de dimensiones en torno al tema de la vivienda pública, demostrando con ello, la complejidad del problema habitacional público, así como la multidimensionalidad que lo envuelve. En él aparecen aspectos

* Académica del Instituto de la Vivienda de la Facultad de Arquitectura y Urbanismo de la Universidad de Chile. Arquitecta Universidad de Chile y Doctora en Urbanismo y Ordenación del Territorio por la Universitat Politécnica de Catalunya, Barcelona. Su trayectoria profesional ha estado centrada en la problemática de la vivienda pública y la segregación urbana, vinculada permanentemente al estudio de las políticas habitacionales y urbanas, especialmente enfocada en el caso chileno.

1 Martí, C. *Las Formas de la Residencia en la Ciudad Moderna*. Collecció de» Arquitectura Edicions UPC, Barcelona, 2000.

dedicados a la formulación, concepción e implementación de la política habitacional propiamente tal, pasando por los aspectos físico-espaciales que definen la arquitectura habitacional y barrial de bajo costo, el análisis de las diversas y complejas variables del habitar y el habitante de la vivienda entregada por el Estado, así como también aquellos referidos al ámbito económico de la oferta y la demanda que mueven su producción, entre otros asuntos.

A través de cada una de las dimensiones analizadas en estos textos, volvemos a constatar, en definitiva, la necesidad de integración de variables respecto de la producción habitacional pública, que, como un requerimiento siempre diagnosticado y demandado por técnicos, políticos o académicos, parece ser una de las más complejas aristas a resolver. En consecuencia, a partir de esta compilación se evidencia cómo ya desde los años 60, cuando son escritos los textos hasta la actualidad, el problema de la vivienda, los barrios y la ciudad construida no han logrado los resultados esperados, lo que demuestra de algún modo, el fracaso de las políticas habitacionales en nuestro país para resolver el tema. De aquí que, la pregunta inherente y presente que se advierte a lo largo del presente libro está centrada en la reflexión respecto de ¿qué es lo que limita la posibilidad de abordar el problema habitacional desde su integralidad/multidimensionalidad, entregando una respuesta real, efectiva y de calidad que termine con el déficit permanente de vivienda en nuestro país y los problemas que se generan como consecuencia?

«El problema habitacional»: de la dimensión material de la vivienda a la sociedad que se busca promover

Si observamos la ocupación ilegal de terrenos en forma masiva o paulatina por grupos numerosos de familias como la forma en que se ha manifestado desde siempre la necesidad de vivienda, tal como señala Alfonso Raposo en «La política de vivienda: un ensayo de prospección temática» del año 1975, es quizás en este cuerpo de actores sociales y su práctica cotidiana como componente esencial, donde podría encontrarse la base más auténtica para el trazado de los objetivos del problema habitacional y sus soluciones. Desde esta lógica aseveración, en el contexto de una práctica tan histórica como cotidiana en nuestro país como es la *toma*, el texto mencionado resulta muy vigente y una contribución al debate, introduciéndonos en el recurrente uso de la denominación de «problema habitacional» o «problema de la vivienda» para dar cuenta justamente de que en esta consideración podría radicar la dificultad para resolver el problema.

Resulta altamente atractiva en esta línea la cita de Raposo a James Q. Wilson, quien señala que «no es exagerado decir que el principal problema urbano reside en los distintos e inciertos significados que se atribuye a la expresión problemas urbanos»[2], indicando que esta dificultad emana del hecho de que hemos adquirido «el hábito

2 Wilson, J. «Los problemas Urbanos en Perspectiva» en *El enigma metropolitano*. Ediciones Infinito. Buenos Aires, 1970. Citado por Raposo, A. en *La política de vivienda: un ensayo de prospección temática*. Departamento de Planificación Urbana y Regional. Facultad de Arquitectura y Urbanismo, Universidad de Chile, 1975, p. 1.

de utilizar la expresión problemas urbanos para referirnos a una diversidad de asuntos a menudo inconexos, algunos de los cuales no son en absoluto, estrictamente hablando, de carácter urbano y otros no son ni siquiera problemas en sentido significativo»[3], transmitiendo una falsa y engañosa sensación de especificidad, como un consenso serio pero espurio.

3 Raposo, A. *Ibíd*. P1.

Desde esta paradoja, para Raposo, la expresión «problemas urbanos» es igualmente aplicable para la expresión «problema habitacional» o «problema de la vivienda», aclarando, además, que en el contexto de nuestra realidad el «problema de la vivienda» es uno de los principales «problemas urbanos». Se trata, en definitiva, de una expresión que puede tener diversas acepciones ideológicas como científicas, según la diversidad de posiciones e intereses de los actores sociales, públicos y privados, desde las autoridades al habitante, y los diversos escenarios en que la reflexión se desarrolle. Sin embargo, para el autor, la disyuntiva está en que cuando se habla del «problema de la vivienda» suele ser principalmente desde una representación técnico-operacional sin considerar una estructura del problema que permita identificar el contenido del discurso ideológico, clave para resolverlo.

Para configurar este enfoque ideológico es importante referirnos a la naturaleza de la necesidad que buscamos resolver, lo que para Raposo puede tener dos perspectivas: una, libre de consideraciones valóricas, que, apunta a las condiciones mínimas para el normal cumplimiento de los roles asignados a la familia (vivienda mínima) y otra, que define un patrón cultural de lo que debe ser considerado como una vivienda adecuada (vivienda digna). De aquí que, previo a una formulación técnica y operativa respecto de cómo resolver el problema de la vivienda, para el autor la reflexión ideológica pase a ser fundamental, en tanto, desde la lógica marcada por reducir los costos financieros, el primer enfoque define la vivienda desde una suerte de imperativo «científico» sin mayor consideración que umbrales críticos y patológicos de habitabilidad, como sucedió con la instalación del concepto de *Vivienda Social* en el año 1984. Definida como «aquella *"vivienda económica" de carácter definitivo destinada a resolver los problemas de marginalidad habitacional, financiada con recursos públicos y privados, cuyo valor de tasación no sea superior a 400 UF y cuyas características técnicas y de urbanización se ajusten a las normas generales de este reglamento»* (DS N° 168, 1984), el concepto de vivienda social pasa a ser utilizado por primera vez en nuestra historia habitacional de la mano del método de condicionantes mínimas (MTM), estableciendo a través de un cuadro normativo mínimo las características técnicas básicas que permitiera recibir las mejores ofertas económicas sobre esa base. Por su parte, para el autor, el segundo enfoque, que opera dentro de una concepción valórica referida a una consideración de justicia distributiva, se constituye en una suerte de imperativo axiológico, donde la definición de la «necesidad» de vivienda es definida independientemente de la demanda efectiva, entendiéndola como un bien especial con un significado diferente al que tiene otro bien de consumo, lo que la posiciona como «bien social» o de «querer meritorio», que trasciende el bien estar individual y se constituye en el más importante soporte de la familia.

Desde estos enfoques, es evidente cómo el concepto de «déficit habitacional» ya instalado en nuestro país en la década de los años 40 por la Caja de la Habitación Popular, a pesar de tener un carácter cuantitativo, no debe desprenderse de las consideraciones ideológicas o valóricas a la hora de realizar la definición de sus objetivos, lo que determina como requerimiento un marco de referencia más amplio para orientar la acción de dichas las políticas, que el referido solo a cumplir metas o un absorber déficit numérico. En palabras del mismo Raposo, la solución del problema de la vivienda, que es donde entra en relación con más fuerza el proceso reflexivo con la práctica, reclama un análisis y explicitación profunda de las formas de articulación de los distintos elementos del discurso conceptual con los acontecimientos de la coyuntura[4].

Sin embargo, en términos jurídicos, si bien Chile ha ratificado todos los tratados internacionales y regionales de derechos humanos, todavía no reconoce explícitamente el derecho a una vivienda adecuada en la Constitución. Es por ello que, después de décadas en que nuestra política habitacional ha estado centrada en la lógica cuantitativa, frente al actual «problema habitacional» —marcado por un alto déficit de viviendas y agudizado por el significativo nivel concentración social y desigualdades urbanas–, pasa a ser fundamental en el contexto de la formulación de una nueva constitución, posicionar el debate respecto de la vivienda como un derecho humano que permita, asegurar un techo digno a todas las personas. Retomando las reflexiones de los textos compilados en este libro, este deberá ser entendido desde una perspectiva integral, lo que requiere sin duda, terminar con el enfoque subsidiario que tiende a ver el problema de manera individual como un fenómeno autónomo o aislado y no desde una mirada de ciudad y sociedad.

Desde este importante debate actual, las reflexiones plasmadas en estos textos desde hace más de 5 décadas con el objetivo de llenar ese vacío conceptual, nos aterrizan nuevamente frente a ciertas cuestiones y preocupaciones a tener en consideración, que, si bien parecen ya sabidas, al analizar el problema de vivienda al que estamos enfrentados hoy, nos llevan nuevamente a las preguntas planteadas por el autor en ellos: ¿Qué es entonces «lo necesario» de hacer en la perspectiva de la autoridad para satisfacer «la necesidad política», cuando esta es vista o requerida en el contexto del «problema de la vivienda» en su dimensión de «interés social»?[5]. Si bien el problema ha ido cambiando en algunos aspectos, la incapacidad de resolverlo nos indica que al parecer éste sigue teniendo la misma estructura de fondo.

4 Ibíd. P. 44.
5 Ibíd. P. 41.

En palabras del profesor Raposo, un hecho fundamental en este sentido es que todo análisis respecto del problema de la vivienda debe ser comprendido entendiendo que sus *bases y causas se encuentran en las raíces estructurales de los problemas de desarrollo general del país.* En definitiva, tal como nos explica, se trata de entender que el problema de la vivienda más allá de lo social o físico, marcado por ciertas percepciones deficitarias y desiguales, como un problema de orden sociopolítico asociado a valores de bienestar promovidos por la sociedad como reivindicaciones, que puede determinar que la acción habitacional se transforme también en un instrumento de gratificación para las bases sociales de apoyo[6]. De aquí entonces, que la definición de las acciones técnico-operativas como trasfondo de las decisiones en materia de vivienda, deben ser sostenidas sobre un enfoque ideológico claro respecto de las transformaciones que se busquen realizar en la estructura social en un momento específico.

6 *Ibíd.* P. 4.

La articulación de estas definiciones nos lleva a concluir que el «problema habitacional» se refiere a la existencia de más de un conjunto de problemas interrelacionados, cuya cantidad y complejidad requiere de la adopción de un conjunto de decisiones y el desarrollo de acciones gestionadas y coordinadas colectivamente para ser resuelto. Sin embargo, si bien todos los análisis coinciden en la lógica de comprender la necesidad de interacción de las dimensiones que el problema habitacional posee, estos no han logrado traducirse en una práctica capaz de entender la complejidad que requiere el proceso social más allá de la dimensión material de la vivienda. Es por ello que, como señala el profesor Raposo, el problema de la vivienda debe ser entendido como un tema propio de la autoridad política del Estado desde su concepción ideológica de acuerdo con los objetivos que va a abordar, trazando un modelo más global permitirá disponer de elementos para la formulación de una política integral de vivienda.

La importancia del diseño arquitectónico de la vivienda y su entorno

Considerando la formación del profesor Raposo como arquitecto y máster en Arquitectura y Diseño Contemporáneo, resulta relevante dar cuenta cómo la dimensión de lo físico espacial y el requerimiento por analizar e indagar en relación al diseño arquitectónico de la vivienda y los entornos barriales, aparece constantemente como un aspecto fundamental a ser considerado por las políticas públicas en la materia.

A través del texto «La familia habitante, y su vivienda» desarrollado como estudiante de seminario del Instituto de Vivienda, Urbanismo y Planeación en 1965 en la Población San Gregorio, con el objetivo de dar cuenta de la diversidad de aristas del «problema habitacional», el autor nos introduce en el ámbito de la habitabilidad y sus distintas funciones al interior de la vivienda entregada por el Estado, observando el grado de adecuación de la familia que la habita. Desde distintos niveles de análisis como el individuo, la familia, la vivienda y sus formas de ocupación, hasta el análisis de la población y su dotación a nivel de equipamientos, se puede observar una aproximación a los aspectos propios de la arquitectura y el diseño residencial fundamentales para resolver el «problema habitacional». Son de alto interés las planimetrías y diagramas desarrollados, a través de los cuales se pueden extraer conclusiones respecto de la concepción proyectual de la vivienda, abordando los modos de habitar desde las formas de ocupación de los distintos recintos y su función, los tipos de uso o transformaciones, así como las implicancias que pueden tener las diversas problemáticas generadas como resultado de soluciones rígidas y únicas que no consideran la composición real de las familias.

Llega de este modo, a una conclusión evidente en la que se señala que:

La vida como actividad orgánica exige ciertas condiciones del espacio que la contiene, es decir que, la vivienda no es un elemento de sobrevivencia, sino que un elemento sobre el cual se conforman las vivencias de las personas, como conocimiento, y conciencia de su transcurrir espacial y social[7].

[7] Raposo, A. «La familia habitante, y su vivienda» desarrollado como estudiante de seminario del Instituto de Vivienda, Urbanismo y Planeación. Facultad de Arquitectura y Urbanismo, Universidad de Chile, 1962. P. 63.

Resulta interesante en este sentido, señalar que, si bien, muchos de los estándares habitacionales han cambiado en el tiempo, el autor nos advierte ya desde la década del 60, cómo la vivienda ha sido restringida a una adecuación meramente fisiológica, dejando fuera gran parte de otras dimensiones del habitar.

Se trata de una experiencia pionera en el análisis de la vivienda pública desde una mirada proyectual, que, sumado a otros estudios compilados en este libro, vienen a recordarnos –dada la escasa realización de este tipo de investigaciones en la actualidad–, la relevancia que tienen en la enseñanza de la arquitectura como disciplina, dejando abierta su necesidad, en tanto pueden ser un aporte concreto a las políticas públicas en materia de vivienda.

Dentro de este interés, aparece posteriormente el análisis de las propuestas desarrolladas para el concurso del conjunto habitacional Villa Italia en Viña del Mar en el año 1966, a través del cual plantea la relación entre *la teoría y el buen diseño del proyecto*, recordándonos que «el problema habitacional» se resuelve también desde el problema arquitectónico de la vivienda y el conjunto, al considerar los valores espaciales del terreno, la topografía, las vistas, la vegetación existente y su relación con la ciudad; las circulaciones; así como la relación entre las tipologías arquitectónicas, su modulación y el sistema de agrupación de los edificios.

Estas reflexiones culminan en la propuesta denominada «Vivienda Dinámica», desarrollada en 1971 de manera conjunta con el arquitecto Carlos Martner desde el Departamento de Diseño Arquitectónico y

Ambiental y el Departamento de Estudios y Planificación Urbano Regionales de la Universidad de Chile, a través de la cual se acercan al concepto de desarrollo progresivo y las condiciones que se deben considerar para una vivienda adecuada. Entendiendo que el déficit habitacional como problema ha llevado a la reducción de los estándares físico-espaciales de la vivienda realizada por el sector público, vemos que los autores ya cuestionaban la formulación de la imagen habitacional terminada de estándar mínimo, respecto de algunas ventajas que presenta el desarrollo progresivo, en tanto, como señalan, aunque el estándar mínimo habitable es considerado un recurso transitorio, esa transitoriedad suele transformarse en permanente[8].

En esta línea, según advierte ya en su texto «La política de vivienda: Un ensayo de prospección temática», el carácter de urgencia que reviste la producción habitacional realizada desde la gestión del Estado, condicionada ideológicamente, determinada por la reducción de los estándares físico-espaciales y sus requerimientos, podría llegar a ser limitante para la creatividad e innovación de su arquitectura. Señala al mismo tiempo, que la rigidez del diseño naturalmente implicará la adecuación que las familias hacen a sus viviendas, llegando a tener un carácter tan heterogéneo que acumulativamente podría generar una situación ambiental caótica lo que podría determinar un factor de deterioro.

El estudio surge de la constatación de ciertas deficiencias en la arquitectura habitacional en lo que respecta a sus características de flexibilidad, con el objetivo de indagar de manera aplicada en otras perspectivas poco estudiadas pero fundamentales de la política pública como es el orden funcional y ambiental de la vivienda. Por medio del análisis de diversas tipologías desarrolladas por la política habitacional, desde sus posibilidades de expansibilidad, convertibilidad, versatilidad, apoyado de esquemas y dibujos de alta calidad gráfica que permiten la comprensión de las formas de transformación de la vivienda por parte de las familias, el estudio va entregando una mirada crítica de las posibilidades de cada una de ellas.

No se trata, entonces, de un ensayo teórico o un diagnóstico sobre el problema habitacional, sino que de un enfoque específico y disciplinar que busca indagar en las condiciones físico espaciales de la vivienda, el ordenamiento del espacio habitable y las agrupaciones resultantes, llegando a definir propuestas de diseño arquitectónico que permitan desarrollar una base que considere de manera integrada los aspectos de composición, estructura y proceso constructivo[9]. Valora de este modo, las posibilidades que ofrece el diseño habitacional público basado en el sistema de desarrollo progresivo como el resultado acumulado de múltiples realizaciones efectuadas por las familias gradualmente hasta alcanzar un determinado estándar, permitiendo ajustar las definiciones técnico-arquitectónicas con aquellas inherentes a las familias y la comunidad.

8 Martner, C.; Raposo, A. *Vivienda Dinámica*. Departamento de Diseño Arquitectónico y Ambiental y el Departamento de Estudios y Planificación Urbano Regionales. Facultad de Arquitectura y Urbanismo, Universidad de Chile, 1971. P. 4.

9 *Ibíd.* P. 5.

10 Bustos-Peñafiel, M. «Formación y evolución del proyecto residencial colectivo en Chile: Configuración espacial, social y legal de una política habitacional productiva centrada en la noción de Copropiedad». Revista de Geografía *Norte Grande*, 78. 2021, p. 233, y Bustos, M. Seminario Internacional. Experiencias Docentes en torno a la Regeneración Urbana. Marzo, 2021. <https://drive.google.com/file/d/1s9F_9N2cfZZaO_QBn97I9GiwsO1rhIGQ/view>.

Interesante es dar cuenta de cómo la noción de progresividad, tan recurrente en las políticas habitacionales en las décadas del 50, 60 y 70 en Chile y en Latinoamérica, ha perdido espacio en el contexto de las actuales políticas públicas basadas en la idea de producto acabado, sin entender, sin embargo, que la vivienda constantemente está en proceso de transformación por las familias. De aquí que resulta relevante la publicación de estos textos, desde el punto de vista de la necesidad de considerar la flexibilidad que entrega un modelo de vivienda dinámica planteado por Raposo y Martner, en tanto permite a las familias, en un esquema no necesariamente tradicional, ir adaptando sus espacios a los requerimientos de la propia contingencia. Y es en este punto donde el diseño proyectual de la vivienda resulta fundamental, en tanto en un contexto de producción habitacional intensiva, el crecimiento de las unidades habitacionales requerirá la consideración de ciertos elementos de referencia comunes que logren conducir, más allá de los diversos momentos, formas y materialidades de crecimiento de cada familia, una unidad paisajística y ambiental de la arquitectura residencial[10]. Sin duda dichas propuestas requieren seguir explorándose desde el punto de vista del diseño arquitectónico de la vivienda de bajo costo, sin olvidar lo planteado por el profesor Raposo sobre la necesidad de que la vivienda llegue constituirse no solo en un conjunto logrado desde el punto de vista funcional constructivo, sino que también estético considerando la diversidad planimétrica y volumétrica para que se puedan desarrollar las diversas expresiones de la individualidad familiar sin romper el todo del conjunto.

En tiempos donde es evidente la carencia de suelo urbano para resolver el déficit habitacional, donde ya no podemos volver a construir en paños urbanos de gran superficie como lo hicimos en la década de los años 50 y 60, entendiendo que existen diversos tipos de familia, con diversos requerimientos espaciales y funcionales, nos preguntamos qué puede significar la vivienda dinámica dentro de la política habitacional chilena en la actualidad. Como resultado de una acción diseñada, programada y planificada en el tiempo, es quizás necesario comenzar a responder desde ahora a la necesidad de vivienda desde una mirada de singularidad de las problemáticas, y no desde una respuesta masiva y estandarizada, con una única tipología, sino que, considerando nuevas y diversas tipologías arquitectónicas e incorporando nuevas formas de producción que no siempre implican consumir nuevo suelo urbano, sino que trabajar sobre la ciudad construida. En consecuencia, quizás es tiempo de romper con la lógica tradicional de producción habitacional masiva, ejecutada por grandes empresas constructoras anónimas, para comenzar a favorecer y fortalecer el trabajo singular ejecutado por múltiples desarrolladores de pequeña escala.

Volver a explorar en nuevas soluciones arquitectónicas de la vivienda con un nuevo pensamiento podrá colaborar en diversos ámbitos, desde la integración social al acabado del tejido urbano de ciertos sectores de la ciudad, destacando la necesidad de alcanzar belleza y calidad en la vivienda y los entornos barriales, sin romper la imagen urbana de los territorios. Citando a Bruno Taut, una casa «(...) es bella cuando todos los detalles concuerdan y se fundamentan en un todo perfectamente elaborado»[11]. Se trata, en definitiva, de aportes tan necesarios desde la arquitectura que debiesen ser prioritarios para resolver el «problema habitacional» en la actualidad, pero que sin embargo en el último tiempo se encuentran ausentes en el debate disciplinar, tanto técnico como académico.

11 Sambricio, C. «Madrid, Vivienda y Urbanismo: 1900-1960». L´Habitation Mínimum. Ediciones, Akal. S.A., 2004. P. 194.

El rol público de la Universidad como espacio de investigación, debate y formación

Desde la perspectiva de la complejidad que implica resolver la necesidad de vivienda por las políticas públicas, el texto «Elementos para un mapa temático del problema habitacional» escrito en el año 1979, resulta de alto interés para entender y dimensionar la multiplicidad de variables que demanda su solución. Si observamos la formulación e implementación de las políticas de vivienda y su evolución histórica, entendida como proceso de producción, transferencia y uso, incluyendo los diversos actores que participan en él, la interacción de sus intereses y los acontecimientos que protagonizan, el texto nos ofrece un mapeo exhaustivo de las diversas áreas temáticas, factores e indicadores esenciales que forman la acción habitacional y de las políticas de vivienda en sus diversos niveles y dimensiones de análisis, constatando cómo la dimensión económica y social del problema se articula conceptual e ideológicamente según como es percibida la realidad por cada gobierno. Tal como señala Raposo, queda en evidencia que detrás de la producción de vivienda existe la elaboración de un discurso técnico científico, que, basado en el modelo sociopolítico y de desarrollo que se impulsa, determina las perspectivas con que el Estado enfoca la acción habitacional y su problema desde la gestión técnica.

Si hacemos un recorrido genealógico a través de los textos compilados en este libro, desde que Alfonso Raposo es estudiante y profesional entre 1965 y 1979, desde estas perspectivas se deja ver de manera constante una reflexión respecto del rol profesional que le compete a arquitectas y arquitectos para enfrentar la problemática habitacional. Da cuenta en este sentido, cómo las tareas del arquitecto/a se extienden frecuentemente más allá de la tarea específica del diseño de las unidades, agrupaciones o áreas residenciales, haciéndose presente también en la formulación e implementación de políticas de vivienda, así como en las tareas de planificación y programación de éstas.

Por ello, a más de 50 años desde que estos textos han sido escritos, considerando la vigencia del debate en torno al «problema de la vivienda» en muchas de sus dimensiones, resulta fundamental volver a relevar la necesaria formación de arquitectas y arquitectos en la

12 Martner, C.; Raposo, A. *Vivienda Dinámica.* Departamento de Diseño Arquitectónico y Ambiental y el Departamento de Estudios y Planificación Urbano Regionales. Facultad de Arquitectura y Urbanismo, Universidad de Chile, 1971. P. 2

materia, incorporado dentro del currículum académico un cuerpo que aborde una comprensión histórica de la construcción de la ciudad a partir de las respuestas entregadas por las políticas habitacionales, que pueda servir de contexto para situar las acciones de los y las futuros/as profesionales.

De aquí también la relevancia de volver a valorar los estudios y trabajos académicos que aborden la dimensión del diseño habitacional en todas sus escalas, innovando en estrategias y programas arquitectónicos de acuerdo a los nuevos requerimientos de los distintos tipos de familias y sus modos de habitar, así como en materia de sostenibilidad de la ciudad, el manejo del crecimiento urbano y la belleza de los entornos residenciales, temáticas frente a las cuales la disciplina está en deuda y que sin embargo, deberían estar en la base de la enseñanza de la arquitectura.

Finalmente, dar cuenta de los distintos espacios desde los que el profesor Raposo desarrolla estos estudios durante 1965 y 1979 en el contexto de la Facultad de Arquitectura y Urbanismo de la Universidad de Chile. Desde el Instituto de Vivienda, Urbanismo y Planeación en 1965, el posteriormente llamado Departamento de Estudios y Planificación Urbano-Regional DEPUR en 1975, 1978 y 1979 en alianza entre el Departamento de Diseño Arquitectónico y Ambiental, y el DEPUR en 1971, tal como señala en uno de sus textos, estos estudios corresponden a

> La voluntad y decisión de la Universidad de Chile de contraer compromisos con las fuerzas renovadoras de la sociedad, participando con ella en las tareas de construcción de las nuevas condiciones sociales y materiales del país. Aportar algunas ideas a la tarea nacional de proporcionar mejores viviendas a la población y recoger sus juicios y opiniones críticas[12].

Traer al presente este énfasis al finalizar esta publicación parece fundamental para emprender el rescate de la labor que le compete en materia de investigación y debate a la universidad pública en el contexto de las políticas públicas y su rol en estudio, mirada crítica y denuncia respecto de cómo se están tomando las decisiones para resolver el «problema habitacional», como también aportar desde el análisis de los resultados y el desarrollo de propuestas y estrategias que colaboren en soluciones a un problema tan vigente ayer como hoy y que aún no logramos resolver como país.

ARQUITECTURA

La Colección Arquitectura de LOM ediciones busca difundir el pensamiento, el proyecto y la obra realizada en América Latina; obra integrada a una sociedad, ubicada en un lugar existente, y que contribuye a la configuración del paisaje y la ciudad, transformándose de ese modo en manifestación del proceso cultural al que pertenece. La realidad compleja de la arquitectura observada con esa perspectiva define el campo de su hacer y su conocer en torno al habitante, el habitar y la habitación. El quehacer arquitectónico –síntesis del tiempo y del acervo de lo vivido– encontrará en esta serie una posibilidad de encuentro y diálogo con la Sociedad y la Historia desde una perspectiva humanista y transformadora.

Los títulos que componen la Colección han sido sometidos a la rigurosa evaluación del comité que la coordina y dirige, integrado por los siguientes arquitectos y arquitectas:

MAX AGUIRRE
Arquitecto U. de Chile

BEATRIZ NAVARRETE
Arquitecta U. de Chile

FELIPE SÁEZ
Arquitecto U. de Chile

ESTELÍ SLACHEVSKY
Arquitecta U. de Chile

Colección Arquitectura

Algunos títulos relacionados con la presente obra

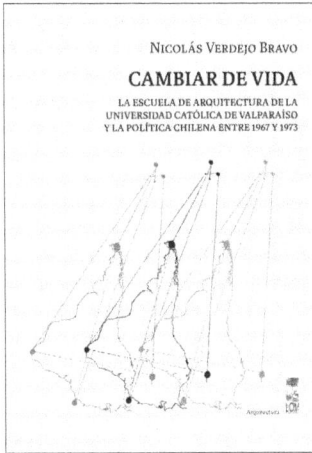

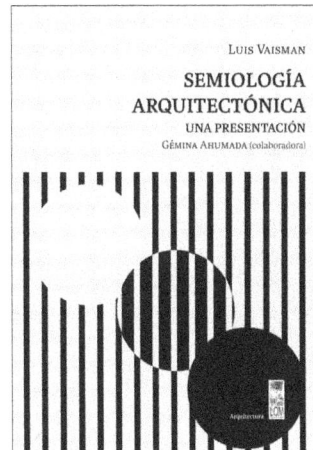

NICOLÁS VERDEJO BRAVO

CAMBIAR DE VIDA

LA ESCUELA DE ARQUITECTURA DE LA
UNIVERSIDAD CATÓLICA DE VALPARAÍSO
Y LA POLÍTICA CHILENA ENTRE 1967 Y 1973

ENRIQUE NIETO

¡PRESCINDIBLE ORGANIZADO!

UNA AGENDA DOCENTE, AFECTIVA Y DISIDENTE
PARA EL PROYECTO ARQUITECTÓNICO

ESPESORES DE LO ACTUAL

PRÁCTICAS Y DEBATES PARA LA TEORÍA Y
LA HISTORIA DE LA ARQUITECTURA

Segundo Encuentro Nacional de
Teoría e Historia de la Arquitectura

BEATRIZ NAVARRETE (COMPILADORA)

LUIS VAISMAN

SEMIOLOGÍA
ARQUITECTÓNICA
UNA PRESENTACIÓN
GÉMINA AHUMADA (colaboradora)

ESTE LIBRO HA SIDO POSIBLE POR EL TRABAJO DE

COMITÉ EDITORIAL Silvia Aguilera, Michel Bonnefoy, Ramón Díaz Eterovic, Mario Garcés, Jorge Guzmán, Tomás Moulian, Naín Nómez, Julio Pinto, Paulo Slachevsky, María Emilia Tijoux, Ximena Valdés, Verónica Zondek **SECRETARIA EDITORIAL** Marcela Vergara **PRODUCCIÓN EDITORIAL** Guillermo Bustamante **PROYECTOS** Ignacio Aguilera **PRENSA Y REDES** Anet González **DISEÑO Y DIAGRAMACIÓN EDITORIAL** Leonardo Flores **CORRECCIÓN DE PRUEBAS** Raúl Cáceres **VENTAS** Elba Blamey, Olga Herrera, Ilva Calderón, Francisco Cerda **BODEGA** Paola Estévez, Juan Huenuman **COMERCIAL GRÁFICA LOM** Elizardo Aguilera, Eduardo Yáñez **PRODUCCIÓN GRÁFICA** Débora Ramírez **DISEÑO Y DIAGRAMACIÓN** Luis Ugalde **PRODUCCIÓN IMPRENTA** Carlos Aguilera **SECRETARIA IMPRENTA** Jasmín Alfaro **IMPRESIÓN DIGITAL** Alexander Barrios **IMPRESIÓN OFFSET** Francisco Villaseca, Eduardo Cartagena **ENCUADERNACIÓN** Rosa Abarca, Edith Zapata, Carla Díaz, Angélica Oporto, Gonzalo Narváez, Yolene Fleuridor, Carlos Muñoz, Juanita Rubilar, Luis Herrera, Javiera Narváez **DESPACHO** Susana Garfias **MENSAJERÍA** Juan Flores **MANTENCIÓN** Jaime Arel **ADMINISTRACIÓN** César Delgado, María Paz Hernández.

LOM EDICIONES